光明社科文库
GUANGMING DAILY PRESS:
A SOCIAL SCIENCE SERIES

·政治与哲学书系·

# 杜威的科学人文主义思想研究

刘红萍 | 著

光明日报出版社

图书在版编目（CIP）数据

杜威的科学人文主义思想研究 / 刘红萍著 .-- 北京：
光明日报出版社，2023.4

（光明社科文库）

ISBN 978-7-5194-5588-0

Ⅰ.①杜… Ⅱ.①刘… Ⅲ.①杜威（Dewey，John
1859-1952）—科学哲学—哲学思想—思想评论 Ⅳ.
① B712.51 ② N02

中国版本图书馆 CIP 数据核字（2020）第 022058 号

# 杜威的科学人文主义思想研究
**DUWEI DE KEXUE RENWEN ZHUYI SIXIANG YANJIU**

| | | | |
|---|---|---|---|
| 著　　者：刘红萍 | | | |
| 责任编辑：郭思齐 | | 责任校对：乔宇佳 | |
| 封面设计：中联华文 | | 特约编辑：万　胜 | |
| 责任印制：曹　净 | | | |

出版发行：光明日报出版社
地　　址：北京市西城区永安路 106 号，100050
电　　话：010-63139890（咨询）010-63131930（邮购）
传　　真：010-63131930
网　　址：http://book.gmw.cn
E - mail：gmrbcbs@gmw.cn
法律顾问：北京市兰台律师事务所龚柳方律师

印　　刷：三河市华东印刷有限公司
装　　订：三河市华东印刷有限公司
本书如有破损、缺页、装订错误，请与本社联系调换，电话：010-63131930

开　　本：170mm×240mm
字　　数：222 千字　　　　　印　　张：16
版　　次：2023 年 4 月第 1 版　　印　　次：2023 年 4 月第 1 次印刷
书　　号：ISBN 978-7-5194-5588-0
定　　价：95.00 元

# 前　言

　　人们对杜威的研究往往集中在他的实用主义和自然主义思想上，忽视了对杜威科学人文主义思想的深层挖掘。本文通过论述杜威的科学观的人文化及杜威利用科学改造社会的纲领，系统地挖掘和阐述杜威的科学人文主义思想。科学人文主义在杜威的哲学思想中占据重要的地位，可以说是他的哲学思想的另一个原点。

　　杜威的科学人文主义思想首先体现在对科学本身的理解上，即科学观的人文化。杜威从科学的实在论、知识论、方法论和价值论的角度论证了人性品质和文化要素对科学实践的影响，力图将科学观人文化。因此，本论文将从实在论、知识论、方法论和科学价值论这四个方面来论证杜威的科学观的人文化。在杜威看来，科学所描述的不是脱离人的心灵而客观存在的世界，相反，他认为科学应该是在人性和文化的大背景下，基于不同的兴趣和价值的指导而对自然的一种积极地探索，因此，科学的实在论应该是基于人性和文化的视角重新作出审视。杜威也对传统的知识论进行了批判，在杜威看来，脱离人的实际去追求确定的知识是没有意义的。在知识的探究过程中，要考虑到人性和文化的要素，主张以反映人性信念和文化价值的"有保证的可断定性"来替代知识论中的符合论的真理概念。杜威也批判了传统的方法论，他不赞成传统的围绕逻辑展开的科学方法论的研究。充满不确定的实验方法应该在科学研究中起重要的作用，科学方法中渗透着社会价值因素和心理因素。因此，科学方法应该包括实验方法在内的诸多反映文化价值和心理要素的方法。杜威也极力反对事实与价值两分的传统科学价值论，他认为，科学知识无论从方法上还是科学知识本身的性质上，都受到人类价值的影响和制约，因此，科学价值中应该渗透着人类的价值的判断，对科学的价值的判断离不开人类的实践活动。

　　杜威的科学人文主义思想还表现在杜威对科学的社会文化价值的理解

中，即杜威倡导利用科学对社会文化进行改造，提出了以科学改造社会文化的纲领。论文将从科学对哲学的改造、科学对艺术审美的改造、科学对伦理的改造以及科学对教育的改造等四方面来论证杜威的科学人文主义思想。杜威所理解的哲学改造并非是放弃哲学对人性和文化的终极关切，而是要结合新时代科学的思想、观念、方法以及自由理性的批判精神，重新改造传统文化，剔除其不合时宜的部分，保留其有益于当代人性和文化发展的部分，并通过反思科学技术给人类社会文化带来的新变化，或者重新恢复伟大思想在当今时代中的生命力，或者全面超越历史上的伟大哲学思想，在新时代里实现新的思想综合和创新。杜威也极力强调科学在艺术审美改造中的作用，他秉承着艺术与生活中的经验密切相关这一原则，而科学正是以一种特殊的智力支持的方式，影响着艺术与人类和自然的关系。在实现了伟大综合的艺术中，科学将成为推动艺术创作和发展新审美感受性的重要动力。就伦理道德的改造而言，杜威提倡应当仔细探究科学对人类社会文化所产生的后果的各种可能性，应当以健全的实践理性对技术的发展进行监督和引导，同时伦理学应该是一门解决实际问题的人文科学，需要以理性来为人类的德行提供引导，伦理判断蕴含着可以通过理性认知和辩护的客观价值，因此可以从科学理论方法中借鉴用来理解人生、指导生活、探寻解决问题思路的实践理性。最后，在教育的改造方面，杜威极大地强调了科学在教育改造中的重要性。在他看来，教育要面向民众，强调了教授实际职业教育的重要性，并且杜威的科学教育反对过分集中于知识和方法的教授，而是强调科学解放人性、塑造健全人格的精神作用。在科学的时代里，教育的改造若要取得成功，显然不能忽视科学的人文精神与人文价值。

　　杜威的科学人文主义思想，是对皮尔士和詹姆斯的实用主义的新的综合与发展，同时，也是对传统的人文主义和狭隘的科学主义的突破，形成了带有科学人文主义色彩的实用主义。杜威的科学人文主义思想也对后分析哲学的发展产生了深刻的影响。杜威的科学人文主义思想揭示了科学与人文之间的深刻关联，为当代科学实践和文化实践留下了宝贵的思想遗产。

由于本人才疏学浅，理论研究水平有限，文中论述定有不足之处，敬请同行批评指正！

刘红萍

2022 年 1 月

# 目 录
## CONTENTS

## 中篇　科学对社会文化领域的改造

## 下篇　杜威科学人文主义思想的影响及意义

# 导　论

## 第一节　杜威简介及科学人文主义思想的时代背景

### 1. 杜威简介

约翰·杜威（John Deway，1859—1952），在美国佛蒙特州一个中产阶级的杂货商家中长大。小时候害羞内向，1875 年进入佛蒙特大学就读，毕业后任教，同时辅修哲学。1882 年，入约翰霍普金斯大学大学研究所，师从裴尔斯、霍尔、莫里斯等知名哲学家，深受黑格尔和唯心论哲学的影响。1884 年，以研究康德心理学为主题的博士论文顺利通过审核，获得博士学位，担任密西根大学的哲学讲师。杜威曾在芝加哥大学、哥伦比亚大学任教，也在美国哲学学会、美国心理学会、美国大学教授联合会等机构担任会长职务。杜威在 1894 年担任芝加哥大学哲学系主任期间，创办了著名的实验学校，1952 年逝世于美国纽约。

杜威在美国乃至在全世界都是家喻户晓的哲学家、社会学家。杜威的哲学思想，尤其是实用主义，是对皮尔士和詹姆斯的实用主义的新的综合与发展。具体说来，也就是将皮尔士的逻辑学和对康德的非先验的实验性的说明及詹姆斯的英国经验主义与人文主义传统的一次综合，形成了带有科学人文主义色彩的实用主义。他把这种带有科学人文主义色彩的实用主义思想运用在社会生活的各个方面，在美学、伦理学、心理学和社会学等领域都颇有建树。他一生著作甚丰，出版了 36 部著作，发表了 900 多篇论文，主要著作有《哲学的改造》《确定性的追求》《人的问题》《经验与自然》《艺术及经验》《学校与社会》《评价理论》《民主主义与教育》《Studies in Logical Theory》《Logic：The Theory of Inquiry》等。

杜威曾经到世界许多地方演讲，宣扬他的观点，因此他的思想也影响着美国以外的地区。在 20 世纪初五四运动爆发前夕，杜威应邀来到中国，发表过许多重要演讲，其民主思想和教育思想在当时的中国产生了很大的轰动，也对当时改革运动的一些重要人物如胡适、陶行知等一批中国思想的引领者产生重要的影响。

可以说，数百年来，研究杜威的中外学者层出不穷，并且具有日益盛行之势。但其思想的伟大之处，不在于他像其他哲学家一样建立过宏伟的、精致的哲学体系大厦，也不在于他的文采多姿，相反，他的文章有时候晦涩难懂，据说在其授课期间，很多学生慕名他的思想，却着实失望其口才。那么，我们不由得深问，杜威的魅力究竟在哪儿？——无外乎其对人类的整体命运给予极大的关怀和向往。他无论在哲学领域还是在社会生活事务问题上，所表现出来的敏感度、想象力与建设性的高瞻远瞩和雄心壮志，是其他同时代的哲学家无可比拟的。1939 年，杜威被著名的《在世哲学家文库》拥戴为首卷的卷主，可见其影响力和对世界的贡献非同小可。美国哲学家罗蒂是研究杜威的著名专家，罗蒂将杜威评价为与海德格尔、维特根斯坦具有相同地位的 20 世纪大哲学家。美国著名的历史学家亨利·科马格（Henry Steele Commager）曾把杜威誉为"美国人民的领路人、导师"。①

2. 杜威科学人文主义思想的时代背景

杜威生活在 19 世纪下半叶与 20 世纪的上半叶，这个年代正是美国的经济高速发展的年代。19 世纪下半叶，随着美国内部政治格局的统一和第

---

① 科马格 . 美国精神 [M]. 耶鲁：耶鲁大学出版社，1995：100.

二次工业革命的出现，尤其是产业革命中采用大量新的科学技术和先进的工业设备，使美国的工业生产和经济发展迅猛增长。到20世纪初，美国已经彻底地转变成一个工业大国，一跃成为发达资本主义世界中首屈一指的国家。

伴随着美国经济发展过程中的，便是实用主义的哲学思想。可以说，实用主义思潮就是在美国这个工业土壤中成长起来的。实用主义强调根据行为后果来修正人们的理论或观念，激励人们用行动解决现实的问题，带有强烈的反教条主义和反思辩哲学的色彩。可以说，在美国发展初期，实用主义成为美国哲学的代名词。在某种程度上，实用主义成为美国人民发展经济的最强大的哲学武器。尤其是在科学和工业领域，实用主义把科学理论、科学知识、科学技术等视为人类应付现实环境的工具。

随着经济和工业的发展，美国的社会面貌发生了巨大的变化。在科学技术给美国带来巨大利益的同时，也让美国人民不得不面对一系列现实的问题。一方面，大资本家利用科学技术获得越来越多的财富，并因此拥有政治上的特权；而另一方面，则是贫穷人口的急剧膨胀，贫富差距日益扩大。自然科学的发展，尤其是在生理学、心理学、生物学、医学、化学等领域的突破性进展，让人们的道德观念也产生了极大的变化。在第一次世界大战和二战中，所使用的坦克、飞机、原子弹等高科技杀伤性武器，给整个人类带来难以弥补的伤痛和损失，也让人们对科学的价值取向产生一种怀疑。可以说，这一切都成为杜威科学人文主义思想所产生的思想酵素和养料。

杜威历经两次世界大战，亲眼目睹了美国由一个农业大国转变成一个现代化的工业大国，也目睹了科技带给人类的巨大利益和负面影响。杜威对他所处的时代给予敏锐的洞察力，从而引发其站在人文的高度对科学的深层次思考。杜威的科学人文主义思想把人的发展问题作为自己最高的追求目标，他的哲学思想强调一切都是为人类服务，都是人类生存和发展的工具。在众多工具中，"科学"这个工具是杜威最钟情的工具之一，因此，他一生的追求便是思考如何最充分地利用"科学"这个工具为人类服务，在关于科学对人类的生活影响方面，他阐发了许多深刻的见解。杜威在很多著作中都专门论述过他对科学的独特理解。比如，《哲学的改造》《逻辑：探究的理论》《确定性的追求》等著作中，我们随处可以看到杜威散落在各章节中的科学情结。据统计，杜威在自己的著作里提到"science"这个词有 4485 次，提到"scientific"这个词有 3521 次，提到"humanism"这个词有 141 次，提到"Humanist"这个词有 50 次。杜威在与友人的私人通信中提到与"science"有关的多达 3758 次。[①] 可见，杜威对科学及相关的人文领域的关注甚高。

作为美国人民的导师，杜威立足于整个人类的文化、实践背景，毕生都在追求为全人类的福祉而去构建自己的文化改造纲领，从而使整个人类在科学与文明的基础上实现政治、经济、文化、教育、哲学等领域的全面改造，最终充分实现人类的最高生活目标。毫无疑问，杜威的哲学思想里贯穿着工具主义和实用主义的路线，也始终体现着科学人文主义这一思想主题。

## 第二节　研究目的和意义

### 1. 研究目的

杜威的思想在美国乃至全世界几经沉落，从被人们奉为哲学主流到被批判成庸俗文化，最后又被世人奉为大雅之物，这些都见证了杜威思想对世人的影响力。不管是在国内，还是在国外，都掀起了对杜威研究的热潮。然而，冷静下来仔细分析，国内外学者对杜威的研究，大部分聚焦在杜威的实用主

---

① 杜威的私人信件和上课教授笔记已被美国杜威研究中心整理出来，但还没有公开出版发行。2012 年 10 月，我前往位于美国伊利诺伊州的杜威研究中心，在其内部的电子数据资料库，查到以上数据。

义思想和工具主义思想等方面，从科学哲学的角度重新审视杜威的思想研究还没有系统深入地介入，杜威的科学人文主义思想还未得到深层地挖掘。目前鉴于世界科技的发展和出现的一系列教育、伦理、艺术等方面的问题，从科学哲学的角度重新审视"科学"这一概念本身是很有必要的，而杜威的科学人文主义思想无疑会有一定的社会实践意义和借鉴作用。

正是在这样的背景之下，本研究将通过进一步地搜集杜威相关史实材料，进一步分析和挖掘杜威思想的核心要旨，本研究期望探究出杜威思想的另一个新原点，能从新的视角去发掘杜威的思想，力求能找到一种新的结论观点，即科学人文主义思想。因此，本研究首先探索和研究科学思想和科学方法在杜威整个思想体系中的重要地位，再探究人性和文化在杜威整个思想体系的重要地位，最后再从人文的角度研究杜威对科学的人文化理解，并从科学的角度研究杜威以科学改造社会文化的理论与实践。

本书的另外一个目的是对杜威的科学人文主义思想进行梳理和延伸。通过梳理杜威的科学人文主义思想，分析其与其他科学人文主义（比如萨顿等）、传统人文主义、传统科学主义、实用主义与自然主义等的区别，从而进一步突出杜威的科学人文主义思想的闪光之处。

此外，本书的研究还希望能够使人们联系中国的当代实践背景，考察杜威思想的现实意义和对中国科学发展观的启示。通过对杜威科学人文主义思想的把握，有利于对现代科学哲学的科学人文主义思想作进一步深入的研究和探讨，从而加深对科学人文主义思想的理解，推进科学哲学的研究，并能为科学文化的研究打开一个广阔的视野，进而在现在的实践生活中树立正确的科学观和人文观，从而真正发挥科学在人类社会发展中的进步作用。

2. 研究意义

在杜威的诸多著作中，直接以科学为名的著作并不多见，这可能会给人们一种误解，认为杜威对科学并不关注，但其实杜威对科学的关注几乎可以说隐含在其所有的著作中。早期，杜威对生物学进化论的关注启发了其实用主义和工具主义的观点；中后期，杜威又基于科学的探究方法对哲学、社会学、伦理学等人文领域进行大胆探究。杜威的科学观既不同于传统的逻辑实证主义为代表的科学主义者，这些科学主义者奉行用物理的、逻辑的语言来阐释这个世界，从而把道德、美感等形而上的东西排除在人类的知识之外；杜威的科学观也不同于传统的人文主义者，这些人文主义者拒斥科学对社会领域的影响和作用。我们可以把杜威的科学观理解成一种新型的科学人文主义思想。他既推崇自然科学领域的成就和研究方法，同时又关注人类的社会人文领域。对杜威来说，科学只是一种为人类生活进行更好服务的工具，科学并不是凌驾于人类社会生活之上的霸权工具，科学只不过是在人类的未来面临诸多不确定因素和风险的情况下，认识世界和控制自然的最好的工具。因此，在杜威的科学人文主义思想中，科学是促进人与自然、人与社会更加和谐的工具。当然，不可否认，杜威试图把科学的研究方法和探索方法推广到整个人类社会人文领域的做法过于理想化，但正是杜威的这种美好的愿望向人们传递了一种信心或可能性，即在宗教、伦理权威等不再垄断一切的时代下，人们有无限可能性去追求更美好的生活，探索人类、社会、自然的和谐发展。因此，研究杜威的科学人文主义思想，具有重要的意义。

首先，通过对杜威的科学人文主义思想的研究，可以加深对科学人文主义的理解。过去人们对科学人文主义研究的范围比较狭窄，也很少从一个专业的哲学家的角度来研究科学人文主义，比如：萨顿和赫胥黎也研究过科学人文主义，但他们并不是严格意义的哲学家，科学史学家萨顿的科学人文主义是从他对科学历史的研究中形成的，因此缺乏哲学理论的系统性和思想深度。赫胥黎的科学人文主义主要基于达尔文的进化论观点而形成的，是杜威转向哲学研究的一个重要动力，深刻影响了杜威的科学人文主义思想。其历史的和演化的思想，为杜威的科学人文主义所继承，但他同样没有杜威坚实的哲学素养和人文社会科学方面的素养，所以从学术和文化的影响上无法与杜威相比。科学人文主义本来是一个哲学概念，现在从杜威这样一个专业的哲学家的角度来理解科学人文主义的话，就会更全面、更深刻。

其次，对杜威的科学人文主义思想的研究，有助于推进科学哲学的研究。过去的科学哲学研究，人们主要注重的是科学的形式，注重逻辑分析和语言分析，主要偏重于分析哲学和语言哲学的范畴。而杜威则从人、从探索过程、从文化这样的角度来研究科学，关注人、关注科学、关注过程，即从人文主义的角度来研究科学，打开了研究科学的一种新的思路。

再次，对科学文化的研究打开了一个广阔的空间，丰富了科学文化研究的内涵。过去对科学的研究，是把科学看成一种知识、一个确定的知识范畴，比如逻辑实证主义从知识论的角度理解科学，把科学理解成知识的积累和实证。而在杜威那里，杜威从多个层面打开对科学的研究，把科学放在整个人类背景下面，把科学作为一种文化来研究。科学同社会学、艺术、宗教一样，也是一种文化。科学这种文化同其他文化的关系，比如科学与艺术、科学与宗教等都属于科学文化的研究范畴。杜威对科学文化的定位，既包括形而下的知识、技术、器物物质层面，也包括形而上的科学制度、科学家的思想、科学精神、科学价值等，这些都属于科学文化的范畴。

总之，从某种意义上来说，虽然杜威的哲学著作有些晦涩难懂，其早年、中年、晚年的哲学思想甚至发生相互冲突，但这些都无法掩饰杜威哲学思想的闪光点和睿智之处，尤其是他的哲学著作中涉及到很多对科学和其他跟人类命运息息相关的文化领域的思考。在当今社会，科学促进了现代化的进程，对杜威的科学人文主义思想的探讨和挖掘，不仅在理论上而且在实践上都具有非常重要的意义。它一方面可以促使我们重新去反思杜威的思想，从而对杜威的思想有个全新的认识，另一方面又可以促使我们借鉴杜威的思想来反思我国当代科学实践进程中出现的问题和潜在的问题。这种反思将更有利于我们恰当运用科学人文主义思想来进行有自己特色的社会主义现代化建设，有助于我们对科学本质、功能的深层认识。正确的科学观是制定一个国家科学实践和理论活动的重要思想指导和依据之一。尤其是中国，在大力提倡"科教兴国""以人为本"的科学发展观之时，在大力发展科学技术和培养科学人才的路线之时，如果能够将杜威的科学人文主义思想创造性地吸收并利用，则对中国的科学哲学研究和科学政策的制定及科技兴国的战略方针都无不裨益。

3. 创新之处

本书力求对杜威的思想进行一种突破式的研究。过去，人们是从实用主义、自然主义等角度来研究杜威，今天，我们可以尝试从另外一个全新的视角来研究杜威的思想。我们可以说杜威的思想充满科学人文主义，这种科学人文主义从某种意义上讲，比过去的自然主义和实用主义更有特点，因为它同科学联系得更紧密，从人文的和人性的角度看科学，对科学重新加以认识。杜威的科学人文主义从人文的角度看科学，从科学的角度看人文，这个思想在实用主义那里体现的并不是特别明显。实用主义从某种意义上也是对科学的解释，因此，科学人文主义和实用主义也是贯穿在一起的。这样一来，把杜威的实用主义思想深化了，因为实用主义所重视的手段也是科学。从这个角度来说，科学人文主义的角度从更深的层次来思考杜威思想的根源性和连贯性，开启了一个新的视角来理解杜威。

# 第三节　本书思路和构架

1. 问题的提出

在前期大量阅读国内外科技哲学领域中研究人物思想的作品基础上，对人物思想的研究方法有了初步认识。杜威作为跨世纪的伟大的哲学家，其研究领域涉及哲学、教育、宗教、民主、社会等各个领域，在这些领域都产生了一定的影响力。因此，在研究杜威的思想时，应该包含至少三方面的要素：一是概念分析，思想的表达是通过概念来表达的，对于概念的基本解读和背景分析是研究杜威思想的必备要素；二是观点论证，论证杜威的科学人文主义思想，要有理有据；三是历史视角，杜威作为跨世纪的哲学家，有其独特的历史背景和文化背景，对其思想观点的分析离不开对其生活背景的考察。

毫无疑问，杜威的实用主义、工具主义、实验主义等这些思想都成为各位研究学者的聚焦点和研究重点，也是历来被人们所公认的思想标签。然而，杜威的思想是否还有其他的思想原点呢？是否可以从另外一个视角重新审视杜威的思想呢？这正是本研究力争论证的主要意图。

2. 本书的思路和内容

从本书的思路上看，是以探寻杜威思想中的另一个新原点为切入点，首先论证杜威的科学观的人文化，再论证杜威以科学改造社会文化的理论与实践。在此基础上，进一步对杜威的科学人文主义思想进行反思，揭示出杜威的科学人文主义思想与其他人文主义、科学主义、科学人文主义思想等的区别，最后揭示出杜威的科学人文主义思想对当代社会实践的意义。

杜威的科学人文主义思想首先表现在科学观的人文化方面，因此本书的上篇将从实在论、知识论、方法论和科学价值论这四个方面来论证杜威的科学观的人文化。本书的中篇着重论述杜威应用科学纲领对社会文化的实践改造，中篇将从科学对哲学的改造、科学对艺术审美的改造、科学对伦理的改造以及科学对教育的改造这四个方面来论证杜威的科学人文主义思想。本书的下篇侧重于对杜威的科学人文主义思想的评价。

本书的基本构架分为十章：

第一章着重论述杜威科学实在论的人文化观点。在杜威看来，科学应该是在人性和文化的大背景下，基于人类不同的兴趣和价值的指导而对自然的一种积极地探索。他认为，客观世界的存在，离不开人类通过工具对世界做出的干预。因此，他常常将自身的立场称为一种"工具主义"。按照杜威所倡导的工具主义，实验操作在人类用来表征和干预实在的科学实践中是必不可少的，知识的对象并非构成所有存在的对象，实验操作所产生的对象不仅在科学中，也在人类日常生活所设定存在的实体中都占据着重要的地位。①而这些实体的客观存在，恰恰充分表现了人类的干预和文化的兴趣通过科学实践而对客观实在产生的影响。因此，科学的实在论应该是基于人性和文化的视角重新作出审视。

第二章着重论述杜威科学知识论的人文化观点。杜威对传统的追求确定性和旁观者式的知识论进行了攻击，主张以反映人性信念和文化价值的"有保证的可断定性"（warranted assertibility）来替代传统知识论中的符合论的真理概念。杜威认为，有关知识论的哲学反思，只有结合科学实践才能真正对真理形成真知灼见。而科学实践所反映出的真理观并非仅仅同逻辑或经验有关，而是与正在进行探究的科学家本身的信念、疑虑和价值的人性要素和文化要素有着密切的关联。杜威不仅力图将真理概念赋予人文的性质，而且还深刻批判了基础主义的知识论。杜威认为，科学知识作为服务于人类生活的工具，它发挥着积极改造世界的作用。由于实践的不确定因素，因此，科学知识所反映的自然对象，显然也就被当成是"一件发生发展的事情"。科学知识由于人类与自然的互动实践的历史性而具有可错性。②杜威对基础主义知识论的批判，又展示出科学知识所具有的历史性和实践性，从而揭示了知识与人类的历史、文化和生活的密切关系。

第三章着重论述杜威科学方法论的人文化观点。杜威批判了传统的围绕逻辑展开的科学方法论。杜威认为，充满着不确定性的实验方法在科学研究方法中起着极其重要的作用，不能因为实验方法渗透着社会文化价值和心理因素，就将其驱逐出科学方法论研究的视野。科学方法是多元的，不应当仅仅将研究的焦点仅仅停留于逻辑学和语言哲学可以分析的形式化的方法上，而是应当包括实验方法在内的诸多反映文化价值和心理要素的

---

①　John Dewey, Essays in Experimental Logic. Chicago: The University of Chicago Press, 1916: 32–33.

②　约翰·杜威. 确定性的寻求 [M]. 傅统先，译. 上海：上海人民出版社，2005: 78.

方法。对于这些无法被逻辑学和分析哲学穷尽其意义的科学方法，就应当结合心理学的方法，参照社会文化的要素予以理解。

第四章着重论述杜威科学价值论的人文化观点。杜威极力反对事实与价值两分传统的科学价值论，科学知识无论从研究的方法上来看，还是从科学知识本身的性质和本体论地位来看，都深受人类文化价值的影响和制约。不仅纯粹科学和应用科学是相互依赖和相互渗透的活动，而且科学的工具价值和终极价值之间也存在着相互依赖和相互渗透的关系。因此，科学价值中应该渗透着人类的价值的判断，对科学的价值的判断离不开人类的实践活动和文化背景因素。

第五章着重论述杜威用科学改造哲学的观点。对杜威来说，西方传统哲学仍然在很大程度上深深受到宗教神学和传统习俗道德的束缚。这些保守文化假借着"神圣经典"的权威，回避时代发展带给人们的新问题和新思想，以居高临下的态度来轻易地否定新时代的哲学家和思想家提出的新颖理论。科学的发展极为有力地挑战了这种保守顽固的闭塞心态，将构成"陈旧性制度习俗"的神学与道德置于科学的探究和批判之下。杜威所理解的哲学改造是要结合新时代科学的思想、观念、方法以及自由理性的批判精神，重新改造传统文化，剔除其不合时宜的部分，保留其有益于当代人性和文化发展的部分，并通过反思科学技术给人类社会文化带来的新变化，在新时代里实现新的思想综合和创新。

第六章着重论述杜威用科学对艺术进行改造的观点。杜威极力强调科学在艺术审美改造中的作用，他认为，艺术与生活中的经验密切相关，而科学正是以一种特殊的智力支持的方式，影响着艺术与人类和自然的关系。科学的发展，导致艺术对象发生了极大的变化，为美学和艺术提供新的创作素材，为美学和艺术提供新的理论视角。科学激发的探索精神和实验品质，为美学和艺术的发展提供了超越传统的动力。科学的实用精神，促进了美学的理论与实践相结合，推动了美学发展。因此，有必要根据科学的发展来对传统美学进行改造。在实现了伟大综合的艺术中，科学将成为推动艺术创作和发展新审美感受性的重要动力。

第七章着重论述杜威用科学改造伦理道德的观点。杜威指出，伦理学并非是凭空产生的学科，而是与人类的生活实践有着密切关系，需要以理性来为人类的德行提供引导。伦理判断是引导一个人做出合乎道德的行为的重要保障，因此在伦理学研究中占据着相当重要的作用。伦理判断有着它自身的逻辑结构，也有心理学提供的事实基础，并且蕴含着可以通过理性认知和辩护的客观价值，因此，伦理判断可以从科学理论方法中借鉴用来理解人性、指导生活，探寻解决问题方法思路的实践理性。

第八章着重论述杜威用科学改造教育的观点。在教育的改造方面，杜威极大地强调了科学在教育改造中的重要性。杜威批评传统人文教育的缺陷：轻视技术和实践、缺乏解决实际问题的能力、忽视科学的理论及方法与精神在教育中的积极作用。相应于这些批判意见，杜威提出了参照科学与技术而做出的教育改造纲领：反对过分集中于知识和方法的教授，强调科学解放人性、塑造健全人格的精神作用。教育培养的不是那些病态地缅怀前现代文化的学究，而是懂得结合最新科技的智识成就和文化成就，不断努力超越前人成就的积极乐观的新人文主义者。在科学的时代里，教育的改造若要取得成功，显然不能忽视科学的人文精神与人文价值。

第九章对杜威的科学人文主义思想的影响进行客观的评价。杜威的科学人文主义思想对后分析哲学产生了深刻的影响。后分析哲学中的科学实践流派、激进的文化实践流派、生活实践流派等三大流派都深受杜威的科学人文主义思想的影响。杜威的科学人文主义思想也对现代中国的科学发展观及科学哲学教育也有一定的影响。

第十章评价了杜威的科学人文主义思想的意义。可以说杜威的科学人文主义思想对传统的人文主义和狭隘的科学主义有较大的突破，并在某种程度上是对自然主义、实用主义和其它科学人文主义的突破。

我们在肯定并倡导杜威的科学人文主义思想的同时，也要看到杜威的科学人文主义思想有某方面的缺陷。本书将通过进一步地搜集杜威相关的史实材料，通过进一步分析和挖掘杜威思想的核心要旨，同时联系中国，考察杜威思想的当代意义和启示，以期形成一部研究杜威思想的精品之作。

上篇

---

# 科学观的人文化

# 第一章　科学实在论的人文化

按照流行的科学实在论的观点，科学所描述的是独立于人的心灵而存在的客观世界。一个理论是否为真理，主要依据其是否与预先设定的实在事物相符合。科学家所创造出来的科学理论，仅仅是被动地反映了这个客观实在的真实面貌。然而，在杜威看来，科学理论绝不是静态地、被动地反映着独立于人类心灵的客观世界，他更愿意把科学理论看成是人与自然发生密切关系的一种工具。科学理论所揭示的对象离不开人类的生活实践与文化背景的需求。因此，科学的本体论需要从人性和文化的角度来重新诠释。①

## 第一节　杜威对形而上学实在论的批判

### 一、"实在论""形而上学实在论""科学实在论"的传统观点

实在论主要探讨的是"世界上存在着什么"与"这些存在者如何存在"这两个重要的形而上学问题。按照一般实在论的立场，这个世界以不依赖

---

① 孟建伟，刘红萍 . 科学人文主义：杜威哲学思想的另一个原点 [J]. 山东社会科学，2012，12（5）.

于人类心智的方式独立存在，科学与常识所设定的大多数可观察的物理实体，都以独立于人类心智的方式独立存在。由于实在论所涉及的外部世界的真实性问题，总是与种种真理理论有着紧密的关联，因此，尽管存在争议，但是，大多数实在论者都主张，实在论总是不可避免地会蕴含某种真理观，一般而言，实在论者都倾向于符合论的真理观，"相符合就是真理，它是能够超越我们的能力而决定真理是否获得的一种性质，"① 即真理的本质就取决于它与实在世界的复合关系。

实在论内部并非没有分歧，而是有着种种不同的实在论立场，其中，形而上学实在论在传统的实在论中占据着相当重要的地位。正如普特南对形而上学实在论的概括，"世界是由不依赖于心灵之对象的某种确定的总和构成的。对'世界的存在方式'只有一个真实的、全面的描述。真理不外乎在语词或思想符号与外部事物和事物集之间的某种符合关系……推崇的是一种上帝的眼光。"② 由此可见，形而上学实在论包含着三层强硬的主张：（1）世界以独立于人类心智的方式存在；（2）真理体现的是语词或思想与外部世界的符合关系；（3）对世界的诸多描述中，只有一个描述是排他性的真理。只要一种对世界的描述是真实的，也就排除了其他描述是真实的可能性。

形而上学实在论比一般实在论强硬之处在于两点：第一，它明确地主张了符合论的真理观，而根据哲学史的相关论证可知，这种真理观的论证本身并非易事；第二，它强硬地断言，对这个世界的全面而真实的描述只有一种，因此，它倡导的是一元论的真理观，而非威廉·詹姆斯等实用主义者所倡导的多元论的真理观。

形而上学实在论固然强硬，但是，科学实在论相对而言更强硬。在某

① 麦克尔·路克斯.当代形而上学导论（第二版）[M].朱新民，译.上海：复旦大学出版社，2008：282.

② 希拉里·普特南.理性、真理与历史[M].童世骏，李光程，译.上海：上海译文出版社，1998：55.

种程度上，科学实在论往往就属于形而上学的一种，它不仅继承了形而上学实在论的三个强硬的立场，而且它明确断言，对世界的真实而全面的描述，仅仅是科学的描述。科学所设定的大多数可观察的和不可观察的物理实体，都是客观存在的。而诸如常识、宗教、哲学等其他非科学的理论，只要与科学理论相违背，那么，它们有关世界的断言，就不是对世界的真实描述。通过强调科学知识在形而上学上的独一无二的真理性，科学实在论力图将科学置于所有文化的最高地位。

## 二、杜威对形而上学实在论的批判

形而上学实在论者认为，科学是对独立于人的精神的外部世界的"符合式和翻译式"的客观反映和表象，自然界是一个独立的实体，科学家在研究中只是一个客观中立的、没有思想的被动者形象，其概括出来的科学理论仅仅是镜子似的反映着客观实在。杜威不同意这种符合主义和表象主义的观点，他明确指出：

第一，科学家并非探究自然的旁观者，而是积极的参与者。在旁观者的知识论传统里，"实在"这个概念取得了超越经验的和非历史的地位，与人类生活的这个实践世界绝缘。因此，人们只有依靠心灵去观望它，而不是去改变它；人们在生活中所产生的知识必须符合这个先验的实在，而不能去创造它。对于理性论者（如莱布尼兹）和感官主义的经验论者（如洛克）而言，心灵和自我不再具有社会和历史的性质，反思性的思想不具有创造的性质，只是先有实在的重复。因此，知识的产生只是人通过心灵的反思找到了与先验存在之符合。杜威批评了这种思维模式，他指出，传统的实在论者没有考虑到被经验到的世界的不确定的特性，他们人为地把人类活动中所需要的怀疑、探究和假设等转变成为一个"预先存在的、产生后果的实在的缘故。"①

---

① 杜威. 经验与自然 [M]. 傅统先，译. 南京：江苏教育出版社，2005：45.

在杜威看来，我们看到的实在不是脱离人的实在，不是同人没有任何关系，而是现实人类所经历的世界，离不开人的主动参与。杜威强调科学家在探究自然的过程中与自然的密切关系。首先，科学家在创造一种科学理论时，要动用自己的身体官能和思维器官，而身体作为一个实实在在的有机体又是自然的一个有机的部分。科学家的实践探究是从科学家所看见的事物、听见的事物和经验到的事物出发的。这些事物为科学家提供了科学研究的素材。不同的科学家有着不同的经验和经历，会导致不同的感受和对自然材料的不同的反思，因此会呈现出不同的探究结果，而不可能按照一个事先固定好的模板给予千篇一律的答案；其次，科学家是在现实世界里进行思维的，无论其思维怎么跳跃，其思维之火花的源泉仍然是大自然中的被经验到的事物。面对自然世界中诸多不确定的因素，人们所经历的事物为科学家的思考提出了挑战。因此，科学所描述的对象不可能脱离人的因素和自然环境的因素。正如杜威所言，"思维乃是在同一个被经验到的事物世界之内在时间上不断进行重新组织的一个连续的过程，而不是从这一个世界跳跃到另一个为思维所一次构成的对象世界的过程。"[①] 杜威的这个观点颠覆了传统的预存实在的本体论模式，转向关注科学家在参与自然探究中的积极的行为模式，为科学研究的诸多可能性打开了生动的多彩的画面。

第二，科学作为理智的工具，揭示的并非是固有实在的本质，而是实体之间的关系。形而上学实在论者认为科学只能静态的去描述既存"实在和实质"的特征。科学的任务就是揭示既存的实在。杜威不同意这个观点，他认为，科学应该抛弃对固定实在的追求，转向对事物之间关系的把握。"现代科学有着这样一种倾向，即用以某些功能相似而反复发生为特征的质的性质（qualitative events）去代替固定的实质这个古老的概念。"[②] 也就

---

① 杜威.经验与自然 [M]. 傅统先，译.南京：江苏教育出版社，2005：45.
② 杜威.经验与自然 [M]. 傅统先，译.南京：江苏教育出版社，2005：3.

是说，现代科学的目标不再是揭示传统的事物的内在的"实在和实质"，而是展示事物之间的关系中的重要特征。科学的目的就是"寻求'动力因'（efficient cause）而不是寻求'目的因'（final cause）"①。如果抛弃那些传统的先入之见，科学就可以从探究中发现事物之间的逻辑关系，从而为我们未来的行动做一个更好的指导。从科学上来讲，"科学就是变化与变化之关系的知识，它使得我们得以把事物当作前件与后件而连接起来"②。科学的探究活动便是寻求各种因果关系和条件的结果。因此，科学工作者可以在实践中去调节事物之间的关系，探索出使这些事物发生关系的条件。当事物之间的重要关系被科学揭示出来后，便成为服务于人类生活的工具。人类正是基于科学对事物之间关系的揭示，例如，人们利用科学所揭示的热能和动能的关系发明了蒸汽动力机，才会有生活质量的质的飞跃。

第三，科学所揭示的外部世界的秩序和规律，并非是不可修正的大写真理，而是需要科学家不断证实的"有保证的可论断性"。杜威指出，"任何对于由知觉所获得的新知识的陈述都是根据已经公认的理论所作的一种解释，而且如果这些理论后来发现不是合适的，这种陈述就需要后来的纠正。"③也就是说，在杜威那里，被证实的断言只是暂时的，该科学假说或推论同样会经受未来的实践后果的检验，因此，任何科学假说或推论并没有一个特权的免于实践检验的权利，不存在所谓永恒的、不可修改的真理、原则、公理等，更没有免于修改的绝对正确的特权地位，并且这些也不是科学的最后目标。科学的探索过程是科学家在特定的历史条件和社会背景下对科学问题所做出的最好的解释，这种解释只是暂时性的，会随着科学家的不断探索而不断深入和完善。因此，因此，杜威强调"知识就是证实的断言"。④也就是说，不管概念、原则、公理等多么的完善，只能看作是

---

① 约翰·杜威.确定性的寻求 [M].傅统先，译.上海：上海人民出版社，2005：78.
② 约翰·杜威.确定性的寻求 [M].傅统先，译.上海：上海人民出版社，2005：274.
③ John·Dewey.Logic：The Theory of Inquiry[M].New Yok Henry Holt and Company，1938：154.
④ 约翰·杜威.人的问题 [M].傅统先，译.上海：上海人民出版社，1965：283.

一种暂时性的假设性质的断言，这些断言必须在人类活动的情境中得到证实和效果的检验。

杜威进而指出，"一切知识或证实的可断言性都依赖于探究，而探究确实是和有问题的东西（和被疑问的东西）联系着的。这个主张中包括有一个怀疑的因素或皮耳士的所谓'易错性'……唯一可以选择的一条道路就是主张真理的检验和标志在某种后果之中。"[①] 可以看出，杜威把真理的标准交给实践后果去检验，杜威的真理观强调依赖于后果。真理的检验标准并不存在于真理之前，而是存在于后来的人的实践活动中，通过实践的后果来验证该"真理"是否合适。当科学假说或推论经受住实践的检验，便是某种程度上的被证实的断言。当科学假说或推论经受住实践的检验后，杜威又用科学假说或推论对实践指导作用的大小作为评价真理的效用尺度。当科学假说或推论对实践的改造或指导作用越大，其真理的效用价值越大。"观念或假说的效用就成为衡量其真理的尺度。"[②]

杜威的这一真理观颠覆了传统的大写真理观，抛弃了把超验的、先前的东西当作固定的真理和不容置疑的传统，抛弃了害怕变化和混乱的传统，冲击着人们对"权威"的理解，引导人们在实践的变化中把握真理，把握权威，向未来看、向结果看、向意外的变化看。

第四，科学理论离不开科学概念，然而在传统形而上学支配下的科学概念具有两大缺陷：先验性、脱离科学实践和经验的教条性。除了皮尔士的实用主义哲学意外，以前的哲学传统大都认为观念的价值取决于事先存在的特性，只有通过这种事先存在的特性才能导出科学概念。因此，传统对科学概念的解释是以科学概念是否符合某些事先存在的事物作为其验证的标准，把科学概念和科学实践分离，把科学概念的作用变成一种固定的和独立存在的东西，而忽视了实践中的诸多不确定因素对科学概念的影

---

① 约翰·杜威. 人的问题 [M]. 傅统先，译. 上海：上海人民出版社，1965：281.
② 杜威. 哲学的改造 [M]. 张颖，译. 西安：陕西人民出版社，2006：90.

响。然而，在杜威看来，科学概念并不具有先验的不可更改的性质。杜威明确指出，"科学的概念并不是对独立先在的实在的揭示。"[①] 科学概念来自于人们在实践中所能经验到的东西。

杜威进而指出，在探究的过程中，真理是以科学命题和科学概念的形式出现的。由于真理具有被不断确证的性质，因此科学命题和科学概念是被肯定的东西又不断被断言的东西，科学概念和其他普遍的概念一样具有假设性的性质。所以杜威强调，科学概念"是一个假设体系……人们借助于这个假设的体系可以在理智上和在实际上更加自由地、更加可靠地和更加有意义地和自然界沟通起来"[②]。在这里，我们可以看出，杜威理解中的"科学概念"，反映的是物质之间的一种动态关系和发展的过程。因此，科学的概念应该具有灵活性，能够最大程度上反映出事物的变化之间的关联，而这些动态的变化关系恰恰是事物发展和进步的一种模式。科学概念的正确与否需要在实践的后果中验证，这本身就说明了实践在科学中的重要地位和作用。同时，科学概念作为一个理智的工具，其价值在于指导人类的实践操作过程，并把人类引导到一种所期待的可能的后果，而不是在于去符合或再现对象已有的特征。从这个角度上来讲，科学命题和科学概念是人类进行操作的工具和手段，是人类根据过去经验用来预测和对付现实的工具。因此，对科学概念的认识发生变化，不仅在自然科学中产生非常深远的意义，而且对哲学和逻辑的发展产生尤为深远的影响。"……关于科学观念的起源、本性和验证的理论却已经发生了一个永不后退的真正革命。"[③]

---

① 约翰·杜威. 确定性的寻求 [M]. 傅统先，译. 上海：上海人民出版社，2005：126.
② 约翰·杜威. 确定性的寻求 [M]. 傅统先，译. 上海：上海人民出版社，2005：126.
③ 约翰·杜威. 确定性的寻求 [M]. 傅统先，译. 上海：上海人民出版社，2005：111.

# 第二节　杜威的科学实在观

我们从杜威对传统形而上学的科学实在观的批判，不难看出杜威实在观具有以下几个比较鲜明的特点。

第一，杜威对实在的理解，凸显了人对现实的参与，他的科学实在观鲜明地体现出了科学的工具性、实验性与人类主动性的特点。

首先，杜威不认为科学仅仅是在静态地反映实在。他宁愿将科学理论看成是人类所创造出来的一种工具。人类利用这种工具，通过设计出种种实验来干预和创造出各种现象，积极地与所要探究的世界发生互动，从而在人类兴趣和价值的指引下，基于不同的视角来积极主动地揭示出这个世界的不同面貌。当人们在生活实践中采用越来越精密的科学理论解释生活实践中的各种物理现象时，科学便不再是对静观对象的欣赏，而是变成一个用理智指导的实践中的历史的事件。因此，杜威明确指出，"从固定的终结（目的）的体系中解放出来，才使得现代科学成为可能"。① 杜威认为，科学理论这种工具是一个可以不断修正和不断改进的过程中的工具，科学提供给人类的是较之以前更具有解题能力的理论工具，而工具的改进离不开人类的实践操作和控制。人类能够在实践中设计实验、控制操作以期待达到更好的实验效果，找到更好的描述实验现象的科学理论，正如他所言，"科学认识的对象是具有工具性的"。② 因此，他常常将自身的立场称为一种"工具主义"，③ 也即，科学在探索自然奥秘的同时，也渗透到人类的艺术、宗教、政治、工业等各个领域，变成调节和充实该领域的一种工具。

按照杜威所倡导的工具主义，实验操作在人类用来表征和干预实在的科学实践中是必不可少的，实验操作所产生的对象不仅在科学中，也在人

---

① 杜威.经验与自然 [M].傅统先，译.南京：江苏教育出版社，2005：98.
② 杜威.经验与自然 [M].傅统先，译.南京：江苏教育出版社，原序第 3.
③ 约翰·杜威.人的问题 [M].傅统先，译.上海：上海人民出版社，1965：282.

类日常生活所设定存在的实体中都占据着重要的地位。① 而这些实体的客观存在,恰恰充分表现了人类的干预和文化的兴趣通过科学实践而对客观实在产生的影响。人类在设计各种方法或制造各种工具的过程中所表现出来的人类的天才也是不可思议的。因此,科学的本体论需要结合人性和文化的视角来做出审视。

第二,杜威强调,人类所探究的实在负载着认知主体的情感等主观要素,客观实在不可回避人的因素。杜威坚决反对把关于人类心灵的对象和情感排除在"实在的"世界之外。在杜威眼中,人类所经验到的世界就是一个实实在在的世界,因此人类所探究的实在是与人类的实践过程密不可分。每个人在实践过程中,不可避免地有个人的情感和心灵等主观因素渗透其中,因此,对"实在"的探究,就是对人类所经历的自然世界的探究,不可回避认知主体的情感等主观因素。认知主体的情感与自然之间并没有一座天然的壁垒,认知主体也不是"自然事物的外乡人"。② 杜威的实在观既包括人类所生存的大自然,也包括人类所经验到的一切非自然的东西,比如文化等。可以看出,杜威的实在观具有很强的人文气息。

第三,"实在"世界中由于人的参与,而充斥着偶然的不确定因素,这些不确定性无法为逻辑所排除。杜威指出,"真正的自然实在论承认观念和事情的偶然联系以及它们涉及后来事情的概然关系,而冒牌的实在论的学说则把这个小岛当作是一个坚实的和完全的大陆。整个的心灵大陆的突出特征于是被视为似乎仅仅是一些偶然的错误和放错位置的情况,通过思辨上的技巧把它抹杀了。"③ 传统的实在论不欢迎甚至排斥偶然的因素和不确定的因素。他们赋予人类的心灵以揭示"实在"的功能,这种揭示"实在"的功能脱离了与周围的实际环境的相互作用,这恰恰是杜威所反对的。

---

① John Dewey, Essays in Experimental Logic. Chicago: The University of Chicago Press, 1916: 32-33.

② 杜威. 经验与自然 [M]. 傅统先,译. 南京: 江苏教育出版社, 2005: 18.

③ 杜威. 经验与自然 [M]. 傅统先,译. 南京: 江苏教育出版社, 2005: 221.

在杜威看来，人类心灵所具有的认识功能离不开人类所依赖的实际环境。人类在实践世界的过程中，必然会面对诸多不确定的情境，人们对某一个不确定的情景或偶然的因素进行怀疑，激发出人们的探究热情，只有用行动才能把那些有问题的情境变成一个较安定或已经解决问题了的情境。恰恰是人们所面对的各种不确定和偶然性，"它使我们有改善探究之具体方法的机会"。[①] 因此，在人类的实际探究过程中，不能用纯逻辑的固定性去抹杀实践的不确定性，而是应该基于人性的特征和实践的特征去描述对"实在"的认识过程。

第四，描述并参与自然实在的主体，并非是行为主义理解的被动的主体，而是处于社会文化语境中的主体，是负载着意义、价值等社会文化要素的主体。杜威严厉批评了下面这种行为主义，即把人当作是被动反应的有机体。他明确指出，"有机体和周围条件在各种情境中交相作用"。[②] 在杜威看来，每个人是参与社会活动的成员，在参与社会活动的过程中，这些成员不可避免的要受到当时社会情境的影响，只有通过社会语境以及从社会角度来看待自己的这种参与，才能意识到自己的个体性。此时，行为主体的意义便是在这个相互作用的环境下得以展示，而并非以脱离实践、无时间的纯粹的术语形式出现。因此，杜威不是在固定的逻辑规则中去理解行为主体的意义，而是从社会背景和文化背景中寻求对行为主体的解释。

第五，"实在"这个词应该有多元的意义。自笛卡尔以来的传统的哲学家把生活中的经验和科学完全分裂，因此传统哲学的一个巨大的错误就是把科学当作是从常识经验中抽象出来的对象，并且这些科学对象脱离并高于人类实践常识的领域。在杜威看来，常识实在论和科学实在论都是具有实在的性质，两者并不互相排斥。科学是在生活世界中的科学，科学所揭示的实在，仅仅是实在的一个方面。"实在"这个词具有"含糊性和易

---

① 约翰·杜威．确定性的寻求 [M]．傅统先，译．上海：上海人民出版社，2005：148.

② 杜威．经验与自然 [M]．傅统先，译．南京：江苏教育出版社，2005：167.

变性"，<sup>①</sup> 应该对"实在"这个词做动态的、多元的描述，把实在看作在自然中不断发展着的连续性，而不是自我的同一性。常识和科学都是人类实践过程的产物，两者所揭示的实在知识在一定程度上是相互转换的。常识和科学之间并不存在形而上学的或本体论的区别，只是两者在探究的类型上使用的是不同的逻辑形式和工具：当探究的工具变得更加精细完善时，科学就从人类的探究实践中、从常识中脱颖而出。科学并不是探究的最终目标，也不能在最终意义上告诉我们世界的"最终实在"是什么。科学探究的目的只是为了更好地了解这个世界，从而作为一种具有检验性质的工具来为人类的自然世界服务。

杜威认为，科学对象的实在和日常生活经验中的常识之间不可调和的问题是人为虚构出来的，这也给近代哲学造成了许多的麻烦。杜威认为，要打破这种传统的见解，应该把科学的对象看作"和其他形式的经验事物不断交互作用着"，<sup>②</sup> 即要把科学认识当作一种可操作的方式，与人们在实践中的行动方式联合在一起。只要认识到常识和科学的连续性和关联性，那么，人类探究活动中的这种分裂就不会显现出来。

# 第三节　杜威对其他哲学流派之批评的反驳与捍卫

## 一、杜威对"人类中心主义的嫌疑"之批评的反驳

杜威在《人的问题》这本著作中指出，其好友莫里斯·寇因（Morris·Cohen）<sup>③</sup> 针对以上杜威的科学实在论观点提出质疑，认为杜威有人类中心主义的嫌疑。寇因批评杜威"热衷于人类经验，以至于不能形成任何一种

---

① 约翰·杜威. 人的问题 [M]. 傅统先，译. 上海：上海人民出版社，1965：168.
② 约翰·杜威. 人的问题 [M]. 傅统先，译. 上海：上海人民出版社，1965：169.
③ 中文译者翻译成寇因，不要与奎恩混淆。

适当的非人类自然或物理自然的理论"①。也即，杜威被指控片面夸大人类的重要性和中心位置而抹杀自然的特性。

针对寇因的批评，杜威明确指出，人类具有双重性，既是自然的一部分，同时又是思想和精神层面的主体，人类的经验不可能离开与自然的联系而孤立存在。杜威的实在观有经验的根基，但不会没有根据地过高估计人类的作用和地位。人类生活的世界即是一个实在的世界。在人们所经验到的实在事物中，有一种不属于物理科学的范畴，而是属于价值、目的等类的东西，这类东西在杜威看来，"同样属于原子真实存在的一部分"，②也即属于实在的范畴。当人们在探究这类实在事物的时候，就必然会涉及到人的经验、欲望、情感、文化背景等因素，因此不可能忽视人在认识实在世界的实践过程中的地位和作用。杜威强调"人在自然中的联系，而不是人对自然的联系"，③也即，杜威在这里并没有把人类和自然放在一个对立的位置，也没有割断人类与自然的联系，而是把人类置于自然的背景下去探求自然的实在事物，因此，杜威强调的是人的主动性和参与性，但并没有过高地估计人类的作用和地位。

第二，杜威强调人类对实在的认识具有历史性，人性和自然的本质都不是固定的，因此不存在固定的中心关系。自然界并不是像形而上学实在论所幻想的那样是一个已经彻底完成的终结或一个完全的机械结构。相反，自然界是一个需要人类深思熟虑去探索去不断完善的结构。在现在应用了科学这种反思的工具之后，自然的对象不再是纯粹的思辨对象，而是跟人们的深思熟虑的目的和计划联系起来，这实际上就是承认自然界脱离不了人类的干预。杜威强调需要根据"一种时间上的的连续性"④来看待自然的本体论和关于人与自然联系的理论。连续性意味着变化，变化意味着

---

① 约翰·杜威. 人的问题 [M]. 傅统先，译. 上海：上海人民出版社，1965：159.
② 约翰·杜威. 人的问题 [M]. 傅统先，译. 上海：上海人民出版社，1965：160.
③ 约翰·杜威. 人的问题 [M]. 傅统先，译. 上海：上海人民出版社，1965：161.
④ 约翰·杜威. 人的问题 [M]. 傅统先，译. 上海：上海人民出版社，1965：161.

历史性，因此实在也具有发展的历史性特征，"只要自然的发展是以达到人类智慧的艺术为顶峰的，自然本身就是具有历史的。"[①] 人类作为探究实在的主体，与自然实在之间也没有固定的中心关系。人类在实践活动中通过实践不断地认识自然、解释自然的奥秘，因此，自然与人类之间是没有障碍的，自然是可以借助人类的经验理性认识的。在各种理性工具中，自然科学方法能够更好地指导人类去深入探索自然。由于科学发展是有一个历史的过程，人类的科学活动干预不可避免地影响到科学认识的高度和深度，随时都在为科学理论提供修改、发展或完善的手段和方式。因此，人们不得不用"相对的观点和多元论的观点"[②] 来解释自然实在发展的历史性，人在某个阶段对自然实在的认识将会随着人类的活动而不断加深。

## 二、杜威对"混淆科学与道德等人文科学的界限"之批评的反驳

杜威在《人的问题》这本著作中指出，其好友莫里斯·寇因（Morris·Cohen）批评杜威"把探究、反省和科学服从于某些外在的实用的目的"[③]，也即批评杜威的实在观混淆了物理科学与人文社会领域之间的关系问题。

针对寇因的批评，杜威明确指出，"科学中所达到的结论对于人类活动中所包括的价值因素是具有影响的"[④]。我们可以从以下两个方面来理解杜威的反驳：其一，长期以来，"事实与价值两分"的传统占据着人们的头脑，人们都习惯于把科学当作是纯客观的事物，排斥人的价值等主观因素。而杜威一直都强调人的因素，从人的角度和层面来理解自然科学和道德领域等人文科学。人是宇宙和自然的一部分，把人和自然结合起来，并用科学的武器来武装这一结合的进程，将会带来一个全新的景观。在杜威看来，自然科学和道

---

① 约翰·杜威. 确定性的寻求 [M]. 傅统先，译. 上海：上海人民出版社，2005：190.
② 约翰·杜威. 人的问题 [M]. 傅统先，译. 上海：上海人民出版社，1965：162.
③ 约翰·杜威. 人的问题 [M]. 傅统先，译. 上海：上海人民出版社，1965：163.
④ 约翰·杜威. 人的问题 [M]. 傅统先，译. 上海：上海人民出版社，1965：164.

德等人文科学都是人在历史进程中对世界的认识，两者都是以"人"为媒介，统一在以"人"为主体的认识范畴中，因此，不存在截然的界线。

其二，自然科学中既然有"人"的因素存在，必然有人的价值、兴趣等主观因素渗透进去。可以说，自然科学所揭示的实在，是人类文化的实践所关切的产物，人类根据自身的兴趣控制着科学与实验去按照既定的模式揭示自然世界。因此，不可避免的在科学中渗透着人类的主观兴趣、价值判断等道德因素，两者之间没有所谓的界限。自然科学通过人的主观价值等因素，与道德等人文科学有着密切关联，自然科学的实验方法，在道德、价值等人文领域也有其重要的指导意义。因此，杜威认为有必要引入一种特殊的方法，在人类的道德价值领域内对人类活动进行指导，即"要打破科学和道德知识之间传统的壁垒，以便我们能持续而有序的利用所有可用的科学知识为人类和社会的目的服务"[①]。可以看出，杜威强调自然科学和道德等人文科学领域之间的交流和相互借鉴的作用。

## 三、杜威对"唯心主义或相对主义"之批评的反驳

有些哲学家把杜威的实在观理解成一种独特的唯心主义，认为杜威把科学的规律看成是与人类的心灵相结合的产物。还有一些哲学家认为杜威的观点是一种危险的相对主义。

在《逻辑理论的研究》这本论文集中，杜威明确地把自己的工具主义作为一种思想流派。他认为，人们在经验的过程中，对被经验到的工具和材料进行实验性的控制，实验的目标就是是否能通过这些材料和工具，让事物的结果变得更美好。

（一）工具主义的本体论立场并非是倡导怎么都行的相对主义

杜威的工具主义在他的实在观中具有重要的地位和影响，与传统的工

---

① John Dewey, The Late Works, 1925–1953. Carbondale: Southern Illinois University Press, 1979, Volume14: 283, Volume17: 83.

具论具有重大的差别。杜威的工具主义意在反对传统的工具预先的理论，他认为我们在探究中使用的工具并不是预先就存在的，是人们在探究过程中发展或创造出来的。"科学是一种工具，是一种方法，是一套科学体系。与此同时，它是科学探索者所要达到的一种目的，因而在广泛的人文意义上是一种手段和工具"①，科学是由人所设计出来的，其目的是为人类服务，因此，科学的本质不再是一套完善的知识体系，而是"一种工具、原料和人才三者相结合的一种技术"②。杜威从工具主义的角度出发，阐释了科学对人的作用，从而为人类的生存创造出更好的环境。这是杜威工具主义思想的体现，也是杜威的人文主义思想的体现。由于人类生活的环境和遇到的问题是不断变化的，这就要求人类所利用的工具——包括科学这个工具，也要不断地变化，以便适应新的情境。

　　杜威的工具主义奉行"推导法则"（law of inference）的行为习惯，并不是倡导什么都可以拿来作为工具的相对主义。杜威认为这些"推导法则"就像商业活动中的契约一样，如果想要成功的开展探究活动，就有必要把这些指导法则当作契约，来保证商业活动的成功。③ 这些指导法则产生于人类的探究过程同时又被用来指导探究活动，绝不是脱离人类的实践活动而外在于人类经验的产物。因此，判断一个"推导法则"作为探究工具的成功与否，是看该推导法则是否能"在长期或者在探究的连续过程中去产生这些结果，这些结果或者在未来的探究得到确认或者通过使用相同的程序而被更正"④。当人们在探究的过程中应用该"推导法则"产生了某些结果，而该结果又在未来的探究中被确认或者被改正，那么"推导法则"的

---

① 约翰．杜威．论科学与社会 [M]. 转载自《新旧个人主义 [M]. 上海社科院出版社，1997：165.

② 约翰．杜威．论科学与社会 [M]. 转载自《新旧个人主义 [M]. 上海社科院出版社，1997：167.

③ 拉里·希克曼．阅读杜威—为后现代做的解释 [M]. 徐陶等，译．北京：北京大学出版社：170.

④ John Dewey: The Late Works，Southern Illinois University Press，1979，Volume12：21.

行为习惯就是成功的。

（二）工具主义的本体论立场绝非传统的主观唯心主义

带有工具主义倾向的传统的唯心主义往往将检验科学理论的真理性的标准诉诸于"经验的适当性"，而很少考虑外部世界的客观条件对知识和真理的制约。杜威所倡导的工具主义，完全与传统的主观唯心主义不同。杜威抨击这种唯心主义是拒绝接受实验性质的知识的教导、不负责任的一种唯心主义。在杜威看来，只有通过实验的客观条件和实际操作，把知识变成行动的力量，以某种方式改变人类所生存的这个世界时，知识才具有一种真理性，才在本体论意义上具有重要的地位和价值。否则，知识就仍然停留于一种缺乏客观性根基的理论假说。

总之，杜威认为，其他哲学家对他的各种批评，其根源不外乎以下三点：

将科学等同于终结性的定论知识。传统的本体论者认为自然所呈现出来的特性是由因果关系决定的。所有对自然的描述只能是既存结论的影子，科学同样是对既定结论的描述和临摹，因此没有任何创新的可能。然而，在杜威看来，自然中并没有事先存在的终结性的定论知识，对自然的知识结论是"我们人类在实践中通过深思熟虑后视为值得获取或奋斗的事物"[①]。也就是说，人类对自然的知识结论通过人类的实践的深入而不断深入，并不是一个固定的一成不变的东西。既然科学对自然的描述是通过人来发生的，就不可避免地涉及到人的认识的偏差甚至错误的情况。但是人能够在实践中不断去总结反思，从而形成有保证的可断言性知识。

忽略了科学的客观描述中所蕴含的人类实践兴趣。杜威试图颠覆时下流行的在脱离实践的真空中进行科学描述的观点。杜威认为，科学对象与文化对象的关联扎根于生活经验和实践旨趣，人们所有的反思都是从日常经验的情境中开始的。人类对周围情况的感知决定着人类对科学

---

① 杜威.经验与自然 [M].傅统先，译.南京：江苏教育出版社，2005：68.

研究计划和结果的期望。科学研究人员在科学探索的过程中，还会受到过去经验和信念的影响，因此，在社会环境和物理环境进行互动的过程中会出现有选择性的偏见，代表了个人的实践旨趣。人们在实践的探究过程中，体会到了科学研究的乐趣或苦恼。因此，不能忽略人类的实践兴趣去空洞谈论科学。

# 第四节　杜威的科学实在观的意义

从以上杜威对自己的实在观的辩护可以看出，杜威的实在观体现着浓厚的人性色彩与文化色彩。杜威的实在观的意义主要体现在以下几个方面：

第一，杜威的实在观反对先验的科学概念，强调科学研究者创造的自由和实践的旨趣。杜威站在工具主义立场，对科学概念进行了重新理解。"科学的进步依赖于我们怎样选择操作而不依赖于所谓先在确定的和固定的。"[①] 既然实验主义承认了科学理论的工具作用，并且需要不断的完善，那么对待"科学的概念"也应该像对待一种工具，自然而然应该也要不断完善。科学的任何概念，在面对未来的实验和经验的考验时，都有可能遇到必须修正自身的情况。杜威对科学概念的重新阐释也摧毁了传统哲学中的怀疑论和不可知论的根基。传统的怀疑论把科学概念当作是对先有的独立实在的揭示，把心灵当作认识的主要器官，认为心灵的认识功能是在脱离人与外在环境的相互作用的背景下发生的，跟人的外在的实际动作无关。这种观点否认了人的实践操作的重要作用，扼杀了实践所带来的创造性。杜威对科学概念的重新理解则从新的视角给予实践以重要的地位和作用，在一定程度上把科学概念从先验的范畴中拯救出来，传统的对科学概

---

① 约翰·杜威.确定性的寻求 [M].傅统先，译.上海：上海人民出版社，2005：142.

念的观点在杜威的解释下发生了改变。

第二，杜威的实在观反对传统的逻辑本体论，强调逻辑对象的人为构造性。传统的逻辑本体论认为，逻辑的对象是预先存在的，逻辑是纯精神或心理的产物。在杜威看来，逻辑并不是神秘产生的，它是在人们的实践探究中产生。对杜威而言，逻辑的功能就是对人类的实践探究行为进行归纳，并把它们系统地表达出来。逻辑的对象是人们在探究过程中被制造出来的产品，跟其他的人类实践的过程相联系的。虽然逻辑对象是人们推论出来的产物，但逻辑对象本身不是目标，而是成为探求新的意义的工具，这些新的意义可以在人类的具体的经验领域中得到检验。正因为逻辑对象的工具性需要回到人类的具体实践中检验，因此人类具体的实践和逻辑对象之间有着生动的关系。另外，在探究中不可避免的渗透人类心理的因素，但是这种心理因素是人类对于周围环境的行为反应，而不是纯粹的自我心理状态。逻辑探究属于"在世界中而不是在心灵或意识中发生的行动"。① 可见，杜威的创新之处在于，他把逻辑当作人类在实践探究过程中的产物，而不当作纯精神的产物。杜威的这一观点颠覆了传统把逻辑的对象放在预先存在的范畴里进行研究的虚假的本体论的观点，让逻辑本身和自然世界及人类的实践发生密切的联系。

第三，杜威的实在观从本体论的角度反思了人类的科学实践对于逻辑形式的重要作用。杜威的批评者批评杜威在《逻辑：探究理论》这本讲逻辑学的逻辑著作里，却很少使用逻辑学的符号。杜威不同意以上批评，他认为很多逻辑学家使用大量的逻辑符号，是因为他们把逻辑的形式和材料相分离。② 在杜威看来，"逻辑形式产生于题材"③，也就是说，人们是从实践探究活动中的探究题材里概括出逻辑形式，而并非从预先存在的材料中

---

① John Dewey：The Late Works，Southern Illinois University Press，1979，Volume10：90.

② 拉里.希克曼.阅读杜威——为后现代做的阐释 [M].徐陶等，译.北京：北京大学出版社：187.

③ John Dewey：The Late Works，Southern Illinois University Press，1979，Volume12：370

抽象出逻辑形式。一切逻辑形式不是从外面强加在探究过程中，而是在探究过程中产生、成熟，是探究活动的结果，而且与控制探究有关。当人们概括出逻辑形式之后，该逻辑形式还需要接受科学实践的检验，以便更好地为未来的科学探究服务。杜威的这个观点颠覆了传统的认为逻辑是加在探究题材之上的逻辑观点，进一步肯定了科学的实践探究活动对于逻辑形式的重要作用，强调人的实践、探索的主动性，同时也驳斥了传统逻辑学家们把探究逻辑当作一种严谨的形式而与日常生活相分离的观点。

　　第四，杜威的实在观有助于促进科学领域与日常生活领域的和谐对话与交融。杜威的实在观强调人的实践过程和人的主动性在认识世界中的重要作用。杜威把我们人类所生活的这个世界描述成为一个实在的自然世界，并且是活生生的文化的世界，是人类参与其中并且相互作用、相互交流的世界。对杜威而言，"自然"为"文化"提供创作的材料，"文化"将是对自然可能性的一种探索。① 两者之间的紧密联合与合作构成了人类生存和发展的大背景。科学领域的活动是建立在广阔的社会生活和社会文化背景之中，也是社会文化和生活得以实现的条件之一。两者并不是对立或排斥的关系，两者之间也没有清晰的界线，而是融通在一起的。一方面，人类对自然世界的理解要依赖于自然科学的结论，尤其是生物学、物理和化学结论。也就是说，认识自然所需要的理智上的工具是由自然科学所提供的，从而保证人们生活质量和水平的不断提高；另一方面，当人们在日常生活中利用自然的材料进行创造、重建时，就会在活动的过程中不断提高自然科学的方法和结论。可以说，科学领域的发展历史，也是人类的日常生活实践和经验不断发展的历史，两者应该是统一、协调的关系。

---

① 亚历山大·托马斯.杜威的艺术、经验与自然理论 [M].谷红岩，译.北京：北京大学出版社，2010：84.

# 本章小结

　　总之，通过克服其他哲学家有关实在论的教条，杜威进一步揭示了科学对象与道德等人文学科对象在本体论上的关联。在杜威眼中，科学的对象和其他领域中的对象一样，是一系列关系中的组成部分，是能够产生一种工具性质的知识。这种知识能够更好地帮我们去理解自然，并利用自然。杜威指出，"物理科学并未曾经建立另外一个对立的存在领域"[①]，也即，物理科学的研究并没有脱离自然的范围而去建立另一个超验的领域，而是在自然的范围之内，揭示自然的各种事物之间的关系，探索出能够为人类所控制和调节的东西。因此，科学的探索过程，其实是显现出自然事物之间某种规则或联系的过程，是人类在实践过程中从自然的现象挖掘出"实在"的过程，并不存在一种"内在的、形而上学的意义"[②]，科学的实在论需要结合人性和文化的视角来做出审视。由此，杜威克服了传统关于实在论与反实在论之间的教条之争，弱化了传统的科学实在论，从人文和文化的角度给出了自己对于科学观的人文化解释。

---

① 杜威.经验与自然[M].傅统先，译.南京：江苏教育出版社，2005：89.
② 杜威.经验与自然[M].傅统先，译.南京：江苏教育出版社，2005：91.

# 第二章　科学知识论的人文化

在杜威看来，传统的知识论的各种版本有一个明显的共性，即把知识奠定在一个不可错误的确定基础之上。杜威深刻批判了这种以确定性为核心的知识论传统。他指出，作为知识类型之一的科学知识，是在人们探究实践的过程中产生的。由于实践的不确定因素，科学知识具有一定的历史性和实践性，从而揭示了知识与人类的历史、文化和生活的密切关系。

## 第一节　传统的理性主义和经验主义知识论立场

知识论主要探究的是与知识有关的各种哲学问题，比如形成知识的条件、知识的来源、知识的属性以及知识的辩护等问题。自笛卡尔以来，近代知识论中最具有代表性的两大流派是理性主义的知识论和经验主义的知识论。理性主义的知识论将人类的理性直观视为所有可靠知识的来源，相应地，对知识的有根据的辩护也就主要来自于理性的标准、可靠的知识，最终需要通过演绎的逻辑来做出最具说服力的辩护。在理性主义者看来，经验知识需要通过数学、逻辑或其他理性的方式加以理论化和公理化，才能成为真正有价值的科学理论。与古典的理性主义相对的便是经验主义。

经验主义者主张只有通过感官知觉才能发现真理。经验论的代表人物约翰·洛克主张，一切知识的起源都是人的感觉经验，人类的全部知识都是在人的类似白板的心灵上留下感觉经验的材料而获得。

通过以上概述，我们可以看出，虽然传统的知识论有不同版本，但它们都有以下两个共同的立场：追求知识的确定性和忽略人类实践的重要性。古代的知识论认为只有具备"确定性"的东西，才是有权被称为知识的东西。从这种"确定性"的东西所推论出来的结论之所以具有知识的地位，是因为它们是用一种直接的和自明的原则通过内在的、必然的程序演化出来的，这些原则是所有能成为真理的东西所依赖的前提条件。以笛卡尔为代表的理性主义者拥护这种基础主义的知识论学说。笛卡尔认为人们具有某些形而上学真理的直接知识，这些知识是自明的并且不可错的。人们只有通过演绎推理才能从这些自明的知识中获得其他的知识。经验主义尽管在一定程度上也承认经验的偶然性与可错性，但经验主义的白板说同样将科学知识的确定性寄托于不受任何后天意见和偏见影响的人类心智，而这也是对知识确定性的追求的另一种表现。

从认识论的角度看，无论是理性主义，还是经验主义，都是古典的基础论。古典的基础论的核心就是把知识建立在不可错的、自明的、非推论的知识基础之上。在古典的基础论里，"真理是从不可错的第一原则到上层结构的转换过程中以一种似树的关系被保存"①。这种古典的基础论为了寻求一种认识论上的安全感，致力于在知识领域寻找能够彻底免于怀疑和修正的概念与理论，这无疑将妨碍可学者们在科学实践中以开放的心态来做出进一步的自由探究。

① 美路罗斯·P波伊曼.知识论导论[M].洪汉鼎，译.北京：中国人民大学出版社，2008：111.

# 第二节　杜威对传统知识论的批判

## 一、对理性主义知识论的批判

杜威指出，科学是人类在探求过程中不断得到修正的知识，而非不可修正的独断真理，让科学不断修正的动力来自人们在实践中不断积累起来的经验，建立在先天逻辑分析和理性分析基础之上的理性主义知识论是站不住脚的。传统知识论对科学的僵死理解，它忽略了知识的可修正性和可发展性。因此，杜威对传统唯理主义的知识论进行了批判。

（一）逻辑分析对知识辩护和科学发展的局限性

逻辑实证主义把逻辑当作超越人类经验和实践的东西。而在杜威看来，逻辑并不是一种超越于经验的东西，只是一种更特殊的形式用来说明经验中的东西。逻辑的重要性在于"它从经验来又应用于实验"，[①] 在这里，杜威并没有赋予逻辑分析以超越实践的地位，相反，杜威更强调人类的实践对于逻辑分析的重要性。逻辑分析仅仅是一种在探究过程中用更特殊的形式来使用明智方法的可能性，并没有穷尽获得科学知识的一切可能的方法，因此，逻辑的方法在科学知识获得的过程中并不是唯一的。科学的发现和进步需要理性和非理性等综合性的方法，尤其是有关于人的感情、生活经历等这些非逻辑的、易变的东西在获得科学知识的过程中也起着很大的作用，但这些手段和方式并不能用纯粹的逻辑分析来解释。因此，理性主义的知识论忽视了在科学知识领域中人的情感等非逻辑因素，必将导致其对知识辩护能力的先天不足。

---

① 约翰·杜威.哲学的改造 [M].张颖，译.西安：陕西人民出版社，2004：79.

（二）唯理论强调理性是获得知识的唯一途径，忽略了人的经验的重要性

理性主义的认识论普遍否认实际经验对获得科学知识和题材的重要意义，将经验贬低为不真实世界的反映，强调只有理性才能把握住真实世界的实在。杜威指出，经验和实验并不是对过去简单的、机械的重复，而是在某种程度上对过去的反思和对未来的展望。在经验的反思中，人们借助智力的手段对自然进行控制，才能创造出不断完善的知识。在这里，杜威从科学知识论的角度重新定义"自然"。"自然"这个词不再是传统意义上的事物的固有本质或"实在"，与人的主观世界相对抗，而是在有人类参与的实践活动中的"一连串联系着的变化的条理"。[①] 这种条理性是可以通过人类的实践和经验的探究，以理智的手段被发现，作为人类知识的一部分。杜威不是从一个静态的角度，而是从一个与人类的实验和经验息息相关的、动态的角度对知识重新定义，"通过探究而可以被发现的、通过实验行动可以被证实的条理，乃是知识的适当对象"，[②] 也即，知识不是科学家和哲学家脱离世界自我封闭的纯粹反思的产物和终结的东西，知识是人类实践过程中的产物，是在研究实践过程中和接受检验的过程中发展起来的。由于人的感觉和实践并不是静态的、确定无疑的，而科学的题材中由于跟人的感觉和实践联系在一起，因此所获得的科学知识也不是永恒不变的，而是随着探究的程序的发展而不断改变。

## 二、对经验主义知识论的批判

杜威也不完全赞同经验主义的知识论，他指出，传统经验主义知识论的缺陷有以下几方面：

---

① 约翰·杜威. 人的问题 [M]. 傅统先，译. 上海：上海人民出版社，1965：240.
② 杜威. 经验与自然 [M]. 傅统先，译. 南京：江苏教育出版社，2005：97.

（一）经验主义的知识论是"旁观者的知识论"，忽视了科学家的认知主动性

"旁观者的知识论"传统认为存在二个世界：一个是内在的，一个是外在的；一个是表象的，一个是实在的。人类只能是一个被动的旁观者，从一个变动的世界窥探另一个实在的世界，因此人的心灵就变成了一部复印机，所得到的只能是另一个实在世界的摹本。知识即是对实在的把握，真实有效的知识对象是一种存在于认知活动之前的东西，并且是独立于人们的认知活动。这种知识论大多都强调人类在认识过程中的临摹、摄影机似的功能，而低估了人类本身的探究行为的参与性和主动性。

杜威指出，从实验认知的观点来看，经验的获得只有通过行为的互动，才有可能。知识的对象不是独立于行动之外，也并不是事先存在，而是以一种可操作的方式在人类的实践的情境中被揭示的。正如杜威所言，"知识是推论性的或反省性的操作重新处理事先存在的事物的结果。"[1]因此，杜威提出，如果"认知不是一种外在旁观者的动作而是参与在自然和社会情景之内的一份子动作，那么真正的知识对象便是在指导之下的行动所生的后果了"[2]。即人们为了得到不同的后果，就要借助于各种不同的实践探究手段和程序。当人们采用探究手段去获得知识时，就打破了探究必须符合先在实在的传统模型，进而在解决人类具体的问题情境的过程中产生了各种有效的结论和知识。因此，科学在实验过程中，它本身就变成了一种具有目的性的实践行动方式，而不是脱离人类的主导而进行的纯理论思维方面的研究形式。

（二）经验主义的知识论陷入一种唯心主义的知识观、文化观和实践观

虽然传统的经验论把经验当作知识的来源，但把经验当作一个抽象

---

[1] 约翰·杜威.确定性的寻求[M].傅统先，译.上海：上海人民出版社，2005：138.
[2] 约翰·杜威.确定性的寻求[M].傅统先，译.上海：上海人民出版社，2005：151.

的概念，把经验当作一个纯粹个人主观的产物，片面强调个人的感觉对于经验的重要性，而没有意识到经验所置身于其中的文化和实践语境，忽视了现实的文化背景对经验的制约性和影响力，在某种程度上导致一种唯心主义的知识观。恰好是这种知识观，切断了科学与道德、艺术等其他文化实践的关系，枯竭了科学研究的灵感和动力，断绝了心灵与自然界的关系，进而导向了唯心主义的文化观和实践观。贝克莱的现象主义和休谟的不可知论在某种程度上便是这种唯心主义知识观、文化观和实践观的产物。

在杜威的理解中，人们所经历到的知识离不开人们所生活的这个现实的文化世界，人类活动的背景乃是知识产生的母体，知识是人类在实践过程中逐步获得的，而不是直接的领受。这种认知过程离不开实践和文化的环境，既受它们的影响和制约，同时又对文化和实践环境起着工具性的改造作用。正是知识的这种媒介性和工具性的作用，杜威指出，人们应该更关注知识"在研究自然与社会事务中的工具作用而不是它的垄断地位"[①]。因此，人们应该重新审视科学知识的地位及它与艺术、宗教、道德等其他类型知识的关系，这就意味着把知识从经验论的唯心主义传统中拯救出来，置于与人类生活息息相关的文化和实践背景中。

（三）经验主义的认识论没有看到知识所具有的生命力和成长性特征

传统的知识论是一种静态的知识论，把知识看作一个固定的、确立的、不会变动的东西，而杜威的知识论偏爱工具主义的认知过程，这本身就表明了知识的不断成长的特性。把知识当作一种工具，就意味着知识具有发展性和成长性的特点。这在一定程度上动摇了依赖曾有的先在的事物的传统，大胆地解放了人们的思想空间，这对于科学的发展是有巨大的作用。

---

① 约翰·杜威.确定性的寻求 [M].傅统先，译.上海：上海人民出版社，2005：230.

杜威强调,"科学每一巨大的进步无不由于新的大胆想象而来。"[①]对于科学而言,大胆想象和假设让人从传统习惯的束缚中解放出来,使人们不受现有条件和狭隘范围的限制,为人类揭示出新的真理和新的可能性,最终导致更新的理论的诞生。这意味着一切知识都是可以修正、改变,甚至是可以推倒重来。

总之,在杜威看来,理性主义和经验主义的知识论传统过分强调了科学知识的确定性,过份低估了人类的文化背景和生活实践对于知识的发现和辩护的重要意义。

## 三、对传统知识论的共同错误根源进行批判

自笛卡尔以来的近现代知识论往往持有两个基本的观点:第一,科学是导向真理的知识探求,而真理究竟意味着什么,则只有哲学家的认识论才能给出明确的回答;第二,无论科学知识的根源和根据是理性的还是经验的,在探究的理想极限中的知识仍然应该是绝对确定的。

杜威通过对传统典型的知识论版本进行批判后,进而指出传统知识论的上述两个基本观念从根本上是经不起推敲的。杜威在《确定性的追求》《哲学的改造》《人的问题》等多本著作里,对传统的知识论的错误根源进行了深刻的批判。

### (一)对追求知识确定性的批判

无论是唯理主义还是经验主义,都在很大程度上想要把知识奠定在一个不可错的确定基础之上。对确定性的追求,构成了知识论传统的核心。然而,在杜威看来,不存在知识的绝对确定的基础。科学知识并不仅仅是在静态地描述自然现象背后的规律和机制,科学知识更是作为服务于人类生活的工具,在人类的实践过程中发挥着积极改造世界的作用。由于实践

---

① 约翰·杜威.确定性的寻求[M].傅统先,译.上海:上海人民出版社,2005:239.

的不确定因素，因此，科学知识所反映的自然对象，显然也就被当成"一件发生发展的事情"。科学知识由于人类与自然的互动实践的历史性而具有可错性。[①] 科学知识缺乏确定性，这意味着基础主义认识论的破产。

杜威进一步指出，人们不是从不可变化的东西中去寻求绝对的确定性和安全性，"代之而起的是靠主动调节条件的方法来寻求具有高度概率的安全性"。[②] 这种变化的结果便是人们把判断的标准从依靠过去转变为依靠后果，从依靠没有活力的过去转变为有意识地创造未来。既然现在人们已经废弃了事物固有特征的说法，人们就必须废弃根据事物固有特征来达到确定性追求的方法。因此，杜威指出，确定性的追求就变成了"控制方法的寻求了"，[③] 而所谓的"控制方法"就是要根据事物变化所产生的后果来调节引起变化的条件。此时，科学知识就可以变成人类控制事物的工具，自然界也就变成了一个相互联系的、有着一定规律的、能被科学所探究的变化体系。

杜威的这个观点不仅消弱了传统的保持旧标准的保守主义和基础主义，而且力图将真理概念赋予人文的性质，揭示出知识与人类文化、历史、生活实践等密切的联系。所以在杜威这里，任何知识的概念和真理的概念不再具有永恒的、确定的性质，而是成为一个动态的过程。科学知识成为人类行动的指南和工具，处于不断的变化中，为人类在现实的处境与未来的可能性之间架起了一座桥梁。

（二）对传统知识论脱离实践的批判

杜威站在现代科学的大背景下，针对传统的脱离实践的知识论观点，提出尝试性的诊断，即传统知识论的弊病导源于大写的真理观，哲学的知识论并没有脱离科学实践的基础来抽象地阐明真理本质的权利。人文化知

---

① 约翰·杜威.确定性的寻求[M].傅统先，译.上海：上海人民出版社，2005：78.
② 约翰·杜威.确定性的寻求[M].傅统先，译.上海：上海人民出版社，2005：224.
③ 约翰·杜威.确定性的寻求[M].傅统先，译.上海：上海人民出版社，2005：97.

识论需要人文化真理观。杜威进而指出，真理是人类在实践中探求的过程，真理的正确与否是需要人们在实践中通过探究和检验来证明。离开事实的验证和检验来空谈真理的可靠性，是没有意义的。"对于真理而言，哲学没有一个特别重要的地位。"① 与其说真理是对已知的符合，毋宁说真理是对未来的预测。

因此，杜威认为，需要对传统的认识论作一个完全的颠覆。旧的理论把知识当作是脱离环境的东西，而杜威认为，现代的知识应该产生于人与环境相互作用的探究过程之中。无论是理性主义的知识论，亦或是经验主义的知识论，其追求确定性的传统源于一种脱离人性和文化实践的真理观和科学观。杜威认为，采用实验性质的知识论的观点在一定程度上能够解决这个问题。"从科学研究的实际程序判断起来，认知过程已经事实上完全废弃了这种划分知行界限的传统；实验的程序已经把实践放在认知的核心地位。"② 也即，在杜威看来，知识的对象是事后形成的，是在人们的实验操作指导之下所产生的后果，而不是存在于先前的东西之中。在知识形成的过程之中，理论和人们的实践活动是分不开的，而且在科学事业的实践探究中，已经废弃了知与行、理论与实践之间的对立。

## 第三节　杜威基于科学实践所提出的知识论

旁观者的知识论传统往往会产生"什么是真理"的问题，因此，从杜威的知识论很自然的就过渡到对真理的问题的探讨。正如传统知识论者一样，杜威对真理也抱有极大的兴趣，不过，他的兴趣不在于把真理当宝贝一样信奉，他的兴趣毋宁说是在宣扬自己对真理的主张。杜威一直在竭力回避关于真理的那些老掉牙的无趣之谈，他对真理的解释意在否定传统的

---

① John Dewey，Experience and Nature. London：George Allen & Unwin，LTD，1929：.410.
② 杜威. 确定性的寻求——关于知行关系的研究 [M]. 上海世纪出版集团，2005：1.

真理定义——真理即先有的搁在那里的东西。

## 一、杜威的知识论将真理概念人文化

（一）批判符合论的真理观

传统真理观中最流行的一种，便是一个观念如果与实在符合，它就是真的，因此，真理就是实在的复本。根据符合论，所谓的"真理"就是对先有实在的一种影像式的临摹或反映，也就是说，把真理的标准置于人类的实践探究行为之上。

杜威对此表示反对，他指出，传统的学说把反省的知识等同于已有的、既存的东西。然而，科学发展所产生的巨大成果表明，科学的进步并不是依赖于人们怎样去验证先有的和固定的实在，而在于在人类在科学实践过程中怎样去发现新的知识。按照杜威的看法，知识之所以产生，是因为有问题的境况出现。知识活动是在有危机的境况中才产生的，这种境况也意味着有待人类的探究行为的参与。知识"是和我们所从事的的操作联系在一起的，它们是受这种操作的后果而不是受存于它们之先的事物所验证的"[1]，也即，知识，尤其是科学知识，是一种人类在实践操作过程中所获得的东西。科学知识只是一种实验性质的假设，其成立与否还要在人类的实践经验中得到验证和不断修正，而并不取决于其与先有实在的符合。因此，在近代科学那里，"知识"这个词获得新的涵义，知识不再是一个静态的、远离于人类世界的东西，而是一个动态的、与人类世界密不可分的东西，知识在某种程度上是人类众多实践活动中的一个实验性的假设。既然是假设，就不能保证万无一失的绝对性，因此，杜威提道，"知识不能

---

[1] John Dewey: The Middle Works, 1899—1924, Southern Illinois University Press, 1982. Volume 12: 133.

担保它没有错误,因为一切的知识都是特殊探究行为的后果。"①

　　杜威相信,科学的探究行为是从自然界所存在的实际的物质题材开始的。但在科学行为探究之前,这些题材只是处于一种非认知的状态,还不能构成知识的对象。只有当在探究过程中,人类对这些题材做出暂时性的判断,这些题材才转变成知识的对象。杜威用"知识的对象"这个词代表着探究的过程和结果,而另以用"题材"或"物理对象"指称激发人类探究活动的那些先在的刺激。人们在探究过程中的实际行为,特别是在实验室中的一切实验活动,是与计数器、分光镜、统计数据、记录分析等分不开的。这些东西都构成了人们认知过程中的行为要素。很显然,杜威的认识论模式是在"认知主体—实践探究—认知对象"的框架中进行的。在这个框架中,显然无法忽视人类的具有主动性和创造性的实践因素。

　　(二)真理是在探究过程中被不断确证的论断

　　杜威指出,符合论的真理观在科学探究实践中遇到了障碍,因为科学实践表明,科学家的探究并不是被动地袖手旁观。他们在研究过程中,谈论更多的是研究数据或有根据的或有效的假设、断言等这些字眼。"有根据的"是指建立在以前某些已经被完成的东西之上,"可断言性"是指根据已有的东西去展望或描述未来的某些将被完成的东西,因而是潜在的。正如杜威所言,"所有概念、学说、系统,不管它们怎样精致、怎样坚实,必须视为假设,……它们应该被看作验证行动的根据,而非行动的结局"②,"已有的真理可以具有实践上或道德上的确切性,但是在逻辑上它们从没有丧失过一种假设的性质"③,可见,杜威的真理观意味着摒弃传统确定的、永恒不变的真理观,转向一种假设性质的暂时的结论,该结论的真理性有

---

　　① John Dewey: The Middle Works, 1899—1924, Southern Illinois University Press, 1982. Volume 12: 154.

　　② 杜威.哲学的改造 [M].许崇清,译.北京:北京商务印书馆,2004:86—87.

　　③ 杜威.经验与自然 [M].傅统先,译.南京:江苏教育出版社,2005:100.

待于日后实践的检验。所以，杜威是从人类实践操作的层面上理解真理，把真理跟人类的实践探究活动和生存的文化背景相联系，而不是把"真理"理解成一种简单的、镜面式的符合关系。

从杜威的著作中，我们可以看出他经常会使用"knowing"即这个词来代替"knowledge"，也就是用动词词性的"探知"来代替名词词性的"知识"这个词，从而强调"知识"是属于探究过程的一部分，是一个动态的过程，而不是一个既存的、静止的名词涵义。既然知识是属于探究中的一部分，"知识"就必然处在一个不断发展的过程中，而且知识不可避免地受到探究中人类文化和社会背景的影响。也正是因为意识到了知识探究中的人性与文化的要素，杜威对忽略人性和文化的符合论真理概念本能地产生排斥，转而主张以反映人性信念和文化价值的"有根据的可断言性"（warranted assertibility）[1]来替代知识论中的符合论的真理概念。"有根据的可断言性"是杜威在他的后期著作中所提出来的。在 1938 年，他在《逻辑：探究的理论》中指出，知识是人们在实践探究过程中做出的暂时性的结论。杜威进而给"探究"下了一个定义："从一种不确定情境向确定情境的受控的或定向的转变。这种确定情境在其成分的差异和关系上是确定的，即将初始情境的各要素转化为一个统一的整体。"[2]杜威用"有根据的可断言性"来取代传统的确定性的知识概念，以突出人类的实践探究活动在知识论中的重要地位。

杜威是这样概括他的真理观的，"实用主义理论要求忠实的表达科学的精神，也就是科学的方法：第一，科学认为所有的陈述在接受实验检验之前，都是暂时的或假设的；第二，科学力求用那样一些词汇来构造自己的陈述，这些词汇本身表明了对它们检验所需要的程序；第三，科学绝不会忘记，甚至它的那些已被确立的命题也只不过是对以前探究和检验所做

---

[1]  John Dewey, Logic: The Theory of Inquiry. New York: Henry Holt and Company, 1938: .7.

[2]  Dewey, Logic: The Theory of Inquiry [M]. Carbondale and Edwardsville: Southern Illinois University Press, 1991.

的总结，因此可以根据进一步的探究的需要做任何修改"。① 按照杜威的观点，如果要得到一个证实的断言，就必须有所推论，而这个被推论出来的东西，还必须经过经验和核对。因此，人们要尽可能地从各个角度去增加论断的确证性。自然科学之所以产生如此大的革命后果，是因为在自然科学中采用了这种不断确证的实验方法。这种实验方法的本质就是一种不确定性的探究和假设行为。在这一实验过程中，涌现出各种不同的内容和形式新颖的材料。人们对这些新的材料尝试着进行新的推论以便形成新的理论，这种新的理论又反过来为正在研究的问题提出了更加先进的手段和方法。所以，杜威指出，"唯有一条切实可行的通向真理的道路——这条道路意味着耐心和以观察、实验、记录与谨慎的反思为特征的协作探究。"②

（三）真理是人用来预测和应对现实的工具，依赖于人的操作

以往的知识论都过于强调认知之类似于摄影机的功能，而忽略了人类的探究和行为等要素，忽略了知识对人类的工具性作用。

杜威指出，科学认知活动的目的不再是与先有知识的符合，而是和人类的其他活动一样，成为解决人类生活问题的一种工具。在杜威的眼中，科学不断突破，本质上是人类解决问题能力的不断提高或工具的不断更新。因此，不能用"真实性"作为判断科学结论的依据，而是应该由科学结论对人类的实际效果作为判断科学结论好坏的依据之一。知识的理论不在于辩证的精致，应该着眼于解决人类的实际问题，"任何事物之所以被称为知识，都是因为它标志着一个要解答的问题，要处理的困难，要澄清的混乱，要融贯化的矛盾，要控制的麻烦"。③ 可以看出，杜威的科学知识观不再是一种旁观者似的追求，而是通过人类主动的认知行为参与到人类

① 涂纪亮. 杜威文选（C）[M]. 北京：北京社会科学文献出版社，2006：293.

② John Dewey：The Late Works，Southern Illinois University Press，1979，Volume9：23.

③ John Dewey：The Middle Works，1899—1924，Southern Illinois University Press，1982. Volume 12：181.

的生活实践中，为人类的幸福出力。我们可以把杜威的这一立场称为"工具主义"的立场。在杜威的工具主义立场看来，科学知识的价值就在于利用工具所达到的结果，在于改变了人们对于行动的后果。传统的知识论恰恰是忽视了对工具的利用，而沉迷于对工具本身的雕饰和完善上，最终脱离了人类的实际生活。罗蒂曾这样评价杜威的科学观："现代科学不是因为其与实在符合，而使我们能够应付世界，它只是能够使我们应付世界而已。"①

在杜威看来，当新的理论"促使我们从事探究的问题时，我们便有知识"②，也就是说，有权被称为"知识"的东西，并不是事先就摆放在那里的，而是在人类的探究过程中作为一种手段和工具的东西，不断被确证。其被确证的过程离不开人类的主导和目的价值取向，因此，"真理"这个词被深深打下了人类文化和实践特征的标签，并非是脱离人悬挂在遥远的空中等待人们去观望和瞻仰。人是属于自然的一部分，由于人类经验的不确定性，在自然的实践过程中便有着相应的一种不确定性。此时，真理便是人类用来预测和对付现实的工具，即人类采取某种行动而实现了某种目的的操作性的活动。正如杜威所言，"所谓真理即效用，就是把思想或学说认为可行的拿来贡献于经验改造的那种效用。"③

杜威其实是从另一个角度揭示了科学知识或结论的价值，即从科学与人类的实践生活方面的密切联系来看待科学的价值，利用科学作为沟通人类现实与未来创造性的手段和媒介，以便更好地为人类的未来进行服务。当杜威把真理观与人类的生活联系起来后，真理就不再是一种抽象的陈述，而是可以为人类生活实践服务的工具。这种工具会不断地完善和更新，人类也会根据行动的效果来检验真理的存在价值。

---

①　R. 罗蒂. 后哲学文化 [M]. 黄勇编，译. 上海：上海译文出版社 2004 版：6.

②　约翰·杜威. 确定性的寻求 [M]. 傅统先，译. 上海：上海人民出版社，2005：152.

③　杜威. 哲学的改造 [M]. 许崇清，译. 北京：北京商务印书馆，2004：93.

## 二、真理观的人文化，消解了科学知识的确定性

（一）科学知识是可根据人类实践的需要和经验修正的知识，其形成过程离不开人类文化背景的影响

按照杜威的看法，知识产生于一个有问题的情境。在科学的实践中，"知识是一件弄明白事物的事情，而不是一件掌握以前已经存在的确切的事情"[①]。现有的知识体系是在过去的探究的基础之上组织和发展起来的，它将为进一步的探究提供一定的知识基础，而原有的知识体系则能通过进一步的探究加以纠正和发展。在科学的发展历程中，人类的知识随时"处于一种怀疑的和不稳定的状态之中"[②]，随着科学探究的不断深入，在先前理解和明白的事物中又发现了新的不理解的东西，把已经理解的事物作为一种工具去理解未知的事物。此时，科学家对新事物的认识有所增加，逐渐把有问题的疑难事物转化成比较确定的和明白的事物，知识便在科学家对事物的认识过程中和解决问题的过程中以一种螺旋式的方式不断得到确认和增长。

在科学知识的增长过程中，不可避免地被渗透了科学家的假设和想象、甚至情感等这些非客观的可量化的因素。科学家的这些认知态度反映了大多数科学知识的确定性是值得商榷的，并不具有一成不变的确定性的特征。因此，有关知识论的哲学反思，只有结合科学实践才能真正形成真知灼见，而科学实践与正在进行探究的科学家本身的信念、疑虑和价值的人性要素和文化要素有着密切的关联。科学实践中的任何一个探究行为都是以问题和疑虑为开始，经过一系列的科学探究和实验操作之后，理性的推理和实验的结果在不同程度上消除了探究者对某些命题和知识的疑虑，进而让探究者的内心对特定知识形成了有保证的信念。可以认为，知识探

---

① 杜威.经验与自然[M].傅统先，译.南京：江苏教育出版社，2005：100.
② 约翰·杜威.人的问题[M].傅统先，译.上海：上海人民出版社，1965：245.

究与探究者的怀疑和信念紧密相关，而探究者的怀疑和信念无不渗透着他的人格品质和他所接受的文化价值的影响和渗透。

（二）自然本身也并非是凝固不变的，它也根据自身的发展规律而变化

传统的知识论者把自然本身当作已经形成的东西，把自然的变化看作自然的自我重复运动。因而传统的知识论者便不可避免地把知识当作确定的、已存的事实，人类只需要发现它。杜威对这种既成的自然论调和既成的知识论调给予了反驳。

第一，杜威指出，在自然界的变化中，"科学抓住了任何这样一致的东西，以致使自然的变化成为有节奏的，因而也是可以预测的。但是自然界的偶然状况，使得以一种预测的眼光去发现这样一些有一致性的情况成为必要的和可能的了"。[1] 也就是说，从一方面来讲，自然的变化有重复性或一致性，科学此时便抓住这种一致性，使自然的变化有规律可循；另一方面这些变化有很大的偶然性，此时有必要用一种预测的眼光去发现潜在的规律性。因此，杜威又进一步指出，"没有一致的情况，科学就将是不可能的。但是如果只有这样一致的情况存在，那么思想和知识就会是不可能的和没有意义的。"[2] 从这个角度来看，正是自然本身所存在的那些不完备的、偶然的变化才使得科学探究具有价值和意义。科学实践的主要任务就是努力在自然的变化过程中，把握事情的相对稳定性，从而达到预期的目标。

第二，由于自然界的变化，因此对自然界的认识所产生的知识也应该是不断变化的，而非是一成不变的。在杜威看来，应该有一种新的逻辑方式，引导人们了解自然的事实的多变性和差异性，理智的服从自然并支配自然。在杜威的眼中，自然的变化发展是一个历史的过程，因此作为具有能动性和

---

[1] 杜威. 经验与自然 [M]. 傅统先，译. 南京：江苏教育出版社，2005：104.
[2] 杜威. 经验与自然 [M]. 傅统先，译. 南京：江苏教育出版社，2005：104.

实践性的人类对自然的认识，也应该有一个历史的过程，所以，人类所获得的知识便具有一种历史性。历史性便意味着变化和发展。所以，杜威提出，"科学的终极对象乃是在指导之下的变化过程。"① 正是从这个角度出发，杜威充分肯定科学探究过程中的科学方法和科学目标对于认识自然的意义。

（三）自然和人类认知的互动，决定了科学知识也不可能固定不变

传统的知识论否认知识与人类认知的互动，把知识当作固有的、静观的、超然的对象，而不是一个在人类实践中得到反省的对象。因此，传统对自然知识进行研究的唯一的方法便是辩证的、思辨的。杜威则强调，"知识是在自然学校中学习自然的变化过程而获得的。"② 杜威对传统的忽视自然和人类互动的知识论观点提出自己的主张。

第一，杜威认为，传统知识论的根源就在于脱离了与人类的结合与应用。在杜威看来，"知识，好像一棵树的生长和地球的运行一样，乃是一种交相作用的样式"③，也就是说，知识具有历史性，是在现实的与人类互动的过程中，不断得到成长、检验，而并非是一种在真空中供人类欣赏的对象。知识与人类的相互作用，使得知识成为能受指导的、有价值的，并且能够转变成为手段和效果。人们在追求知识的过程中，不能把人的经验和人的欲望以及人的爱好抛弃之外。虽然传统的观点把自然和人类从知识的范围中抹去，采用的是逃避自然的方式，把"实在"解释成为永恒的对象和"现象"对立，但是在杜威看来，这只是"产生于个人的欲望而形成于私有的幻想的一种最为闲散无用而瞬息即逝的现象而已。"④

第二，杜威倡导以人类的实践探究过程为基础的认识论，进而进一步强调自然和人类的互动性。由于自然和人类认知的互动性，认知对象也必

---

① 杜威．经验与自然 [M]．傅统先，译．南京：江苏教育出版社，2005：104.
② 约翰·杜威．哲学的改造 [M]．张颖，译．西安：陕西人民出版社，2006：27.
③ 杜威．经验与自然 [M]．傅统先，译．南京：江苏教育出版社，2005：276.
④ 杜威．经验与自然 [M]．傅统先，译．南京：江苏教育出版社，2005：276.

然会随着互动的深入而发生变化，因此，作为知识类型之一的科学知识也不可能是固定不变的。随着工具的发展和认识能力的提高，当人们在实践中对这些知识进行质疑时，便是一个修正和行动操作的过程，这些过程其实是自然界的进展过程。"只有当科学被看成在人类对连续进展的历史进程进行理智的控制中成长起来和自觉起来的时候，人类才被认为是在自然之内的，而不是一个超自然的推定。"[1]

　　总之，在杜威的观点中，知识是科学探究的成果，"带有自由和人情味的意义"，[2] 跟一个特定的历史过程和文化背景及人类行为相联系着的。杜威强调，"物理科学的发展史，就是人类在处理生活条件与行动条件的更加有效的工具方面扩大财富的一部历史。"[3] 也即，杜威站在人类文化和实践的角度，强调科学发展的历史与人类实践的统一性。在杜威的理解中，科学实践发展的过程，其实是一部人类利用科学知识作为工具解决问题的历史，也是一部人类利用科学知识更好地利用自然的历史。因此，科学实践的认识对象不能离开与人类和自然互动的关联性，"忽略了这些科学对象和原始经验的事情之间的联系时，结果就是一幅关于一些与人类利益无关的事物的世界的图画"[4]，可见，杜威特别强调在自然的进程中，人类所起到的巨大的参与作用。两者之间是相互作用、相互发展的协同合作关系，而不是互不干涉的隔阂与对立关系。

### 三、强调了科学知识的实践性，也即强调知识论的人文化

　　（一）杜威的认识论阐明了对待过去科学知识或科学传统的正确态度

　　在杜威的时代，还有很多哲学家们仍然信奉一种古典逻辑的传统，即

---

① 杜威. 经验与自然 [M]. 傅统先，译. 南京：江苏教育出版社，2005：106.
② 杜威. 经验与自然 [M]. 傅统先，译. 南京：江苏教育出版社，2005：104.
③ 杜威. 经验与自然 [M]. 傅统先，译. 南京：江苏教育出版社，2005：10.
④ 杜威. 经验与自然 [M]. 傅统先，译. 南京：江苏教育出版社，2005：10.

把回溯已有知识的情况当作认识活动的唯一模型，把一切认知活动都当作对已有知识的纯粹的再现过程，从而否定了认识活动的创造性和新的知识的可能性。杜威在强调新知识的重要性的同时，结合科学实践的发展过程，重新阐释了如何正确看待已有知识的地位和作用。

首先，过去的知识结论"是进行新的探究的工具，而不是决定它们的有效性的准绳"[①]。也就是说，过去的知识没有为今后的探究活动提供任何绝对的保障和绝对的前提标准，而只是为科学探究新的情境提供了一个有用的依据和假设条件，是新的探究活动的源泉。可以说科学探究一边利用着过去的知识背景，一边小心翼翼地、不断地检验和扩大着过去的知识结论。杜威在阐述知识形成的过程中，特别重视已有知识的重要性。他曾经多次指出，"已有的东西，作为真理而被接受的东西，是具有巨大的重要性的，没有它，探究工作就不能前进一步"[②]，人们遇到新的问题时，便习惯于参考已有的被认知的事物，作为处理新问题的一个假设条件。当在解决新的问题过程中发现了已有的被认知事物的缺点时，人们便会完善已有的知识，所以人们利用已有的知识去认识新的知识是很正常的。

其次，人们对于在探究过程中所察觉到的东西，并不仅是某种既有知识的呈现或再现，也是对未来可能性的前瞻性探讨和展望。在杜威看来，探究中被发现或觉察到的事物同样具有一定的认识作用，杜威用"从工具箱里拿出凿子不能算是制造工具"[③]这个例子来说明已有的知识和未来新的知识的关系。在杜威这里，已有的知识被当作是一种工具，被用来制造出一种新的工具，这种新的工具就是杜威所谓的"新的知识"。因此，这种新的工具，也即新的知识，并非是单纯的从工具箱取出旧工具再重新放回工具箱的过程，而是旧工具的重新革新，甚至是彻底的创新。从这个角度上，杜威强调科学的进步并不仅仅是对旧的知识体系的细小的补充，毋宁

---

① 约翰·杜威．确定性的寻求 [M]．傅统先，译．上海：上海人民出版社，2005：143.
② 杜威．经验与自然 [M]．傅统先，译．南京：江苏教育出版社，2005：100.
③ 约翰·杜威．确定性的寻求 [M]．傅统先，译．上海：上海人民出版社，2005：144.

说，在某种程度上，是对旧的知识体系的冲击和有毁灭性的打击。

（二）知识的正确性和有效性，需要接受人类实践中的自然环境和社会环境的检验

由于传统的知识论者把知识当作既存的、确定的东西，认知的过程便是重现事先存在的知识的过程。这种知识论的学说主张一种独立于人类的实际探究行为之外的实在知识。这种学说主张人类的心灵完全脱离了实践，脱离了人类赖以生存的社会和自然世界去把握知识的确定性。杜威反对这种脱离人类实践中的自然环境和社会环境去追求知识的确定性传统，并提出了自己的观点。

杜威指出，人类所生活的世界具有双重的身份，既具有自然本来的特点，又具有被认知的特点。当它们不受实践操作的影响和指导之前，只是按照它们在自然中的样子存在，它们不是知识的对象。而当人们对生活的情境提出了探究的需求和各种不同的问题时，人们便会利用这些自然中的对象，对它们进行干预或有目的的操作，以便达到一个有效的结果，此时，人类所生活的世界变成了人们所认知的对象。当人们所生活的世界变成了知识的对象后，对知识的正确性的检验，就不可能在脱离人类实践环境的真空中进行。"科学的特殊结果总是要回溯到日常生活的自然环境和社会环境并对它加以改变的。"[①]当科学成果被利用到这种环境中后，人们也参与到这些后果的影响之中，以便实现更好的生活目的。因此，杜威认为应该抛弃传统的界说科学的方式，进而"把它当作运用有效地处理当前问题的方法时所获得的知识"[②]。在杜威这里，知识的范围就大大扩大，只要对处理人类问题有帮助的东西，都可以成为科学的知识。医生、工程师、艺术家，甚至技术工人都具有科学的认知。由此可见，杜威的这些观点把认

---

① 约翰·杜威.确定性的寻求 [M].傅统先，译.上海：上海人民出版社，2005：153.
② 约翰·杜威.确定性的寻求 [M].傅统先，译.上海：上海人民出版社，2005：153.

知的对象当作受人类实践操作的指导而产生的后果，而不是把认知的对象当作符合事先存在的事物。而且这种认知过程不是脱离于社会活动和人类实践活动之外，而是社会活动的一个形式。在对知识的追求与目的中要考虑社会生活的因素，并且最终在自然和社会环境中得到检验。

（三）知识论中的"理性"应该是一种实践理性，需要将知识的理性与人类的实践行为结合在一起，即知行合一

在古典的知识论传统中，人们一贯强调"理性"的地位和作用。相对于变化的事物来讲，理性就是最后的标准，是一切物理科学活动和人类社会生活必须遵守的模式。人们对待理性的态度是跟追求知识的确定性传统站在一致的方向上，忽视了人类实践所具有的不确定性特征，以及人类的实践在对理性的追求中所扮演的重要角色。因而，杜威站在人文主义的立场上，对知识中的"理性"进行了重新阐释，并对人类的实践活动在追求知识的理性过程中的重要作用给予充分地肯定。杜威认为要想获得科学的知识，就要"使认知和行动明显地互相发生作用，这样，古典哲学传统的主要堡垒就会被打得粉碎"。[①] 在这里，杜威把知识中的理性从高高的虚空中拉下来，回归到与人类生活息息相关的实践理性中，在处理人类事情的实践过程中体现知识的理性力量。杜威的实践理性强调人类行动的合理性，而不是传统知识论中脱离行动的生硬的逻辑性。实践理性强调对知识的应用，强调人类在实际过程中的控制行为。知识就是产生在人类与自然的相互作用的过程中，正是因为这样，人们才可能实际地去控制认知活动。当人们明白了知识中的理性是渗透在人类对自然界的实践过程之中时，知与行的区别便消失了。因此，杜威提倡要建立一种把知与行相结合的理论，让人们养成一种习惯，将知识中的理性与实践结合在一起，就意味着一种全新的认知手段和认知过程，即实验主义的认识论。

---

① 约翰·杜威.确定性的寻求 [M].傅统先，译.上海：上海人民出版社，2005：59.

## 第四节　杜威对知识论给出的论证

### 一、源自科学理论的论证

（一）达尔文的进化论揭示了科学知识的历史性和文化因素的特征，这两个特征渗透在科学发展的进程之中

杜威生于 1859 年，这一年恰好是达尔文的《物种起源》问世的第一年，当然这只是巧合。"物种"两字在以亚里士多德为代表的哲学体系中，意味着静止、永恒、有序、事先设定的终极目标，这种概念认为物种都是朝向一个终极的、预成的目的而变化，而达尔文的《物种起源》打破了传统古生物学和胚胎学的物种的概念。达尔文在 1909 年的《物种起源》中证明了固定的生物物种的概念是不可靠的，向人们展示出一个动态的、辩证的、不断演变的世界图景。"物种"意味着一个变化的、动态的、创造性的、自然的演变过程，变化是物种在自然环境中的创生。人们没有理由相信"固定""最终"等具有更高的地位，变化才是事物发展的必然。人们关注的焦点应该由绝对的起源和绝对的世界转向具体的、多样化的实践的世界，知识便是人类在与实践的环境中相互作用而产生的，而不是人类对先有实在世界的临摹。真理不再具有永恒的、静观的特质，而变成人们的工具。达尔文的进化论去掉了依附在传统知识论上认为固定高于变化、理论高于实践的僵死的外壳，向人们展示出知识进化过程的原本面貌，即知识进化有其历史的背景和时代文化的背景，知识的发展也是一个历史的过程。达尔文的观点在科学世界中颠覆了传统的固定之物种的观点，可以说是生物科学中的革命。

达尔文的进化论对杜威的影响极大。杜威指出，达尔文的进化论思想给哲学带来了一股前所未有的清新的气候，也解放了人们的思想。杜威接

受演化的概念和生物学中的连续性观念，即表明杜威应用历史的、动态的眼光分析科学知识的问题。这一观念即表达了生物与环境是分不开的，人类的实践经验与自然不是对立的，人们所获得的各种知识包括科学知识等都是在自然环境中所产生的，而不是局外者的冷眼旁观，因此，知识本身就是自然的一部分。杜威也想在哲学中证明没有固定或确定的真理，试图引起知识论中的革命。杜威在其一篇重要论文"达尔文主义在哲学上的影响"中指出，进化论是对传统的知识论有力地反击。传统的知识论追求绝对的起源和确定性的终结，而进化论则强调一个变动的、开放的环境。人们在这个环境中只能是借助于进化所赋予人类的工具，与外界的环境相适应，从而得以生存和发展。因此，一切知识从本质上说，并不是漂游在人类的历史和文化环境之外，而是在人类历史发展中，不断进化的一种经验形式。"……科学知识，不是在社会活动的外面，而是其本身即是社会行为的一个形式。"①

（二）物理学的发展证明，人的主动性在科学实践中的作用

曾经，牛顿的科学体系提供了一个机械论的自然哲学基调，这种哲学理论认为自然是确定的，人们能准确地确定任何物理的位置和速度。与此有关的哲学便认为未来和过去都是属于完全确定和固定不变的体系之中。人们进行的一切实践行为只是被动地把这种固定的变化状态给记录下来了。

然而，20世纪的物理科学革命推翻了以上理论，海森堡测不准原理及爱因斯坦的相对论推翻了牛顿的经典力学，给传统体系以致命的打击。海森堡指出粒子是相互作用的，不能测出准确的速度和位置。海森堡的测不准原理和爱因斯坦的相对论等科学理论向人们展示了一个处于各种关系中的不断变化的世界。科学中的不确定原理成为人们推翻传统认识论的有力证据，这一科学理论让人们意识到了观察者的相互作用在实际操作中的

---

① 约翰·杜威.人的问题[M].傅统先，译.上海：上海人民出版社，1965：（序言）11.

重要性，更加印证了认知者与被认知者的互动的关系。这个科学发现对于科学所依据的哲学和逻辑产生了重要影响，相对于牛顿的形而上学而言，几乎可以说是一场哲学上的革命。因为在这个科学发现中，认知结果是产生在人们的实践操作过程中，在产生这个结果的过程中，观察者的实践操作和参与起了重要的作用。在科学的领域内让人们相信：世界上的事物之间是不断发生相互作用的。科学的目的不是发现不变的东西，科学所依据的法则并不是确定的实在，只是"预测可观察事变概率的公式"。[①] 这些法则在杜威看来只是关于事物之间的关系的描述。因此，人们不是去追求实在的确定性，而是要主动地控制事物变化进程的办法来寻找安全性。包括科学实践在内的一切认知行为不再是与人类隔绝的东西，而是在人类特别指导之下的一种实践活动。人们的认知就是要在杂乱的变化中借助有智慧的指导发现有一定规律可循的变化，而不再是重新描述先前存在的确定的东西。

20世纪的自然科学向人们展示了一个与古代科学所展示的不一样的世界。人们不再依靠占有终极实在的办法，而是转向了主动控制事物的办法来看待这个世界。正如杜威所言，"认知已经成为了一种在特别指导之下的活动而不是和实践孤立分离的东西。借助心中确切的占有不变实在的办法来寻求确切性已经转变成为借主动的控制变化着的事物进程的办法来寻求安全了。"[②] 近代物理科学的新的革命给了杜威的实验认知模式以有力的支持。

## 二、源自哲学理论的论证

（一）重新理解经验的概念，以消解基础主义的认识论

自洛克以来，"经验"这个词就含有主观的意思。按照传统的观点，

---

① 约翰·杜威.确定性的寻求 [M]. 傅统先, 译. 上海：上海人民出版社, 2005：159.
② 约翰·杜威.确定性的寻求 [M]. 傅统先, 译. 上海：上海人民出版社, 2004：87.

经验仅仅是被动的、主观的、孤立的、心灵白板上的印象。近代经验主义者认为经验就是经验主体通过感觉器官所获得的感觉片段，因此，经验主体只能从这些感觉片段中获得对自然的表象认识，而表象背后的实在是经验主体所无法认识的。这种传统意义上的经验观在一定程度上导致了怀疑论和不可知论。

杜威却一反常态，杜威的自然主义哲学观将"经验"这个词从一个知识论的静态术语转化成一个动态术语，杜威的经验论强调经验与自然的相互作用，强调经验的历史性和整体性，可以用"生活"这个词来等同于"经验"。杜威在他的《经验与自然》中明确指出，他接受进化论的思想，承认自然世界先于人的存在，但只有被人的意识接触到的才是真正的自然世界。杜威对经验的理解，不同于一般的哲学家。他的经验哲学是以自然不以人的意志为转移这一思想为前提的，一切经验都是自然的产物。对他来说，经验本身、经验所产生的条件和过程等都是属于自然的内容，而不是与自然分离出来的两种对立物。人们所经验到的就是自然本身，并非是自然的表象。因此，杜威所说的经验是人与自然互动过程中的经验，他所说的自然也正是被人类经验所发现的自然。人们一旦产生经验，就会凭借经验推断出自然界中未知的东西。正是在这个意义上，杜威指出："经验乃是被理智地用作揭露自然的真实面目的手段……经验并不是把人和自然隔绝开来的帷帐，它是继续不断地深入自然的心脏的一种途径。"[1]"经验"是人类在自然环境下，在社会语境或文化语境中，经验主体与外界的环境相互作用的适应过程。经验主体利用社会资源和工具进行调节，通过探究的过程把有问题的情境变成确定的。在科学活动过程中，科学家作为经验主体，在研究过程中，绝对不是抽象地谈论经验概念，而是从经验材料出发并且最重要回到经验材料作为检验，此时，科学家的活动能够深入自然并且揭露自然的秘密。因此，经验和自然是和谐地统一在一起，而非对立的。杜

---

[1]　John Dewey：The Late Works，Southern Illinois University Press，1979，Volume1：5.

威经验与自然相统一的一元论思想在对科学知识的探究中得到了很充分的体现。因为科学研究中所运用的素材都是以从自然中经验到的材料为出发点，运用推理和演算，最终都要回到人类的经验中得到验证。

对许多人来讲，杜威把自然纳入人的经验范畴，具有一种危险的唯心主义倾向。他们抨击杜威未能以自然本身来对待自然，而是将人类的性质加诸其上。这恰恰证明了杜威的科学人文主义色彩的存在。

（二）重新理解知识的概念，以消解旁观者的认识论

旁观者的知识论认为有确定的知识早已存在在那里，一切行动中所获得的知识都当作是一种对先前知识的重述，最终只能求助于先前直接认知和存在的东西来检验其有效性，不能用本身来证明，也不能在探究过程中加以检验。杜威反对这种观点，他指出以上认识论错误的根源在于：把知识的职能当作是去掌握事先存在的东西，这种事先存在的东西独立于人类的探究行为之外，存在于人类的探究操作及结果之前。杜威从人文的角度重新理解知识的概念和内涵。

首先，杜威把知识当作是在一个人们在实践探究和学习的过程中所获取的东西，而不是事先就存在于实在世界的东西。在杜威的眼中，知识并不是客观的独立于认知者之外的外界存在物，也没有实在世界和日常世界的二元划分。他说："只有一个世界，就是知识的世界，而非内部和外部两个世界，不是一个观念的世界和一个日常概念的世界两个世界。"[①] 知识的学习应该是在一个更广泛的人类生活和文化背景下进行的，离不开人类的主动探索，探索活动必须深入对自然的观察活动之中，这种探究活动使人们对这个世界有了新的认识。任何知识的对象都是在认知者有意的受控行为中被感受到的。知识的获得有其逻辑的过程：首先，当认知者处于某种不定的、疑虑的或冲突的情境中时，内心有祛除这种疑虑的想法，探究

---

① 　John Dewey: The Early Works, Southern Illinois University Press, 1969. Volume3: 81.

便由此开始。然后认知者会假设一系列的解决方案，采取可行的途径或步骤，最后在实验这些方案或步骤的可行性及预期的结果。在这一逻辑过程中，当达到预期的结果时，知识便产生，但知识的产生并不是探究的最终目的，而是为了产生下一个更好的知识或探究结果。因此，知识并不能看作是事先就预存的、终极的绝对真理，而是认知者在具体的生活情境中逐步探究的结果。"认知不是一种旁观者的动作而是参与在自然与社会情境之内的一份子的动作，那么真正的知识对象便是在指导之下的动作所产生的后果了。"①

其次，杜威认为，"科学的态度是一种对于变化发生兴趣而不是对于隔绝的和完备的固定物发生兴趣的态度。"②在杜威看来，认知本身就是人类的一种行为，这种行为使人类对自然的认识不断前进，并且在对自然的认识过程中，认知行为本身又被包含到自然的进程之中。世界上没有固定不变的认知模式，人们在经验的过程中对自然的认识越清楚，认知行为本身的意义也越丰富。尤其是在科学发展中，每一个新的问题就是引起进一步实践探究的机会，就是产生在理智指导下改变我们所生活的世界的机会。"知识是要探索我们的生活世界，我们所经验的世界，而不是企图通过理智逃避到一个高级的境界之中去。"③因此，科学实验中的知识获得过程是一种在人类生活背景下的行动方式，与人类生活中所遇到的问题情境联系在一起的。知识的产生是在时间的变化和历史的变化中进行的，人们所做出的科学结论离不开人类的具体的实践环境和生活环境，而且这些结论应该根据其在社会实践中产生的效果来不断检验或修改，以社会实践的进步来使其获得不断的改造。

---

① 约翰·杜威. 确定性的寻求 [M]. 傅统先，译. 上海：上海人民出版社，2005：151.
② 约翰·杜威. 确定性的寻求 [M]. 傅统先，译. 上海：上海人民出版社，2005：76.
③ 约翰·杜威. 确定性的寻求 [M]. 傅统先，译. 上海：上海人民出版社，2005：77.

（三）提倡实验主义的认识论，以强调实验和实践的重要性

杜威强调，"认知的对象是经过实验思维之火所锻炼出来的。"① 在科学探究过程中，获得了新的更多的研究素材，而这些研究素材又为新的探究提供了新的材料，这样新的探究又会开始，一直到解决了问题为止。因此，研究者在探究中会谨慎地鉴别所观察到的东西和所谓的理论或理念的东西，预先来设定经验材料的某些关系，又用进一步探究所得到的东西来检验先前的理论或理念是否合适。因此，科学研究者需要有一种独特的实验操作程序，有意地观察它们在人为干涉的不同条件下所呈现的状态，把这些材料和它们所呈现的状态结果联系起来，才能使得这些原先有问题的材料"具有一种积极的理智上的价值"。② 最后，在两者相互协作和相互促进的过程中，所有的材料重新组织，"成为一种融会确切的形式，成为科学体系中的一个统一的部分"③。在这种相互联系和相互作用中，也渗透了人类的习惯和所赖以生存的文化背景，这种渗透也是有机联系在一起的。

杜威指出，"认知是具有媒介性和工具性的……认知者是在存在世界以内的；他的有实验性质的认知活动标志着：一种存在和另一种存在正在交互作用着。"④

在杜威看来，一切认知活动，包括科学认知过程，就是认知主体和对象之间的一种相互作用，认知的过程离不开认知主体的实践操作，认知的目标就是一系列实践操作所产生的结论，绝非是传统意义上的存在于认知动作之前与认知实践相脱离的东西。"知识的目的是前瞻的和会产生事后结果的"⑤，把知识和实践经验联系起来，这时人的思维和知识才有了创造性的可能。科学实践中的探究是随着人的反省和思考进行的，这种反省并

---

① 约翰·杜威.确定性的寻求 [M]. 傅统先，译.上海：上海人民出版社，2005：228.
② 约翰·杜威.确定性的寻求 [M]. 傅统先，译.上海：上海人民出版社，2005：135.
③ 约翰·杜威.确定性的寻求 [M]. 傅统先，译.上海：上海人民出版社，2005：133.
④ 约翰·杜威.确定性的寻求 [M]. 傅统先，译.上海：上海人民出版社，2005：228.
⑤ 约翰·杜威.确定性的寻求 [M]. 傅统先，译.上海：上海人民出版社，2005：138.

不是在旧传统中的封闭的"心灵"的世界中进行的,而是在人类的有指导性的活动中进行的。

至此,我们可以看出,杜威的实验主义认识论重视实践和实验,与传统认识论有本质区别:第一,传统的学说把一切探究的知识当作是对先前所确定的知识的重复认识;第二,传统学说抹杀了人类的主动创造性或真正发现知识的能力和可能性。第三,传统的学说武断地肯定了所谓直接知识的存在和不可动摇地地位。

杜威基于科学理论和哲学理论的理由,拒斥了知识论的传统进路,从而更加明确的证明了科学知识所蕴含的人文性、社会性、历史性特征。

# 第五节　杜威科学知识论人文化的意义

## 一、杜威的知识论对科学霸权进行了有力的批判

在杜威的时代,由于科学发展给人们带来了巨大的经济和物质上的利益,不免引起人们对科学知识的神圣崇拜,一度把科学知识奉为唯一的正确的知识类型。虽然杜威也推崇科学的作用,但杜威并没有囿于科学主义的阵营。在杜威看来,科学的对象和宗教神话的对象,从认识论的角度来看,它们都是作为一种假设的东西,只是种类的不同,存在着是否有效的程度上的差别。科学知识仅仅是众多知识中的一种类型,都是人类文化的一部分,只不过是科学知识为其他类型的认知提供了一种更可靠的基础和更理智的出发点,或其他方面的专家们还需要依赖科学的研究来改善他们在自己行业中所使用的工具。"科学是一种强化了的认知形式,用来突出任何认知所具有的本质特征"[1],其最突出的特点是在于它的专业性和工具

---

[1]　约翰·杜威.确定性的寻求 [M]. 傅统先,译.上海:上海人民出版社,2005:194.

作用，为发展其他类型的知识提供了有力的工具。因此，杜威指出，"画家和物理学家一样懂得颜色……农民和植物学家与矿物学家一样，真正懂得土壤和植物。"[1] 科学知识并不是传统文化的最高知识类型，也不是唯一的知识至尊。建筑家、艺术家及医生等，当他们应用的方法解决了他们在研究中所遇到的问题时，他们也获得了知识，这些知识同样值得人们推崇。杜威认为知识的标准是在于"用来获得后果的方法而不在于对实在的性质具有形而上学的概念"[2]。也即，只要能帮助人类解决实践中所遇到的事物的东西，在杜威看来都可以称之为知识。在杜威这里，知识的概念和种类是由人类的实践操作所决定的。虽然人们可以把适当的操作结论称为科学知识，但这种科学知识并不是最后的，也不是唯一的知识类型。杜威这种多元化知识观"消除了科学观念的一切可厌的垄断权"，[3] 为多元文化的共同发展和多元知识类型的百花齐放打开了一个广阔了空间。

## 二、揭示了人与自然的深刻关联，揭示了人性与自然的统一性

在传统的知识论中，人们习惯于把人类、经验与自然分离开来。这种传统见解把科学仅仅当作是揭示一个先在的自然世界的东西，把心灵当作是一个从外面硬生生的闯入自然之内的东西，造成了人与自然的二元化分，并进而造成了科学领域与人文领域的对立。杜威坚持自然主义的连续性，主张人、自然、社会是连续的，人是自然界的一部分，和自然界有一种不可分割的相互作用。不确定性是一种客观存在的现象，是自然的真实特征。人们纯粹的心理过程是不能解决有问题的情境的。人类的历史发展和实践过程表明，要排除掉自然界一些疑难的情境，必须通过心理和思想指导下的实践操作改变实际上的情境，把有问题的情景转变成较为确定的

---

① John Dewey: The Middle Works, Southern Illinois University Press, 1982. vol 12: 176.

② 约翰·杜威. 确定性的寻求 [M]. 傅统先，译. 上海：上海人民出版社，2005：170.

③ 约翰·杜威. 确定性的寻求 [M]. 傅统先，译. 上海：上海人民出版社，2005：170.

情境。"知识乃是通过操作把一个有问题的情境改变成一个解决了问题的情境的结果。"① 知识就是在人与自然相互作用的过程中产生的，当偶然的经验后果变成了在人类控制下的一种手段时，人类便获得了自然的知识。人并不是在自然之外，而是通过自己的实践行为深入地了解自然，与自然相互作用，并利用自然为人类造福。

杜威批判传统的人与自然分离的二元知识论，其目的并不是否定传统知识论问题的意义，而是针对传统的问题力求给出新的解决方案。他提出自己的人与自然相统一的一元论思想，企图超越传统二元论思想的局限性。因此，我们可以说，杜威是对传统二元知识论的超越和批判性的继承，强调人类和自然的统一性。

## 三、揭示了自然科学与社会科学的深刻关联，倡导了科学的统一性，促进了科学与人文的对话

在杜威所处的时代里，自然科学所产生的巨大成果，尤其是转化成商业的技术成果，被处于特权地位的阶层人士作为为他们自己服务的工具，并没有在与人类生活密切相关的社会领域或道德领域发挥作用。人类在处理社会和道德领域的事物时主要还是受传统的权威或偶然的条件所控制。在人文社会领域方面，人们还是生活在一种比较混乱的状态之中。自然科学领域和人文领域被视为两个不可融合的阵营。

杜威反对以上这种把科学领域和人文领域进行人为划分的传统。杜威在拒斥科学霸权的同时，并不像某些拒斥自然科学的人文主义者那样，把科学领域与人文领域隔离开来。他指出，"自然科学不再脱离人道主义，其品质已变成人道主义的了。"② 科学领域和人文领域的知识之间的差别主要在于所研究的题材的差别和实践操作上的差别，比如，物理科学的知识

① 约翰·杜威.确定性的寻求 [M]. 傅统先，译.上海：上海人民出版社，2005：188.
② 约翰·杜威.哲学的改造 [M]. 张颖，译.西安：陕西人民出版社，2006：99.

能够从大量的题材中进行有选择性的抽象概括，而关于人类事务的知识则不能把问题简单化，不能排除人类事务题材的特性而归结于物理的因素，但两者之间并不存在所谓的"实在知识"上的区别，对杜威来讲，科学知识蕴含着"更自由和更带人情味的意义"，[①] 而且人文领域可以借鉴科学领域的方法。杜威的知识观给人们提供了一个新颖的视角去重新看待自然科学知识与人文知识的关系，促进了两者之间的对话和交流。

## 四、揭示了科学知识与常识知识的深刻关联，促进了科学与人类生活的密切联系

传统的哲学把科学与常识割裂开来，他们认为，科学知识是达到绝对确定性的唯一道路，而常识是一种低级的、易变的事物，两者之间存在着不可同日而语的等级差别。这种看法只能导致科学最终对现实生活的逃避，只能获得钻进草堆的鸵鸟似的智慧，而对现实生活中的亟待解决的问题却无视。

在杜威的观点中，科学同人的生活相关，是人的生活的一部分，科学应该扎根于人类的生活深处。"与其他实践活动不同，科学求知是一种向前推进知识的特殊的人类实践活动。"[②] 科学与常识之间有密切的联系，两者应该是被理解成联系在一起的两个不同方面。科学家们的探究工作始于日常经验，然后又回到日常经验中接受公众的检验。科学与人们生活中所谓的"常识"之间关系非常密切。因此，不同于传统的科学哲学家，杜威拒绝把科学当作某种深奥的东西或一种高于日常生活层面的东西。科学和常识之间只是探究的模式不同。"常识的知是为了行，而科学的知恰好相反。"[③] 科学与常识之间是一种相互转化相互作用的关系。"科学的对象和程序源出于日常生活中直接碰到的问题及其方法，与如何利用与享受对象有

---

① 杜威.经验与自然 [M].傅统先，译.南京：江苏教育出版社，2005：104.
② John Dewey: The Late Works, Southern Illinois University Press, 1979, Volume16：253.
③ John Dewey: The Late Works, Southern Illinois University Press, 1979, Volume1：342.

关……科学又以一种极为精致的方法，以一种极大的扩充了的内容和形式反作用于后者。"① 杜威在对科学的认识中，注入了很多人文的和人性的因素。在杜威的眼中，科学不再是死板的僵硬的脱离人的实践的纯理论的追求，而是一种充满探究和刺激的人类生活的一种形式，是根植于人类生活并且为人类服务的一种智力活动，在科学的世界里深深的打下了人类的烙印。这就为后现代主义打下了思想基础或者思想来源的火花，同时更改变了人们传统观念上对科学知识的认识和理解。

## 五、实验主义的认识论把人类的主动性和创造性提高到一个前所未有的高度

旁观者的知识论预设有一个实在的客体世界独立于认知者本身，该理论的前提就是人类的实践由于不确定性而处于贬低的地位，而纯粹的知识是脱离人的实践的，只有在人的观念中才能静观知识本身。这些旧的传统习惯阻碍着人们实际的认知探究过程，尤其是阻碍着人们在科学实践方面的进展。

这种西方哲学传统的二元对立的知识范式追求的是一种贵族式、静观的知识论，而杜威呼吁一种新的实验主义认识论的重构，强调祛除旁观者的认识论，促进人们关于对自然认知的信念和实践探究的信念。自然进程并不是一成不变的，而是不断完善的，是可以通过有意义的操作产生新的结果的。从外在的旁观者的认识到积极地参与自然世界的进程，是一个历史的转变。这种有认知主体所参与的实验主义的认识论，在一定程度上颠覆了传统知识论中建立的许多关于心灵、感知、理性、理念、概念、知觉等的理论。杜威批判旁观者的知识论的目的在于把人类的实践从传统认识论的枷锁中解放出来。杜威对实践的重视必将把人类的主动性和创造性提高到一个前所未有的高度。

---

① John Dewey: The Late Works, Southern Illinois University Press, 1979, Volume12: 71.

# 本章小结

　　总之，杜威是以知识和真理的后果理论取代了知识和真理的符合理论，把知识与人的情感、欲望和焦虑等结合起来，在人类的生活实践和文化背景中重新把握和挖掘出知识的内涵。知识的建构离不开人的立场、观念、兴趣、眼界等主观的因素。知识应该成为解放人的力量，而不能为压制人类前进的阻力。现代意义上的科学知识并不能被认为是绝对正确，而只能被认为具有高度的可靠性和可能性，并且对人类的实践具有一定的指导性。所以，杜威看待科学知识的角度，摒弃了传统的超验的知识观，而是立足于在人类的经验世界动态地把握知识的特性。

　　可以说，杜威的知识论人文化的哥白尼式的意义就在于：杜威站在整个人文的背景和人类发展的历史背景，祛除了科学知识的追求绝对实在和脱离人类实践的虚无性。杜威并不是把知识尤其是科学知识当作是唯一的把握实在的东西，杜威认为人们所经验到的这个世界就是一个实在的世界。人们在认识活动过程中所建立起来的一种认知程序，使人们有能力对付实践中所遇到的问题，逐步走向更好的未来。

　　当然，不可否认，杜威的知识论哲学中存在着一个矛盾，即一方面他承认自然界本身的实在性和客观性，并对脱离客观的主观主义加以批判，但另一方面，他又在一定程度上否定科学探索的目标是发现自然界本身的客观规律。这可能是包括杜威及其他的同时代的科学家或哲学家的一种矛盾心态。毕竟，当时科学领域中出现很多对原有理论的毁灭性的颠覆现象，比如爱因斯坦的相对论推翻了牛顿的经典力学理论，可以说是人类科学界的一颗原子弹，这种原子弹效应让很多人进入一种对科学确定性的迷茫状态。所以，杜威的知识论可能也是这种迷茫状态的一个缩影。

# 第三章　科学方法论的人文化

## 第一节　传统的科学方法论

"科学方法论"致力于研究的是可实现科学的成功的具有普遍性、系统性和程序性的思维工具。[①]纵观科学方法论的发展历史，科学方法论大致可区分为以下两种类型。

### 一、理性主义的方法论

以笛卡尔为代表的理性主义者认为，只能用理性或直觉的方法才能获得知识。笛卡尔的唯理论的知识观偏执于把理性作为获得知识的唯一手段和惟一源泉，并且认为，一切能够称得上知识的东西都是建立在逻辑基础之上。"不管醒时睡时，我们都只能听信自己理性提供的明证。"[②]基于此，理性主义者极为推崇数学和逻辑等理性的方法，将之视为一切知识的最确定的来源和最可靠的保障。当然，理性主义者并不反对经验在获取知识的

---

① W·H·牛顿 – 史密斯. 科学哲学指南 [M]. 成素梅，殷杰，译. 上海：上海科技教育出版社，2006：510.

② 笛卡尔. 谈谈方法 [M]. 上海：商务印书馆，2010：33.

过程中所起的作用，但是，他们却强调，经验仅仅为人类的理性通过自己独特的方法发现知识创造条件，确保科学知识有效性的根本依据是数学和逻辑等具有普遍必然性的理性方法。为了保证科学知识的可靠性，最终仍然需要依靠人类的理性方法来获得。

## 二、经验主义的方法论

以洛克为代表的经验论者反对理性论者将一切知识都还原为理性知识，将一切科学方法都还原为理性方法的强硬论断。经验论者认为，以实验为代表的经验方法才是获得知识的根本途径。逻辑和数学等理性的方法虽然能够做出普遍有效的判断，但这些方法本身并不能有效增加科学知识的经验内容，因此，不能从实质上拓展科学的发展。从这个意义上讲，理性的方法最多在论证经验知识的有效性上有一定的意义。但是，对于科学来说，最为重要的是通过经验的观察来拓展知识的内容。理性主义者过分推崇逻辑和数学等理性方法，将会把先验的思想教条强加于科学研究，不利于科学研究获得真正的拓展与更新。因此，经验方法不仅是科学知识的有效性的最终根源，而且也是科学发现的最富于成效的引导者。科学方法归根到底是经验的方法。任何科学知识的客观性和有效性"只能通过感官知觉在经验上加以检验"。[①]

## 三、逻辑实证主义的方法论

逻辑实证主义者把理性主义的方法和经验主义的方法结合在一起，强烈地关注逻辑，试图发现一种新的、科学的哲学化方法。他们认为这种新的科学方法就存在于对经验科学的陈述和概念的逻辑分析当中。可以说，逻辑实证主义的核心思想就是证实原则，逻辑实证主义者有一个响亮的口

---

① H. 赖欣巴哈 . 科学哲学的兴起 [M]. 上海：商务印书馆，2010：55.

号，即"一个陈述的意义就是证实它的方法，即所谓的证实原则"。<sup>①</sup>逻辑实证主义者转而将注意力集中于为科学知识进行辩护的逻辑方法，试图从演绎逻辑、归纳逻辑乃至概率逻辑等等的逻辑分支中寻找出有效为知识合理性辩护的演算和论证方法。

20 世纪，许多逻辑实证主义者坚决支持发现与辩护的分离，否认发现逻辑的存在，并且把发现从认识论中清除了出去。以逻辑实证主义为代表的实证主义科学观拒斥科学所蕴含的人文因素和道德因素，把科学看作是超越人类历史和文化的纯粹逻辑和实证的东西，在逻辑实证主义者的视野里，存在着一种超越历史、永恒不变的方法论。这样一来，逻辑实证主义者在排斥形而上学的同时，也毫不留情的扔掉科学本身所蕴含的人文价值，科学变成一个纯逻辑、冷冰冰的逻辑形式结构，因此，研究科学的方法也就变成纯逻辑意义上的语法和句法分析了。

## 第二节　杜威对传统方法论的批判

杜威并不是完全否定传统的科学方法论，而是力求剔除其有缺陷的地方，从新的视角为科学方法论的哲学研究打开一个空间。因此，杜威在保留传统方法论有益的一面的同时，对其不恰当的一面进行了批判。

### 一、传统科学方法论过分强调逻辑的方法，忽视发现等非逻辑的方法

传统的科学方法论大都强调对已经获得的科学知识论证其合理性，强调静态的科学理论，因而把科学研究的方法看成是静态的逻辑方法，忽视了科学理论的动态发展及在发展过程中除逻辑之外的多元化的方法论。杜

---

① W·H·牛顿-史密斯.科学哲学指南 [M].成素梅，殷杰，译.上海：上海科技教育出版社，2006：293.

威极不赞同这种围绕逻辑展开的科学方法论研究。他尖锐地指出："任何使认识的方法等同于对已知真理的论证的逻辑，都会减弱研究的精神，将头脑限制在传统学问的范围内。"① 可以看出，杜威特别重视科学研究中的科学研究者的个人因素。在一个成功的科学研究中，科学研究者采用的是多种研究方法。逻辑的科学方法固然重要，但不可否认科学研究者的个人品质、性格特点等这些非逻辑性的因素在科学研究中所起的重要作用。把科学方法仅仅限制在逻辑的范围内，无形中就会消弱科学家的潜在的创造性。纵观科学史上所取得的众多科学成果，其思想源泉往往是来自科学家的个人灵感或奇思妙想，这种获得科学知识的过程是无法用逻辑的因素来解释的。

## 二、传统的科学方法论过分强调为科学结论辩护，忽略科学结论的工具性作用

在以往的科学活动中，人们往往关注已经形成的东西，包括科学事实、科学结论和发现等，人们对待科学的观点是僵硬的，把科学看成没有生命力的。也即，传统的科学方法论往往强调静态的科学理论，忽略了科学理论的动态发展，忽视了已有的科学结论在探索新的科学知识过程中的工具性作用。

在整个科学体系中，为已有的科学结论进行辩护无可厚非，但在杜威看来，科学知识的价值不仅仅在于证实了已有的假设，而在于"使人类更深入地、更广泛地和更丰富地了解了通常经验对象的意义"②。也就是说，人们在对科学结论进行辩护的同时，更应该关注其作为探究过程中的一种工具以及利用这个工具达到更好的结果。杜威强调，"既然假设本身只是探究的一种工具，那么对假设的证实便不能构成探究的全部意义。"③ 所以

---

① 约翰·杜威.哲学的改造 [M]. 张颖，译.西安：陕西人民出版社，2004：19.
② 约翰·杜威.确定性的寻求 [M]. 傅统先，译.上海：上海人民出版社，2005：146.
③ 约翰·杜威.确定性的寻求 [M]. 傅统先，译.上海：上海人民出版社，2005：146.

对已有科学假设和结论的证实并不是探究行为的全部意义,探究行为的最后目标不仅是要改善这个工具,也在于发现新的工具。科学假设和科学理论仅仅是一种理智的工具,具体的知识体系会在理智工具的不断完善下不断生长和壮大。

在杜威看来,科学最显著的一个特征是各种系统的探究方法,当把这些探究方法运用到处理问题的过程中时,便能更好地、更系统地、更明智地解决这些问题,降低了不可控的偶然性因素。因此,应该关注科学探究过程中的"内在逻辑"及"形成判断和控制的方法"[1],即从依靠已有的结论转移到依靠行动,通过有目的性的行动来调节实践中的各种条件,从而为发现新的科学结论做准备。"'科学的'这个词,强调探究的内在逻辑而不强调探究结果所具有的特殊形式。"[2]如果不强调探究的内在逻辑,就可能陷入常规的物理的知识体系中,把探究的行为归结成一种类似物理的甚至是准数学的形式。

## 三、传统的科学方法论脱离科学实践,缺乏多元化的灵活性

在杜威看来,必须把科学方法的概念理解地宽广一些。科学方法是多元的,不应当仅仅将研究的焦点停留于逻辑学和语言哲学可以分析的形式化的方法上,而是应当包括实验方法在内的诸多反映文化价值和心理要素的方法,对于这些无法被逻辑学和分析哲学穷尽其意义的科学方法,就应当结合心理学的方法,参照社会文化的要素予以理解。这种实践和文化因素对科学研究的影响,无法从逻辑哲学和分析哲学的角度去解释,因此,需要从多角度等方面去重新看待科学方法的多元化。比如,要考虑科学研究者的心理学方法。不同的研究者由于具有不同的心理,对待同一个研究对象会产生不同的看法和观点,因此导致采用不同的研究方法和科学结

---

[1]　John Dewey: The Middle Works, Southern Illinois University Press,1977. Volume 3: 37.

[2]　约翰・杜威. 人的问题 [M]. 傅统先,译. 上海:上海人民出版社,1965:173.

论。可见，多元化的科学研究方法是在诸多的实践背景和文化背景的影响下所从事的的一种研究过程。另外，从科学实践的过程可以看出，科学家的思维不是一种没有目标的超验的感觉，也并不完全是盲目和杂乱无章的动作，而是既包含着一些相对盲目和摸索的行动，又包含一种有意的预见和意向性的活动因素，这种预见和意向性的活动因素反过来又指导他们决定尝试哪些操作而不尝试哪些操作。

脱离以上多元化的科学研究方法，必将导致科学研究的教条性，枯竭科学研究者的灵感和源泉，扼杀科学研究中的创新性。

## 四、传统的科学方法论为了追求知识的确定性，对实验方法不够重视或存在重大误解

传统的科学方法论者为了追求知识的确定性，在科学方法上也保持着一贯的围绕逻辑展开的传统，必然忽视对实验方法的重视，甚至在某种程度上对实验的方法存在着重大的误解。

然而，在杜威眼中，充满着不确定性的实验方法在科学研究方法中起着极其重要的作用，不能因为实验方法渗透着社会文化价值和心理因素，就将其驱逐出科学方法论研究的视野。现代科学哲学对实验方法的规避，恰恰是古希腊哲学家鄙视劳动和实践的现代表现。杜威从新的角度强调了实验的价值和重要性。他指出，"实验是科学推论的主要来源，因为它便于从粗糙的含混的状态中挑出重要的因素。"① 在杜威看来，实验的价值首先在于肯定或修改了已有的假设或结论。从探究者的个人心理来看，这种看法是合适的。探究者在实验的过程中，以假设代替传统僵硬的观念，意味着创造无限可能性。通过实验探究所得到的结果对他曾提出的假设进行验证，当探究者实际上解决了一个有问题的情境时，探究者先前的假设才得到了证实。否则，此前的假设便得到了否定。从另一方面来讲，即从认

---

① 约翰·杜威. 我们如何思维 [M]. 伍中友，译. 北京：新华出版社，2010：121.

知的进程来看，实验的价值远远不止于对假设的证实，实验的价值更体现在人们对于新的经验对象的认知。

## 第三节 杜威的科学方法观

杜威本人特别强调科学实践、社会因素、个人的心理因素和性格特点等在科学方法论中的作用。因此，杜威的科学方法论既继承了传统科学方法论中有益的一面，又在某种程度上超越了传统的方法的局限，具有典型的人文主义的特点。

### 一、重新审视科学中的实验方法（科学方法论的实践维度）

杜威明确指出，传统的哲学家在很大程度上"忽视了实验的创造性、探索性和建构性"[①]，藐视实践及实验的世俗哲学给科学的发展带来了一定的障碍。然而，随着科学实践的发展，实验的方法逐渐显露出其在科学研究中的重要作用。"在新的实验科学中，……有意地设置一种确切而特定的变化进程来获得知识"[②]，这种变化进程就是杜威所谓的实验方法。在杜威的眼中，"科学方法从一方面讲来就是把怀疑转变成为明确探究的操作，以有效地利用这种怀疑的一种技术"[③]。实验的方法为人们提供了研究世界和认识世界的很好的工具，因此对科学知识有贡献的实验哲学应该深入人心。

很多人把杜威的方法称为实验主义方法，这并不是因为杜威本人是个伟大的科学实验家，事实上，杜威并不熟悉最新的物理科学实验——虽然他认可实验工作。"实验"这个词是一个广义上的，并不限于实验室的技

---

[①] W·H·牛顿－史密斯.科学哲学指南[M].成素梅，殷杰，译.上海：上海科技教育出版社，2006：149.

[②] 约翰·杜威.确定性的寻求[M].傅统先，译.上海：上海人民出版社，2005：62.

[③] 约翰·杜威.确定性的寻求[M].傅统先，译.上海：上海人民出版社，2005：176.

术器具，还含有主动性的与人类控制下的认知过程。杜威的科学方法论就是要把这种实验的态度应用到社会生活的每个领域。

（一）实验方法在科学实践中的重要性

传统的科学哲学对实验方法的不屑，也正是反映了古希腊哲学家轻视劳动和实践的传统。在古代的科学哲学传统中，最后的和固定的知识早已存在，把科学的目的看作追求一种既存的稳定的题材。因此，最好的科学方法便是对已有的知识进行逻辑证明，人们在实践中的学习是属于低级领域，学习也只是为了证明这种逻辑的必然性。而现代科学的实践过程证明，人们所探索的知识都不是最后确定的。人们在实践中的学习是探求未知的东西，只有通过探究，才能使人们逐渐接近知识和真理。所以，对杜威来说，科学的生命根源在于能够指导进一步的探究工作。探究的过程，便是对各种不确定的情景进行实验的过程，蕴含着一个从事新观察和新研究的机会，推动着探究朝向更可靠的实验对象迈进。杜威曾这样评价过实验的方法在科学实践中的重要地位和作用，"科学革命就是从'经验的东西'向着'实验的东西'转变"[1]，即科学实践的过程是"怀疑—探究—发现"，它关心的是偶然发生的事情，然后在现实的、人为的、物理实验的变化中进行大胆尝试，通过悬虑、怀疑、假设以及在各种选择之间进行实验来发现一个新的知识对象。正如杜威所言，"现代科学的骄傲在于它有显然经验的和实验的特性。"[2]

（二）实验方法并非人对自然的被动观察，而是主动探究和干预

在论述杜威的实验方法时，我们不得不提到培根的科学方法对杜威的影响。杜威在《哲学的改造中》专门用了一章论述培根的科学方法。培根

---

① 约翰·杜威 . 人的问题 [M]. 傅统先，译 . 上海：上海人民出版社，1965：242.

② 约翰·杜威 . 人的问题 [M]. 傅统先，译 . 上海：上海人民出版社，1965：177.

曾宣称，对新事物的发现优于对旧事物的论证。科学原理和规律不是在自然的表面展示着，传统的纯粹的逻辑推理和简单的观察都不能发现它们，而是需要人们用一种精致的探究技巧和方法进入一个未知的、没有确定保障的领域。必须在以人为探究主体、以自然为探究对象、以实验为探究方法的主动探究过程中，才能发现不同于自然表面的规律，这个过程完全不同于纯粹的推理。因此，人们必须通过被传统所鄙视的实践科学、技艺去寻找对人类和自然有帮助的成果。然而，这种技艺和实践是不定的、偶然的，我们就有必要借用理智的探究方法使之变得系统化。①

通过杜威对培根的科学方法的论述，我们可以看出，杜威高度重视作为探知主体的人们在实验的探究过程中的主动性和积极的干预作用。在科学的探索活动中，科学研究者不会消极地等待大自然自发地把各种合适的研究条件送到他们面前，而是必须进行一定的实际操作程序，采用不同的实验办法，尝试使用不同的操作设计和操作方法，加强对某一条件的干涉，重新解释和分析在人工操作情况下所产生的结果。为了达到这一目的，科学家在各种成功和失败的经验中，有目的地去发明一些更为经济、更为有效、更能明确达到目标的操作手段和工具。所以，实验方法是在实际的探究过程中通过实践操作发展出来的，是人类从自然的实践过程中发展并加以改进的。当科学研究者成功解决一个问题情境时，便把原来单纯凭借自然条件所进行的操作转变成为主动地依靠实验进行的操作。科学研究的过程就好像矿工们从地上探寻宝藏的过程一样，科学工作者借助经验，不断加深对自然的理解，把原来蕴藏在自然背后的规律探索出来，使得自然与人类更加接近。

## 二、科学方法论的心理维度

传统的哲学家把在科学研究过程中科学家个人的心理因素完全排除在

---

①　约翰·杜威.哲学的改造[M].张颖，译.西安：陕西人民出版社，2006：17-43.

科学方法的研究范围之外。他们把物理科学的质量、空间、运动等概念放在逻辑范畴内，而怀疑科学研究者在经验中的爱好、目的和享受等个人心理因素。杜威坚决反对这种拒斥人性的科学方法论，倡导关注人性和文化的科学方法论。在杜威看来，在科学的研究过程中，必须有一套可以在实际上操作的程序，这个程序是在科学家的指引下进行的，就不可避免地涉及到人的心理。在科学工作者的经验方式中，加入了很多心理的因素，如各种诱因欲望、习惯，等等。这些因素在很大程度上影响着科学研究进程和结果。因此，对研究者心理的关注，也应加入到科学研究手段中去。由此，杜威强调，"对于性格和态度的一般的知识可以和掌握了物理的常数一样，无论在理智方面和实践方面都同样能为我们服务"，[①] 可以看出，杜威的科学方法论非常重视科学家的心理维度对科学研究的影响。

（一）科学方法紧密联系于科学家的性格、思维、态度、心理状态等非逻辑因素

科学家在研究的过程中，他的科学方法并不是一种完全意义上的纯粹逻辑的方法，科学工作者的个人的心理和联想等非逻辑因素对于一个成功的科学结论起到了很重要的作用。杜威指出，"逻辑态度和习惯的逐步，主要是由于无意识的发展是首先出现的。只有在无意识的和尝试的方法首先取得结果之后，才可能明确的显示出适合于达到目的的、有意识的、合乎逻辑的方法。"[②] 也即，科学家最开始只是有一个朦胧的想法，有一种怀疑困惑的状态，然后才有查明情况的举动，然后要用心搜集证据，在证据比较充足的情况下，形成一种信念，这一过程是科学家的思考过程。"科学的思索应该避免匆忙过早下结论，要努力做到纯'客观'而毫无偏见的解读资讯。"[③] 对于一个科学研究者来讲，个人的心理过程和联想过程等并

---

① 杜威.经验与自然[M].傅统先,译.南京：江苏教育出版社,2005：152.
② 约翰·杜威.我们如何思维[M].伍中友,译.北京：新华出版社,2010：92.
③ 约翰·杜威.我们如何思维[M].伍中友,译.北京：新华出版社,2010：71.

没有一个死板固定的规则或严谨的逻辑模式。"训练有素的思维应是能恰到好处的完成每一情况所需的观察、联想、推理和实验性检验，而且善于吸取教训"①，也即，研究者能够敏感地看到潜在性的问题，并恰到好处地解决问题。这个过程既包含着研究者严谨的和缜密的逻辑，也包含着可能是研究者随意的和未加严密思考的联想。

总之，研究者要抱有理智的实验态度，采取合适的实验手段。而采取合适的实验态度需要严肃的思维锻炼才能形成，并且在头脑中对观察到的事实要有一定的理论预设，这就涉及科学工作者的人格境界和对当代社会文化的理解、感悟等。因此，科学研究的过程是无法忽视科学家的文化、心理状态而进行的，深受科学家的心理状态的影响。

（二）科学家的探究心理是在社会文化语境中的心理活动

对杜威而言，科学家在探究过程中，"不再可能将精神生活视为在真空中发展着的个体孤立的事情"②，也就是说，科学家的心理活动不是单纯地对过去印象的回想，不是孤立在一个独立的世界中，而是在实践的生活过程中回应具体的情境，并与情境相互交融、相互影响的过程。杜威强调，科学方法并非是脱离科学研究者而孤立存在的抽象方法。它的有效性与科学研究者本人的精神品质、人格境界和文化修养有着极为重要的关联："科学思维首先需要的是思维者从感官刺激和习惯的束缚中解放出来。这种解放也是进步的必要条件。"③这也就意味着，科学工作者的精神品质和人格境界离不开社会文化的环境，当科学研究者被同时代的文化所同化后，会自然而然地形成一种理智上的习惯。这就要求科学研究者需要摆脱甚至是不断超越以往的习俗和传统观念，批判地去考察这些习惯和传统。面对新的思想和新的实验结果和科学成果，科学家必须以独立心智和健全的、理

---

① 约翰·杜威.我们如何思维 [M].伍中友，译.北京：新华出版社，2010：64.
② John Dewey: The Early Works, Southern Illinois University Press, 1969. Volume1：：56
③ 约翰·杜威.我们如何思维 [M].伍中友，译.北京：新华出版社，2010：124.

性的、开放的态度，评估它们对人类的生活有什么影响，这样才有可能将科学方法真正有效地运用起来。而这种独立自主的人格的培养，显然无法脱离科学研究者所生长的文化语境。所以，人的心理和意识不可能脱离各种具体的社会、文化语境等实践背景而孤立的处于人类生活之上，人也只能在社会的环境中发挥出主动性的作用。

在杜威看来，科学研究学者对研究计划的选择、对某一科学理论等的拥护，全部都是有关探究心理的事实。这种探究心理的产生，是靠与社会环境接触而发展、与环境的相互作用而实现的。不同的文化和社会实践背景，可能会造成科学家不同的探究心态，比如积极的或消极的意识和心态。因此，对科学方法的研究，不能忽视科学家本人的心理活动，更不能忽视科学家心理状态背后的社会文化语境。由此，杜威强调了科学方法论人文化的重要性。

（三）对科学家的探究心理的研究，应当综合人文学科的知识方法

杜威在探讨科学家的探究心理时，重新定义了心理学所包括的范围。"新心理学"将包括"那些广泛但尚未确定的探究主题，这些主题可以粗略视为社会科学以及历史科学的研究范围——关于人类活动各种范围的起源与发展的科学"。[1] 也就是说，在杜威的眼中，心理学就不只是研究人的身体的本能反映，而是包括语言学、人类学、社会学、民族学等在内的研究。也就是说，心理学的研究不能脱离与人相关的所有科学的研究。自然科学的实验方法为研究人的本性提供了一定的榜样作用，但是新心理学的成长仍然要归功于"通常的人文科学，这门科学为我们提供了客观观察的方法"。[2] 换言之，杜威希望从其他的人文学科来借鉴对科学家的心理研究，从而更加了解科学家的探究心理在加科学方法论中的作用。

---

[1]  John Dewey: The Early Works, Southern Illinois University Press, 1969. Volume1: : 57.
[2]  John Dewey: The Early Works, Southern Illinois University Press, 1969. Volume1: 58.

### 三、科学方法论的社会维度

尽管杜威承认科学在人类社会中的广泛用处，但杜威对科学并没有陷入一种盲目崇拜的地步，他对科学的推崇主要是建议人们抛弃掉传统的追求固定真理的逻辑演绎的方法，转向一种建立在历史文化和生活实践背景下的反思性的科学探究方法，重视科学方法论研究的社会维度。

杜威提倡，在科学的探索活动中，不能忘记社会的维度。科学家在实验室里进行的一系列的科学研究，不再是孤立于人类社会的科学活动，而是与人类社会的大环境相联系。科学家的科学实践活动已经变成了社会生活的一部分，成为人类生活的一种生活方式。杜威认为，不管科学怎样依靠人的首创性和发明性，"科学的权威是从比较有合作组织的集体活动中产生出来的并以它为根据的"。[①] 杜威这句话，表明了科学研究所具有的社会性特征。第一，科学工作者从事科学研究，仍然是以以前被公共所占有的方法和结论为基础的。在此基础之上，科学工作者提出自己的概念；第二，科学工作者所提出的概念必须取得该领域内的人们的认可，该科学概念才能获得一定的生命力；第三，科学研究者们所提出的科学概念最重要回到社会公众领域接受证实和检验。所以，杜威认为，科学所使用的是一种"公开的和公共的方法"[②]，对科学方法的研究，不能忘记其社会的维度。

杜威认为科学态度和科学方法都具有公共性。杜威指出，"把科学方法视作社会上全体成员所共享的一种价值观。若要使公众的意见足以明智地应付在这不断改变的社会中所发生的一切问题，科学态度传播是唯一的保证。"[③] 任何一个科学结论最终要接受实验结果的检验，这些结果都是以

---

① 约翰·杜威. 人的问题 [M]. 傅统先，译. 上海：上海人民出版社，1965：85.
② 约翰·杜威. 人的问题 [M]. 傅统先，译. 上海：上海人民出版社，1965：85.
③ 杜祖贻. 杜威论教育与民主主义 [M]. 陈汉生，洪光磊，译. 北京：人民教育出版社，2003：40.

信息的公开为基础。"每一个新的观念和理念都必须交给共同体去验证。"①
同样的，科学态度也要求科学工作者公正地听取别人的观点和建议，借鉴
别人的观点对自己的工作加以评价或批评。所有的这些努力都是为了一个
最终的目标：增加人类共同的福祉。因此，对科学知识的发现和检验都是
借鉴一定的公共资源得以实现，而非像传统一样，仅靠科学家的个人单薄
之力就能实现。尤其是大科学的背景下，对科学知识的发现和检验更需要
各门学科、各个社会领域的通力合作。

## 第四节　杜威为自己的方法论提出的辩护

### 一、源自科学实践的辩护

（一）科学实践经验表明，科学家的实验方法是积极的探究，而不是
被动的观察

首先，一个科学理论的形成，需要科学工作者大胆的假设和系统的思
考，然后在实验中不断深化对事物的控制和认识。杜威认为这种研究方法，
"正和冶金者一样，从原矿中提炼出精炼的金属，用它来制造工具，然后再
来控制和使用其他粗糙的原料"②。也就是说，科学工作者能够从自然界各种
繁杂的事物中找到研究思路，进而不断整理、实验、探究，最终把思路系
统化地呈现出来，作为进一步研究其他现象的科学理论工具。科学理论的
完善过程离不开科学工作者的实践经验以及不断深入的认识，离不开科学
工作者主动的实验性操作，从而能够让科学理论成为为人类服务的工具。

其次，科学工作者主动的科学思维方式在实验方法中起着重要的作

① John Dewey: The Late Works, Southern Illinois University Press, 1979, Volume5: 115.
② 杜威. 经验与自然 [M]. 傅统先，译. 南京：江苏教育出版社，2005：5.

用。科学工作者所面临的经验事物有些是毫无联系，有些是彼此联系的。科学工作者就需要从这些事实当中选取对研究有帮助的材料。因此，科学工作者的认识绝不能停留在事物的表面上，他必须主动地、有意识地对这些材料进行操作，"在新的实验科学中，……有意地设置一种确切而特定的变化进程来获得知识"①。实验方法变成了科学研究的最重要的方法之一，实验的方法让科学研究者从大自然所提供的各种粗糙的材料中挑选出重要的因素。所以，伴随着科学实验方法成长的，便是科学的思维方式。在杜威看来，科学的思维方式，就是一种"分析与综合相结合的过程"。② 相对于一般的思维方式，科学的思维方式具有以下几个特点：第一，安全性和可靠性相对更高，科学的思维方式首先要经历一个挑选可靠事实的过程，并对这些挑选出来的事实加以分析和控制；第二，应付新情况的能力更强，科学的思维方式在一定程度上增加了分析和推论的可靠性，因此，能够对未来出现的异常的情况加以控制，并作出解释和预测。第三，对未来的信仰更强，科学的思维方式让人们放弃了以过去的权威和习惯为标准的思维模式，转而依靠理智的控制手段来获得进步。也就是说，科学的思维方式更加相信未来的种种可能性。因此，科学的思维方式，要求科学工作者必须摆脱感官的刺激和习惯的束缚，从这些局限中走出来。

（二）科学实践经验表明，科学家开放的心智和品质，对科学研究起着重要的作用

在科学研究的过程中，科学家会面临很多异常的或令人烦恼的问题。可以说，一个科学家开放的心态和积极的精神，对科学研究的成功起着重要的作用，这一点是无法忽视的。

第一，对于科学研究者来讲，科学研究者在研究过程中应该具备一种

---

① 约翰·杜威.确定性的寻求 [M].傅统先，译.上海：上海人民出版社，2005：62.
② 约翰·杜威.我们如何思维 [M].伍中友，译.北京：新华出版社，2010：121.

"享受怀疑的能力"，<sup>①</sup>这是杜威所欣赏的科学态度。科学研究者对事物的怀疑为他的假设提供了条件，是他进一步进行研究的条件，会刺激科学研究者尽力搜集证据作出结论。科学家面对异常的科学现象和结论，并没有马上否定，而是采用怀疑和继续探究的心态面对这种异常。例如，在物理革命中，科学研究者利用实验手段观察到了与现有理论不相符合的现象时，科学家并没有马上否认该现象和事实，而是接受了这一事实，并同时准备重新建立他们的理论。也就是说，科学者们并不怀疑他们所看到的现象的真实性。这种开放的怀疑精神往往会导致一个新的领域的探索，同时也开辟了探究方法的新途径，提出了新的问题。

第二，科学家具有创造性地处理不确定性问题的能力。杜威指出，"从一定意义上，科学方法是一种建设性的利用怀疑的方法，它把怀疑转化为特定的探究过程。"<sup>②</sup>科学方法从某种程度上来看，就是把科学研究者的怀疑"变成明确探究的操作，以便有效的利用这种怀疑的一种技术。"<sup>③</sup>当科学研究者注意到问题的时候，就把单纯的心理上的好奇心转变成为一种真正理智上的好奇心，不急于下结论，而是主动地去寻求新的事实和观，对情境进行探索。科学研究者的探究行动并不是冒昧的，而是集中力量查找困难与原因，设计应付这个情境的手段和方法。谈论到"科学"这个术语时，杜威强调不能把科学当作是一个既成的确定的知识，"要强调它作为方法的内涵，其次是强调与方法有关的结果的内涵"<sup>④</sup>，即把科学理解成为运用一系列的探究方法，更好地、更理智地理解事物，并能够更安全和更灵活地控制和利用它们。这一些列的探究方法，包括可进行的观察以及暂时的悬置判断。他认为一个受过良好科学训练的人，应该能够"悬置，或

---

① John Dewey: The Late Works, Southern Illinois University Press, 1979, Volume4: 182.
② John Dewey: The Late Works, Southern Illinois University Press, 1979, Volume4: 182.
③ 约翰·杜威. 确定性的寻求 [M]. 傅统先，译. 上海：上海人民出版社，2005：176.
④ John Dewey: The Middle Works, Southern Illinois University Press, 1977. Volume 3: 3.

者说推迟作出结论，以免被表面现象误导作出仓促的判断"①。

第三，科学家的研究，必须借鉴前人的研究成果，甚至虚心接受别人的批判，而并非是闭门造车。科学研究是一项公共的社会事务，而不是在隔绝社会与实践经验之外的真空式的研究。比如：科学研究者的有限的精力和知识能力可以得到其他的资源的补充，个人的错误可以被其他同行或后代人所纠正，可以说在科学研究中，"许多有智力的个人的贡献的综合便是一种超人的集体智力"②。杜威认为，科学态度并不仅仅意味着对实验器具的熟练使用，更意味着一种批判的谨慎态度或所谓的错误难免观，科学的态度就是不再理所当然的承认事物，而是采取一种批判的或探究的、试验的态度。这就意味着科学家要改变曾经被神圣化的信仰，不能把这种信仰当作是自足的和完备的，而仅仅是一种暂时的结论。科学方法的开放性体现在它对实验方法的青睐，而实验方法本身就拒斥了保守性和教条性。科学的态度还包括科学研究者对自己的工作能做一个恰如其分的评价，"能真诚的查找自己所作的工作的毛病"。③只有这样，才能克服人们武断下定论的倾向。也只有抱着这种科学态度，才能真正地让科学这个利器为人类的现代文明的发展做出更大的贡献。

（三）科学实践表明，科学家所使用的方法，与他所处的历史文化背景有着密切关系

科学家在作出科学判断和推论的时候，不可能完全排除个人的个性和所处的历史的、文化的背景。从科学发展的实践过程中，我们可以看出科学家所处的不同的历史文化背景对科学家所采用的科学方法的影响有多么重要。

古希腊是以追求理性的智慧而著称，古希腊时代的文化背景里蕴含着对美感和绝对智慧的追求。因此，当科学从希腊人那里开始产生时，希腊

---

① John Dewey：The Late Works，Southern Illinois University Press，1979，Volume8：252.

② H. 赖欣巴哈 . 科学哲学的兴起 [M]. 上海：商务印书馆，2010 年，95.

③ John Dewey：The Middle Works，Southern Illinois University Press，1978. Volume6：179.

人就把对美感的兴趣与对和谐整齐的自然世界的爱好等同起来。科学研究所采用的方法主要是一种纯粹思辨、臆测的哲学方法。中世纪，经院哲学统治着欧洲。在以宗教权威为其历史文化背景下，在近千年的中世纪的宗教统治中，科学沦为神学的奴婢，成为为宗教服务的工具。科学研究所采用的方法便是用逻辑的形式论证宗教和神权合法性的方法。文艺复兴的推动和启蒙运动的兴起，解放了禁锢人们近千年的思想桎梏，在思想领域展开了反对封建专制统治和教会思想束缚的斗争。在这样的历史文化背景下，新的思想的涌现，使得自然科学脱离了宗教思想的影响，从而产生其正独立于宗教以外的学术研究。哥白尼、G.布鲁诺、伽利略等人使科学的实验方法闯入了哲学思想的殿堂。科学家们揭示了许多自然界的奥秘，自然科学取得很大进展。牛顿的科学体系创建了一套完美的永恒的实体公式，把它们当作是最后的实在，把一切认知的过程当作是等同还原实在的过程，以至于牛顿经常到上帝面前追求真理的来源。18、19世纪的工业革命、社会经济变革及机械唯物论思潮的发展给整个自然科学的发展带来巨大的影响。可以说，机械论的研究方法统治了科学领域近2个多世纪。总之，纵观整个科学发展的历史，可以看出，科学家所使用的研究方法，无不受到他所在处的社会文化背景的影响。

## 二、源自哲学理论的辩护：自然主义

自然主义强调自然发展的过程具有某种规律性，自然本身就在不断地向人类展示着某些特质，因而人类的经验是可以揭示自然并利用自然的。杜威的科学方法论也是基于自然主义的立场，是一种重视人类行动和社会文化背景的自然主义。他相信，科学是揭示自然的最可靠的方法。

（一）自然主义强调自然发展的过程和规律性，因此应结合自然的因素来审视科学的方法

杜威强调，"精炼的科学方法的材料和为我们具体经验到的现实世界

的材料是相互连续着的。"① 也就是说，在科学的探究方法中，不存在超自然的因素。杜威站在自然主义的角度，强调科学方法与自然的关联性。科学探究是人类揭露自然的一种很有效的方式，自然的新能力与新方面也是在我们的探索活动过程中反映出来的。人类在科学探究的过程中，利用大自然所提供的材料不断重组、创新，使自然以新的形式和面貌呈现出来。所以自然的形式并不是人类从外面强加给自然的，而是来自于探究过程中与自然的相互交融的作用。人类在探究过程中所使用的科学方法，并不是黑格尔式的自我认知过程，也不是先验领域的神秘揭示过程，而是建立在对人类的探索和实践活动理解的基础上，通过人的活动去揭露和理解自然，把经验事物背后的性质和关系探索出来，从而控制这些经验事物的条件的发生，以产生人类所期待或向往的结果。例如，水作为科学对象，由于具有了科学实验上的可操作性而具有了一种工具性，增加了人们对日常事物的控制和利用。

（二）自然主义强调主观和客观的统一性和交互性，对科学方法有着重要的影响

自然主义强调从主客二分的角度思考问题，即先设定主观主体与客观对象的客观存在，然后努力寻求二者的统一。涉及科学方法而言，自然主义强调在探索科学过程中的主观因素和客观因素的统一性，否认一切超自然的因素的存在。对杜威而言，"自然和经验并不是仇敌或外人……在人类的经验的特性中……自然不断揭露自己"②，可以看出，杜威强调在科学探究的过程中，人类的记忆和其他心理品质等并不是完全主观的产物，而是与客观的自然条件相互作用、相互联系着的。因此，不能把人类的某些经验条件区别出来，把它们当作纯粹物理的，而把另外一些经验条件区分

---

① 杜威. 经验与自然 [M]. 傅统先，译. 南京：江苏教育出版社，2005：25.
② John Dewey：The Late Works，Southern Illinois University Press，1979，Volume1：5.

出来，把它们当作是纯粹社会或心理的。

在探求科学的方法中，人们会借助自然所提供的新的材料和工具以及各种偶然性的事物等，引导着新的变革和创新的发生。杜威指出，"要抱有理智的试验态度，就只要意识到自然条件的这种相互交叉的情况，因而从中取得利益，而不是对它惟命是从。"① 由于自然所提供的材料具有极大的偶然性和变化性，所以需要科学研究者把这些自然的材料转变成实验性的材料，研究事物的变化关系，在认识的指导下采取实验行动。因此，在科学研究中，为了获得一定的知识结论，科学研究者往往会有意地引进新的媒介或仪器促使研究的事物产生变化。引进的仪器或工具越先进，科学的探究便越有进展。可以说，科学研究者每一次所遇到的问题都促使他们去发明新的工具或刺激他们设计新的方案来解决。因此，科学研究者的思维、记忆、心理、经验等产物并不能脱离自然的条件而单独产生，相反，它们的产生得益于与自然物质的相互交融和作用。

# 第五节　杜威的科学方法论人文化的意义

## 一、强调了人在科学方法中的积极作用

传统先验逻辑的科学方法论者认为科学的目的和任务就是要揭露最后的实在的特征，因此科学方法是超自然的，不服从一切自然条件和人类的社会文化因素和背景，更不可能与人产生联系。杜威在谈到"科学的方法"时，没有像传统科学哲学者那样，把科学的方法局限在与自然无关的逻辑推理序列中，而是强调人在与自然相互交往过程中所获得的经验的作用。对杜威来讲，人们利用所获得的经验，作为一种预测的证据或基础，对未

---

① 杜威.经验与自然 [M].傅统先，译.南京：江苏教育出版社，2005：47.

来的前途进行预测。由于前途并不是十分确定，因此，杜威认为这是一种"投机性质的活动"①。然而这种投机的行为含有一定的控制技巧，一方面是观察的技巧，而另一方面是推理的技巧。杜威认为，当这两方面都发展起来并且相互合作时，"这两个因素的交互活动构成了科学的方法"②。杜威从科学发展的历程中，抛弃了传统先验逻辑的科学方法论的超自然解释，转向在人类的生活背景和文化背景下重新理解人在科学方法中的重要作用。杜威充分重视人的主动性和创造性对科学方法的影响，把人的因素提高到一个前所未有的方法论高度。

## 二、强调了科学方法所负载的价值要素，凸显了科学方法所蕴含的文化要素

传统的方法论强调静态的和辩护的研究方法，强调科学研究方法同人没有关系，完全是价值中立的，不负载任何价值要素、文化要素。而杜威从人类的探究的角度出发，提倡一种受文化和社会因素影响的科学方法。虽然科学方法本身是"严格中立立场的"，③ 但是对科学方法的使用却不是中立性的，研究者在研究过程中，不可能是毫无偏见的研究，更不可能是不能自我封闭的研究状态。当研究者带着一种目的性进行研究时，不可能逃脱社会文化背景的影响和制约。如果科学工作者脱离了社会和文化的大背景需求，科学研究工作就只剩下一种机械式的专业化操作，仅仅成为"对社会漠不关心的人所从事的一种智力上的忙碌工作"。④ 我们可以看出，杜威的方法论强调一种发现、动态的、非纯粹逻辑的方法论。在科学探究过程中，由于人的参与，便有人的目标存在。该目标就是一种价值因素，蕴含在文化和社会因素的价值背景中。对杜威来说，科学探究并不是孤立

---

① 约翰·杜威. 人的问题 [M]. 傅统先，译. 上海：上海人民出版社，1965：266.
② 约翰·杜威. 人的问题 [M]. 傅统先，译. 上海：上海人民出版社，1965：266.
③ John Dewey: The Late Works，Southern Illinois University Press，1979，Volume6：54.
④ 约翰·杜威. 哲学的改造 [M]. 张颖，译. 西安：陕西人民出版社，2006：84.

的存在于纯粹的科学领域，一切活动尤其是科学研究活动都不能无视社会文化大背景或超越这个背景而孤立进行。科学探究应该基于人类社会的生活和文化的大背景下，立足于各种情境的问题探索，并且具有评价性的。杜威的科学方法是建立在人类的实践经验和文化、心理学的基础之上，杜威的科学方法论很明显地体现了科学与社会及人类命运的关系，具有很强的科学人文主义气息。

## 三、杜威的科学方法论意味着科学领域和人文领域的高度融合

杜威曾指出，"科学方法并未曾利用去自由地和有系统地决定实际状况所服务的道德的、人道的目标，决定目标和价值的实况"，[①] 这便意味着把在科学领域有效的科学方法应用到人文领域探索的可能性。实验的探索态度不仅存在于科学领域的研究过程和思考方式中，更应该存在于人类社会其他实践领域的创造性思考中。我们也可以看出，杜威看待科学的视角已经超越了物质器物层面和自然科学层面，而是上升到整个人类的人文精神层面，上升到人类的生存、价值、命运的高度。杜威倡导实验主义的科学方法论，并非仅限在技术的层面提倡科学实验的方法，他更侧重与表达一种对待未知事物的积极的探索精神。"实验方法意味着指导努力的一套连贯体系的观念或理论。"[②]实验的方法并不是完全推翻权威或已有的结论，也不是盲目遵循所谓的"唯一权威""唯一真理"，而是向人们警示现有教条或理论的脆弱性，强调人们把现有的权威或理论当作一种工具加以利用，强调对未来探究的可能性。因此，实验的方法已远远超出了自然科学的领域，不再单纯指称实验室的技术实验过程，杜威所推崇的实验方法最终体现的是一种开放的、理智的科学态度，这种科学态度是一种对变化发

---

① 约翰·杜威.人的问题[M].傅统先，译.上海：上海人民出版社，1965：4.
② 约翰·杜威.人的问题[M].傅统先，译.上海：上海人民出版社，1965：111.

生兴趣而不是对固定之物产生兴趣的态度；强调的是一种大胆的批判精神和创新精神，而不是因循守旧、遵守权威的做法；强调的是尊重事实检验的科学精神而不是盲目尊崇权威的做法。他的科学方法反对权威、反对教条主义，提倡怀疑和创新。这种科学方法不仅可以被应用在纯自然物质科学领域，在人类社会的伦理、教育、艺术等不同领域都可以被应用。

　　杜威相信，从方法论的角度来看，自然科学和社会科学是相通的。虽然在人类的实际生活领域，调节人们行动的各种目的和价值的判断标准和指导人生行动的信条，总体上是依赖于传统的、教条的权威。但是人们仍然有理由怀疑这些所谓权威的权威性和真实性。科学的探究过程已经证明了：人类可以更加有智慧地进行实验探究。杜威认为这种实验的方法有可能在人类的其他事物领域方面发挥作用。因此，杜威并不仅仅停留在科学方法和手段在科学领域的探究，而是更倾心倡导科学方法对人类社会事务的作用，他主张人们可以用科学探究中的实验方法和态度去解决人类社会中所遇到的现实疑问，从而更好地解决"人的问题"。杜威的科学人文主义思想便意味着，自然科学和人文科学的某种内在的连续性和延续性，两者都是为了人类自身的共同利益而相互协作。

# 本章小结

　　总之，杜威在谈论科学方法时，认为科学方法为人们获得成功与安全提供了很大的保障，提供了"新的自信、控制与安全的奇迹的无限可能性"。[1]科学实验通过对人们生存的环境进行了理智上的调整，使人们的生活环境不断改善，并且科学在一定程度上解除了传统世俗和权威教条对人们的束缚。新的科学方法为人们带来了巨大的财富成果，对人们的生活产

---

　　[1]　John Dewey：The Late Works，Southern Illinois University Press，1979，Volume5：269.

生了重大意义的影响。人们对于科学方法应该给与信赖，然而杜威并没有沉入科学万能的极端，他多次提醒人们，"科学本身还处于幼年期"，[①] 科学方法并不是绝对的被保证的切实可行的方法，不能保证为所有的问题都提供确定的答案。人们对待科学的态度应该是一种信任的态度，而不是一种绝对迷信的态度。

---

① John Dewey: The Late Works, Southern Illinois University Press, 1979, Volume15: 161.

# 第四章　科学价值论的人文化

## 第一节　事实与价值两分的传统教条

20世纪的以逻辑实证主义为代表的现代科学哲学继承了休谟的经验主义传统有关"事实"与"价值"截然二分的教条，为了维持所谓的科学的客观性与合理性，许多现代科学哲学家也极力回避科学知识所蕴含的价值问题，即使在论证中偶然会承认科学负载价值，也只是把科学的价值仅仅理解为相对于某个既定目标的工具价值。

将事实与价值截然两分的思想有着悠久的历史传统。正如海德格尔在《形而上学导论》中指出，古希腊有关存在的哲学探究就已经存在"是"与"应当"两者分离和对立起来的倾向。[①]本体论上的"是"与"应当"的分离，也即事实与价值的分离，在经历了数个世纪的哲学发展之后，最终在休谟这里得到明确阐释。休谟（D. Hume）在其著作《人性论》中这样论述："……我所遇到的不再是命题中通常的'是'与'不是'等联系词，而是没有一个命题不是由一个'应该'或一个'不应该'联系起来的……这个应该或不应该既然表示一种新的关系或肯定，所以就必须加以论述

---

① 海德格尔.形而上学导论 [M].熊伟，王庆节，译.上海：商务出版社，1996：196.

和说明；同时对于这种似乎完全不可思议的事情，即这个新关系如何能由完全不同的另外一些关系推出来的，也应当举出理由加以说明。"① 可以看出，休谟假定了事实命题与价值命题之间的一种形而上学的二分法。也就是说，当一个命题是描述事实内容的命题时，就不能从该命题中推导出关于"应当"的判断。休谟的这一断言就意味着科学领域和其他领域的二元对立：科学的领域是客观的事实世界，能够通过理性证明；而在与科学领域相对的另一维世界则是价值的主观世界，该世界只是人类情感的主观表达，无法通过理性的科学分析和客观的标准加以表征。

逻辑经验主义者则通过逻辑分析和语义分析，继承与强化了休谟关于事实与价值二分的立场。他们强调道德判断和审美判断是价值判断，而不是关于事实的陈述，因此，是不能通过理性的证实与辩护的一种伪命题，仅仅是一种情感的表达，"反映了说话者的愿望状态"。② 卡尔纳普在《科学的统一》中，旗帜鲜明地把有关伦理价值判断的命题排斥在可用理性的方法证实的范畴之外。③ 他认为，人们在理性的重构语言时，需要在价值术语和描述术语之间做出一种尖锐和明确的区分。④ 价值术语仅仅涉及人的主观价值与情感的表达，根本就没有真假之分，其客观有效性是不能用经验证实的，也不能从经验陈述中推出来。而描述术语涉及事实，有真假之分，可以通过观察证实，或还原成为观察术语。

在实证主义的强烈影响下，著名社会学家马克斯·韦伯把事实与价值两分的传统引入他对科学的理解之中。韦伯在他的著名讲演《以学术为业》中明确表示，科学主要解决的是如何实现特定目的的手段问题，而不涉及评价什么样的目的是合理的价值问题。于是，在事实与价值截然两分的影响下，科学本身最多负载的也就是实现既定目的的工具价值，但它绝对不

---

① 休谟.人性论（下册）[M].关文运，译.上海：商务印书馆，1983：509-510.
② 希拉里·普特南.事实与价值两分法的崩溃[M].应奇，译.上海：东方出版社，2006：19.
③ Rudolf Carnap, The Unity of Science London: Kegan Paul, Trench, Hubner, 1934：26-27
④ 希拉里·普特南.事实与价值两分法的崩溃[M].应奇，译.上海：东方出版社，2006：25.

涉及评价目的本身这样的价值反思。

## 第二节　杜威对"事实—价值"两分教条的批判

总之，半世纪以来的科学哲学家们大都追随着二元划分的传统，把科学和价值放在二元对立的地位。要么是单纯的强调"事实命题与价值命题不可沟通"等，要么是通过逻辑分析把价值判断隔离在事实判断的范畴之外。这种持"科学价值中立"的观点认为，科学最多也就是具有一种工具价值，但它的认知过程本身不仅是客观的，不涉及任何价值评判的，而且科学也不会告诉人们，什么样的人生是有价值的，什么样的目标是值得追求的这样的终极价值问题。至于科学在社会中的应用所产生的后果，也没有紧密地与科学联系起来。杜威批判了这种逃避科学价值的观点，他指出，事实与价值两分的教条主义往往都忽略了人类实践的历史，带有很大的局限性。由于科学是在人类的社会环境中进行的，因此科学本身蕴含着深厚的人文因素，科学价值并不是中立的，科学发展过程中的每一个科学事实的进步，其实都跟人们的价值判断有关系，或多或少地受到价值判断的指导，不可能完全脱离价值判断的影响。科学活动并不是纯粹对科学事实的追求，其中也蕴含着人类的价值追求等因素。科学有助于人类评价和辨明人生的终极价值问题。科学正在通过它的巨大技术效用对人类的物质欲望和信仰产生深刻影响，这是一个不容置疑的事实。如果此时仍然否认科学与人类价值判断之间的无关联性，只能是一个自欺欺人的想法。杜威从以下几个方面，批判了传统的科学价值观。

### 一、两分的教条，忽略了科学探求过程的人性要素和文化要素

杜威指出，"人类有机体生活在一个文化环境中……任何一种欲望和

兴趣，它们之所以有别于原始的冲动和纯粹的有机体的嗜好，都是因为它们在后来与文化环境的相互作用中得到了改造。"①可以看出，杜威强调人类的文化背景对人类兴趣活动的导向作用。科学研究活动作为人类的一种兴趣，也不可避免地受到人类文化环境等因素的影响。科学无论从研究的方法上来看，还是科学知识本身的性质和研究主体来看，都深受人类文化价值的影响和制约。可以说，科学知识是在历史和社会发展过程中所建构的产物，不可避免的渗透着人类的"利益""文化""实践"等社会和文化因素，科学家并非中立地"发现"了科学知识，而且在各种复杂的背景中"建构"了科学知识。无论是纯粹科学，还是应用科学，由于它们的研究者都是人，因而在具体的研究中不可避免地会受到各种价值的影响。科学的发展已经打破了传统的仅依靠个人探索的"小科学"范畴，逐渐转向群体协作的"大科学"合作范畴，这本身就意味着科学活动不再是受一个单一领域价值取向的引导，而是要接受一个具有多元价值取向的领域，这就使得科学研究本身越来越多地受到社会价值观的制约。作为科学研究主体的科学家，其本身也生活在社会共同体这个大环境中，不可避免地受到社会文化环境所产生的"舆论气候"的影响，这种影响对科学研究者的心理或兴趣及科研发展的方向都产生作用。

其次，科学也是以价值为基础的事业。科学研究本身也是具有目的性的，不可能毫无目的的去从事一项研究，而目的本身就是具有价值的，因此，科学实践中和活动中不可能脱离价值的评判。科学研究不可能脱离人的因素和环境的因素客观存在，科学家们在选择科学理论时，充满了价值的考虑，这些考虑最终跟伦理学关于好或坏的判断分不开的。科学理论中的术语选择也体现了简单性、融通性等价值特点，这些特点渗透在人类的全部经验中，因此价值判断对科学实践本身来说是必须的。杜威从人类实践背景和文化背景的角度出发，否认科学与价值之间的分离与对立，倡导

---

① 约翰·杜威.评价理论[M].冯平，余泽娜等，译.上海：上海译文出版社，2007：72.

"建立一种文化环境，这一种文化环境将为融情感与观念、欲望与鉴定于一身的行为提供支持"。①

杜威把科学放在人类的实践经验领域去研究，这就意味着人类的文化背景和价值取向对科学实践本身的作用。科学领域的价值判断的客观性和有效性离不开人类的特殊文化背景和生活背景及特殊的问题情境，外在于人类的各种文化因素和问题情境的科学研究，最终只会导向一个超验的科学价值领域。因此，解决的办法就是立足于人类实践的背景，进行"可错地探究、讨论和试验"。② 总之，在杜威眼中，科学本身就蕴含着价值，科学价值是一个多维的体系，既包括科学方法、科学目的，也包括科学家个人的兴趣、心理状态、社会环境等众多因素，这些因素在人类的文化背景下结合在一起，让科学价值具有充分的人文因素。

## 二、两分的教条，教条地区分了客观性和主观性

传统"事实与价值两分"的观点把人的欲望、信仰、追求都当作纯粹主观的，也就是说把人的主观意识与自然的存在孤立分割开来，认为它是强行闯进自然的一个不可理解的东西，从而与科学的领域是处于对立的地位，因而导致了心物关系的二元对立问题。这种二元对立的思想在科学价值论中的体现即把科学与事实联系起来，把价值当作是单纯的个人之事。这种观点在逻辑上也必然把价值跟科学的题材完全分隔了。20世纪的逻辑实证主义认为：价值判断只是有关人的主观情感的判断，不涉及到客观的真假之分，因此不可能得到理性地辩护和证明。逻辑实证主义者也因此将价值问题排除在探讨科学问题的范畴之外。

杜威反对这种主观与客观二元对立的观点。他认为，既然人类在判断过程中不可能排除情感和兴趣等主观因素，因此区分主观和客观是没有用

---

① 约翰·杜威.评价理论[M].冯平，余泽娜等，译.上海：上海译文出版社，2007：74.
② 希拉里·普特南.事实与价值两分法的崩溃[M].应奇，译.上海：东方出版社，2006：54.

处的，"欲望和兴趣如果离开了与周围条件的相互作用，就不起作用了"[1]，在科学的探求过程中，人的怀疑、努力、欲望、还未证实的假设都是一种手段，自然界的特征便在这种怀疑、努力、欲望、还未证实的假设过程之中体现出来。科学追求真理和事实的过程，也是客观性和主观性相互渗透的过程，两者并没有截然的界线，因为探求是人的探求活动，人在探求的过程中，有各种各样的经验、想法和情绪等，所以人的探求活动并不是纯粹客观的活动，渗透了人的主观性。同时，人的欲望、信仰、追求便构成了经验，同时也是实在的，在客观上是属于自然范围以内的，成为"我们调节评价、修订和改正价值、有控制的产生和保卫价值的手段，乃至是惟一的手段"[2]。因此，两者是相互渗透的，而不是完全对立的。

## 三、两分的教条，教条地区分了应用科学和纯粹科学

事实与价值两分的传统，教条式地对待应用科学和纯粹科学。他们认为，纯粹科学是属于关系方面而且是抽象的，也即纯粹科学是属于非存在物方面的；而应用科学是属于存在物方面的，一切存在物都是属于历史的，因而应用科学的地位内在地低于纯粹科学的地位。以上这种观点把纯粹当作是衡量科学的最后标准，自然而然也就否定了应用科学的科学地位，并且把应用科学和纯粹科学做了严格的区分。杜威坚决反对以上这种观点，他认为，这种严格的区分乃是一种歪曲了的历史遗物。据此，他指出：

第一，"任何命题之所以成为科学的命题，就是由于它有一种力量，使得事情具有融贯的和证实的意义，借以在跟任何存在事态的联系中，产生理解、领悟、理智上的熟练"[3]。任何能成为科学的东西，不是以纯粹为标准，而是看这种东西是否能在人类的历史发展中，成为一种帮助人类解决问题的手段。科学是人类在连续进展的历史进程中进行探索和理智的控

---

① 约翰·杜威.评价理论 [M].冯平，余泽娜等，译.上海：上海译文出版社，2007：34.
② 杜威.经验与自然 [M].傅统先，译.南京：江苏教育出版社，2005：269.
③ 杜威.经验与自然 [M].傅统先，译.南京：江苏教育出版社，2005：106.

制而成长起来的，因而不是超自然、超历史的，而是在历史的进程中自然发生的事情。同时就科学本身而言，为了使它能对人类的生活有贡献，就必然使之与人类的命运联系在一起的，放置在与人类事情的各种关系之中来考虑。把应用科学和纯粹科学分开，这是一种生硬地把人类和自然、历史割裂开来的偏见。

第二，纯粹科学和应用科学并没有严格的区分。科学研究者在科学探究的过程中，有自己的动机和目的，也正是这种动机可能激发了重大的科学发现，但这种动机并不仅是为了某种实际上的特殊应用，研究者在参与一个有目的导向的研究活动中，也同样会被合理性的规范所引导，而合理性对我们来说就变成了一种终极价值。"无疑地，许多重要的科学发现都曾经是这样被激励起来的，但是与其说这是科学探究本身的，毋宁说是人类历史的一件偶然的事情。"[①] 因此，我们可以说，即使是纯粹的科学活动，其也不可能是绝对意义上的纯粹，作为科学研究的主体是生活在社会中的人。从广义的角度来看，科学研究者的研究活动要受到整个国际或国家或社会政策导向的影响，从狭义的角度来看，科学研究者的研究活动要受到个人的兴趣或组织需求的影响。从这一点上，杜威就把应用科学和纯粹科学统一起来，共同构成人类社会文化的一部分。

杜威进而指出，在历史上，人们曾经把科学的"应用"等同于"商业化"，这种看法有它的历史渊源。应用科学曾经变成了私有阶级用来获得特权和利益的工具。当科学的探究被限制在此目的和兴趣之中时，科学所产生的后果对于人类来说是有害的。随着科学的发展，人们对应用科学的理解，应该扩大"应用"这个概念，"使它包括人类经验的解放和丰富的一切方面在内，才能满足'纯粹'科学的真正兴趣"[②]。也就是说，应用科学并不等同于商业化的科学，也不是外在的强加在人类事务之上，漠然的

---

① 杜威.经验与自然 [M].傅统先，译.南京：江苏教育出版社，2005：106 页.
② 杜威.经验与自然 [M].傅统先，译.南京：江苏教育出版社，2005：107.

和偶然的为人类服务，而是立足于全体人类的需要，增加人们解决现实中困境的手段和经验，最终实现全体人类的幸福，这也正是纯粹科学的终极目标。因此，应用科学和纯粹科学之间没有截然的划分，两者在某种意义上来说，具有共同的价值目标和追求，即为人类的共同福祉而努力。

## 四、两分的教条，教条地区分了工具价值和终极价值

传统"科学事实与价值两分"的观点将科学的工具价值与终极价值截然二元划分。他们认为，只有纯粹科学追求的是终极价值，应用科学追求的是工具价值。然而，在杜威看来，工具价值和终极价值之间也是相互渗透的，两者之间并没有截然的界线。

杜威明确指出，"科学与技术都不是非人格的宇宙力量。他们只有通过人的欲望、预见、目的与努力等媒介发挥作用。科学与技术是人与自然的一系列相互作用。"[1] 科学和技术本身是一种客观的力量，它们只能通过人的媒介对自然和社会起作用。人类的不同欲望、目的和努力会导致科学和技术产生不同的后果。将工具价值和终极价值区分开的做法，恰恰忽略了价值在人性和生活实践上的连贯性，从根本上讲是书斋哲学的思辨产物，并不符合科学实践和生活实践的实情，而由此导致了严重的结果，即科学脱离了生活和文化的关切所在，在客观理性的冰冷面具之下慢慢异化成了有可能危及人类福祉的毁灭性力量。战争中原子弹的破坏性和新式武器的应用成为孤立看待科学的工具价值和终极价值所产生的严重后果的最好例子。科学的发展还并不成熟，科学也不能超越人类的利益和题材。如果科学的探究与人的利益和道德价值没有关系，也就是说不考虑人类的文化和生活环境时，科学的研究就会走向一个相对肤浅的道路甚至是歧途。

---

① 孙有中，等译.新旧个人主义—杜威文选 [M].上海：上海社会科学院出版社，1997：177.

## 五、两分的教条，教条地区分了科学与道德

把科学看作"价值中立"的主张，其根源是来自于事实与价值两分的哲学传统。持有这种观点的人，往往害怕科学态度、方法对已取得的地位和声望造成威胁。这种把价值和事实二元划分的教条主义，直接导致人们在科学领域和社会道德领域之间的对立。科学被迫从重大的文化问题的导引角色中退位而成为专业化的科学领域，无形中加强了非理性主义意识形态的力量；科学家也据此逃避科学研究的价值伦理问题，无形中成为极权主义的帮凶，给人们带来惨痛的教训。二战期间德国纳粹的"科学实验"中，有一批德日科学家、医生以从事科学研究的名义，实施了惨无人道的人体实验，演义了一场人道主义灾难。这个教训便是人们忽视了科学价值中的内在的道德因素。基于科学在历史上给人类带来的负面结果甚至灾难性的后果，杜威指出：

第一，科学的活动有必要跟人们的信念和价值（如，幸福、自由）结合起来。杜威指出当代科学的危机在于，把对科学和科技的应用拘限于物质享受之满足，而把价值和目的的领域归属到哲学和宗教的职责。杜威反对这种廉价的分工，即宗教和哲学负责处理精神和价值领域，而科学则只处理物质领域。杜威相信，"评价能够通过利用关于自然关系的知识所提供的资源而得到纠正和改善"①，因此，科学应当从自然的领域扩展到社会的领域，并且可以和我们的价值和行为结合在一块儿，从而使人类的生活经验更丰富，更健康。

第二，杜威明确指出，目前科学对人类所产生的不良后果，是"拒绝把那些会应用于处理物质事务上而征服了自然的观察、解释和考验的方法，应用于处理社会事务之上，应用于人生关系的范围之内。结果，产生了我们的物质知识和我们的社会道德知识之间的一个极不平衡的状态"②。

---

① 约翰·杜威.评价理论[M].冯平　余泽娜等，译.上海：上海译文出版社，2007：65.
② 约翰·杜威.人的问题[M].傅统先，译.上海：上海人民出版社，1965：（序）19.

也就是说，传统上把科学孤立在一个机械唯物主义和反人文主义的范围，把道德孤立在一个精神和主观的范围，最终会导致人类处理道德事务的无力，进而会把科学当作替罪羊。杜威坚决反对这种把科学和社会领域孤立开来的思想，他认为，人生的道德理想便是要实现和平的目标、促进经济的繁荣、增进自由。而科学的目标最终也是为这一理想而奋斗，因此，科学和道德基于共同的目标并没有本质上的对立。

# 第三节　杜威的科学价值论

杜威的科学人文化的思想，不仅表现在对科学知识论、科学实在论和科学方法论等方面的人文化思想，还表现在杜威的价值哲学尤其是科学价值论方面的人文化。杜威的科学价值哲学具有很强的人文维度，对价值哲学的发展做出了重要的贡献。

## 一、实验主义的科学价值论

传统的科学价值哲学研究一直是在逻辑实证主义的框架中进行的，追求一种一劳永逸的、终极的价值。杜威认为，科学作为人类的一种活动，同人的行动联系在一起，并不是同先在的逻辑联系在一起，也不是要找到一种先在的价值标准，而是要随着人类的实践和价值目标不断修正。对杜威而言，"价值乃是被发生在背景中的……某些抉择"，[①] 也就是说，科学价值内在于人类的文化和历史发展过程中，由于人类的实践和价值目标是不断在变化的，因此科学价值的标准也应该不断的变化，并且也应该受到人类实践的检验。杜威将科学中的实验方法引入了科学价值哲学的研究，他指出，在科学发展的现代社会，人们在科学活动中往往会面临一种选择的

---

① 乔治·盖格. 杜威——科学的人文主义哲学家 [M]. 康德出版社，2005：119.

困境，而选择则意味着需要进行价值的判断，必须结合人类生活的实践背景和文化背景对传统的超验科学价值哲学进行大胆的扭转。因此，在科学发展的大背景下，对科学价值的研究与讨论应该从超验逻辑的角度转向社会实践背景和文化背景的角度，以人的行为及其后果为标准展开了一场科学价值哲学中的革命，建立一种新的实验主义的科学价值哲学便显得尤为重要。

杜威的实验主义科学价值论以人们的实践行为和文化背景为核心，重视实践和效果，强调科学的目标和价值不是抽象的。正是基于这个原则，杜威在《经验与自然》第十章"存在、价值与批评"中，杜威强调价值是不可定义的。但是后来，他在该书修订版序言中又说："价值是从自然主义观点被解释为事情在它们所完成的结果方面所具有的内在性质。"[①]由此可见，杜威是从行为的结果和效果来界定事物的价值，尤其是科学价值的，这是杜威的实验主义科学价值理论的基本思想。可以说，杜威的科学价值哲学对传统的逻辑实证主义的价值理论具有颠覆性的影响，颠覆了科学以"追求永恒的价值和终极的价值"为目标的超验主义的传统科学价值理论，引导科学价值面向人类的实践情境，肯定了科学价值中所蕴含的人文因素。

## 二、深受人类文化影响的科学价值论

杜威在 1951 年曾说："如果我今天重写《经验与自然》，我将用《文化与自然》为题……我将以'文化'这个术语……它能够全面而直接地表达我的经验哲学。"[②]杜威在此所讲的文化概念应该从广义上理解，包括了以无限多样的方式经验到的范围扩大的事物。凡是涉及人与自然、人与社会的互动、人的经历等都属于文化的范畴，"所谓文化的，不仅包括科学和艺术，而且包括经济的、法律的和政治的制度"，[③]"……此外，'文化'还

---

① 杜威.经验与自然[M].傅统先，译.商务印书馆，1960：8.
② John Dewey：The Late Works，Southern Illinois University Press，1979，Volume1：361.
③ 约翰·杜威.人的问题[M].傅统先，译.上海：上海人民出版社，1965：110.

指使用这些东西"①。可见，杜威用"文化"这个词表明人类赖以生存的世界的复杂性和多样性。杜威认为，在文化概念中，最核心的便是人的因素。只有当人们有机会去参加文明社会的一切文化资源时，人们才能够获得人类精神和个性的完全解放。在人类生活的实践背景中，既没有单纯的经济领域，也没有单纯的科学研究领域，经济与科学都与人类的社会文化分不开。科学价值与人类文化所蕴含的价值密不可分，前者深受后者的影响。

科学在其探究过程中，受到科学研究者思维的影响，而科学研究者的思维跟他生活在其中的文化背景分不开，所以人类的文化价值也深深影响着科学的发展方向，不同的人类文化价值会影响到科学的效果。例如，在二战期间，科学被法西斯主义者所掌握，在这样一个以侵略性质为文化价值的团体，科学变成了危害人类利益的产物。相反，在和平时期，在以人类共同福利的文化价值的背景下，科学被用作为为人类的和平和幸福而奋斗的工具。可见，不同的文化价值直接影响到科学的发展方向，这也进一步凸显了科学自身所蕴含的人类文化背景和价值特征。

正是因为科学自身所蕴含的人类文化价值特征，所以杜威在肯定科学对人类带来的巨大利益的同时，并不否认由于文化价值的差异而导致科学所产生的负面影响。杜威并不认为应该把这种负面影响归咎于科学本身。在这个问题上，杜威明确表示，"科学本身是一种工具，它对其自身的外部应用无动于衷。"②也即，科学力量的实际运用和目的取决于我们人类依靠自己的价值观所作的选择。这些价值观有些是正面的，比如：个人自由和民主等，有些是负面的，比如战争霸权等。因此，在使用科学成果的过程中，为了使科学更好地为人类的整体利益服务，我们必须对人类所持有的这些价值观进行评判，看它们是否能增进人类的福祉。杜威倡导人们站

---

① John Dewey: The Late Works, Southern Illinois University Press，1979，Volume1：362.

② 约翰．杜威．论科学与社会 [M]// 新旧个人主义．上海：上海社科院出版社，1997：166.

在全人类人文的高度，更多地反思自己的思想，提醒自己把科学这个工具应用在正当的目的上，更加自觉地为整个人类的福祉来利用科学，而不是把科学应用在危害人类社会的目的上。杜威相信，本着高度的人文精神，站在整个人类利益的立场下，科学就会更好地为人类社会造福。

总之，杜威认为，人们对科学价值的追求不是一个可以终结的过程，而是为了实现人们更好地生活的目的的手段。科学价值既有其内在价值又有其外在的社会价值、既有工具价值又有终极价值，两者是统一的而不是对立分开的。杜威的这个观点实实在在地把科学活动及其价值放在了人类具体的历史发展、文化背景和实践情境之中，充分体现了人的活动及其文化价值对科学的引导性，既拒斥了科学价值的超验性和教条性，同时也保证了科学价值对人类生活的目的性，使科学价值展现在人类历史的发展长河中，充分体现了科学价值的历史性，也充分体现了杜威的科学人文主义思想。

# 第四节　杜威为自己的科学价值论提出的辩护

杜威认为，对科学的价值评估应该尽量摆脱传统的演算逻辑，因此，杜威对科学价值概念进行了重构。在杜威眼里，科学价值不再是像旁观者理论传统所认为的那样，是从先验存在的符合中引申出来的，而是在人类的实践背景与文化背景中展现出来的。人们只有通过实践，才能真实地体验到科学中的价值。因此，科学价值没有本体论的优越地位，而是内在于历史文化与人类的实践经验中。科学的价值并不是一个纯技术、纯物质的问题，从深层次上讲，这是一个关于人类文化与人性的深层的问题。杜威从以下几个方面论证了科学价值所蕴含的社会化和人性化。

## 一、从科学知识的文化语境依赖性论证科学蕴含的价值

古典思想家按照思辨的模式创造一个宇宙，把科学知识的确定性建立

在超自然和超人类行为的基础之上，把现实的和理想的东西分隔。因而，他们把科学放在人类的具体事物范畴之外。

然而，杜威指出，"只有当科学被看成在人类对连续进展的历史进程进行理智的控制中成长起来和自觉起来的时候，人类才被认为是在自然之内的，而不是一个超自然的推定。"① 也就是说，科学知识并非像传统的知识论者所认为的那样脱离人的实践与自然的联系，而是扎根在自然界内部的具体事情的进程之中的，并且是跟人类的文化语境有着密切的联系。科学知识的有效性都是相对于人类的具体情景和文化背景而言的，因此，从这个角度上讲，科学知识的发现应该是属于人类文化的一部分，并且在人类文化中充当一种理智的控制手段，服务于人类的生活。正是由于人们在解决具体情景中的问题时获得了控制自然的手段和方法，人类也因此有可能不断进步着。正是科学知识对人类文化语境的依赖性，因而对科学知识所蕴含的价值进行评论时，也不能离开具体的文化语境。从某种程度上讲，对具体情景的依赖性是科学研究取得胜利的特征，也是评估科学价值所不能忽视的人文背景。

总之，杜威的科学价值论放弃了对至善、至美、至高目的和绝对价值标准的追求，而主张科学价值都是与人类文化背景下的具体问题相关的。

## 二、从科学的目的论证科学蕴含的价值

当科学为不同的目的服务时，科学便体现出不同的价值。在杜威所处的那个时代，正是第一次世界大战和第二次世界大战所带来创伤的时代，也是资本主义经济迅速发展的时代。对科学在资本主义社会的应用，显示出其扭曲人性的弊端，例如：大规模的高科技战争武器对人类的伤害，资本家利用科技成果对工人造成的残酷剥削。科学成果在新的资本主义和技术发明者共同努力下，成为资产阶级追求高额利润的主要手段之一，正如

---

① 杜威.经验与自然 [M]. 傅统先，译.南京：江苏教育出版社，2005：106.

他所说,"科学一向为服务于私利的扩张,而不是促进社会的福利"。<sup>①</sup>因此,面对科学所带来的负面影响,杜威提出以下这些问题,"科学应当应用于哪些目的? 是否应当有意识的、系统的运用科学来增加社会福利? ……"<sup>②</sup>逃避科学中所蕴含的伦理价值问题,可能会让科学沦为极权主义的帮凶。

杜威强调人们更应该具备合理的利用科学的责任感,"我们不得不考虑人类的观念和理想同作为工具的科学造成的社会后果之间所存在的相互关系"。<sup>③</sup>人们不能因为科学所带来的负面作用而拒绝对科学的应用,而是要对新的科学手段和科学成果的使用进行更明智的判断。杜威认为这是人们必须重视的一个问题,这个问题也给当代的文明社会带来巨大的挑战。正是在这种背景下,杜威提出,"科学是严格的不属于个人的,它的研究活动和研究成果取决于使用它的人类,它只是被动的适应人类的欲求与目的,它让自己没有偏向的既为慈善的医疗卫生服务,也为毁灭性的战争出力。它通过开启新的前沿解放某些人,同时又压迫另一些人,使他们为了资产阶级的利益而成为机器的奴隶。"<sup>④</sup>可见,人们使用科学的目的不一样,科学就呈现出不同的价值,科学价值蕴含在科学的目的之中。对于以全体人类的共同福祉为目的的杜威来讲,科学的价值就蕴含在解决人类生活的具体问题之中。

另外,科学家在研究过程中,事实上也有避轻就重的取舍情形,不自觉的会有某种价值评估存在和价值取向的选择。比如,对实验的设计、对项目的取舍等都依赖科学家的选择,也有很多科学上的价值观念,比如:有效性、便利性、俭省性等都在影响着科学家的决定,这些是无法忽略的。由于这些偏爱的存在,科学事实本身其实就蕴含着某种价值。这些偏爱使得科学家无法完全保持中立,更无法对自己的科学研究成果漠不关心。

———

① John Dewey: The Late Works, Southern Illinois University Press, 1979, Volume6: 55.
② 孙有中, 等译. 新旧个人主义—杜威文选 [M]. 上海: 上海社会科学院出版社, 1997: 165.
③ 孙有中, 等译. 新旧个人主义—杜威文选 [M]. 上海: 上海社会科学院出版社, 1997: 166.
④ John Dewey: The Late Works, Southern Illinois University Press, 1979, Volume6: 54.

总之，在杜威那里，不管科学知识、方法、科学目的有何不同，只要是处于人类社会这种特定的文化背景中，这种文化背景就必然会对人们在科学领域中的兴趣和抉择产生影响。因此，当人们对科学价值做出判断时，必然是人类文化大背景下的产物。从这种意义上说，人们的道德领域跟科学领域是统一的，都不可避免地深受人类价值观的影响。

## 第五节 杜威科学价值论的人文化的意义

### 一、消解了价值的先验性

现代哲学家截然两分事实与价值所造成的一个严重后果是：一旦价值与事实完全相区分，那么，价值判断就丧失了事实和经验有关的理性依据，而是不得不诉诸神学或哲学的先验依据。这些先验依据往往无法通过任何理性的论证方式，最终会蜕变成缺乏客观标准与客观依据的诡辩。对杜威来说，要解决事实与价值之间的关系问题，就必须在人类的实践活动中重新审视价值的涵义。也就是说，关于价值的定义，不能脱离价值所发生的条件和产生的后果。价值不是存在于行动之前或行动之外，价值必须在人类具体的实践活动中才能体现出来。

杜威对科学价值论的人文化的一个直接结果是消解了现代哲学所预设的事实与价值之间的截然界限，在人类实践和文化背景的基础上重新审视科学价值的涵义。而科学实践所带来的新的影响，无疑有助于人们对科学价值的更深刻的理解与认识。可以看出，杜威的价值论摒弃了价值的超验性，把价值从遥远的高空中拉回到人类的实践生活和文化背景中，让价值内在地与人类的经验和行动结合在一起，这样，两者之间的统一在人类的实践活动中得以实现，两者之间的鸿沟也在人类的实践过程中得以消失，就可以让价值判断不再扎根于神秘的先验哲学，而是能够有效地与人类的文化背景和实践背景融为一体，从而使人类的价值判断从传统的宗教习俗和政治权威的控制中解放出来，更好地寻求判断的依据，从而为人类的共同福祉服务。

## 二、促进了应用科学与纯粹科学的对话

杜威的科学价值论揭示了应用科学与纯粹科学之间密切的关系。它们之间是相互依赖、相互交融的。纯粹科学为社会应用提供新的理论，纯粹科学的精神气质或规范结构成为人们的标准楷模和理想追求。同时，应用科学的发展也反过来为纯粹科学的顺利进展提供必要的保障。两者都是人类对世界和自然探索的产物，两者都是统一在科学事业追求人类美好幸福生活的崇高目标中，社会精神和物质层面的健全就依赖于这种密切联系的维持。在发展应用科学和纯粹科学的过程中，不能忘记科学的社会实践功能和纬度，更不能忘记两者的共同使命。应用科学与纯粹科学的交融，将进一步促进一些新的学科，如科学学、科学社会学等的兴起，也将会进一步推进科学哲学、科学史的研究。因此，在纯粹科学和应用科学之间保持必要的张力，使两者更好的统一在对科学的价值追求中，最终为人类的福祉而携手。

## 三、强调了从人类文化和实践的角度理解价值理论

传统的价值哲学往往追求理想中的价值，强调空洞抽象的价值，而轻视实践的作用，轻视实践同价值的紧密联系。杜威的科学价值理论不是脱离人类文化和实践的抽象理论，而是同人的实践和现实背景连在一起的。正如杜威所说，"我们在新的、独特的情境中对过去的价值的好或坏进行评价。"[1] 也就是说，杜威所谓的价值存在是站在自然主义的哲学角度和人类实践的角度，把关于价值的概念和实践活动联系起来而不是和事先存在

---

[1] 杜威.评价理论 [M]. 冯平　余泽娜，译.上海：上海译文出版社，2007：106.

的实在的认知联系着。他认为，人们所经验到的价值是实际存在的，价值在人们生活的实践中产生，并指导着人们的行动，也推动着人们去追求更好的价值判断和评价后果。价值并不是高高在上的与生活无关的东西，而是体现着人类的文化背景和历史背景，又在人类的实践中被证明是可能实现的东西。因此，杜威反对将价值划分为理想的价值存在和现实的价值，反对将价值与人类的实践割裂开来，主张从现实文化背景和实践背景的角度去修正和调节价值。可以说，杜威从实践的角度重新理解价值存在，让价值在实际行为中更可靠地和更广泛的为人们所共享，这必将更好地引导科学价值理论为人类服务。

## 四、强调了科学家的道德品质对科学研究的重要性

杜威的科学价值观强调了科学研究者的价值观在科研工作中的重要导向作用。科学决不是科学家手中的玩物，它可能对人类生活发生深远的正面的或负面的影响。因此，一切从事科学研究领域的科学家们，必须提高自身的人文素质，不但需要对研究工作充满激情，更需要站在整个人类命运的高度和对社会的责任的高度。"公正无私的研究的惟一保障就是研究者对与其联系的人们的需要和问题具有社会敏感性"[①]，也即，科学研究者有责任谨慎地思考和估计自己的科学研究工作所可能带来的潜在的负面影响，科学家应该站在人类的社会责任高度，避免科学被误用于歧途。因此，杜威特别强调科学家的品质对科学的引导作用，杜威的科学价值论则唤醒人们更加重视科学家作为人的因素在科学价值导向中的作用。

# 本章小结

以逻辑实证主义为代表的现代科学哲学继承了休谟的经验主义传统有

---

① 约翰·杜威. 哲学的改造 [M]. 张颖，译. 西安：陕西人民出版社，2006：85.

关"事实"与"价值"截然二分的教条。为了维持科学的客观性与合理性，许多现代科学哲学家极力回避科学知识所蕴含的价值问题，即使在论证中偶然会承认科学负载价值，也只是把科学的价值仅仅理解为相对于某个既定目标的工具价值。杜威则认为，科学知识无论从研究的方法上来看，还是科学知识本身的性质和本体论地位来看，都深受人类文化价值的影响和制约。无论是纯粹科学，还是应用科学，由于它们的研究者都是人，因而在具体的研究中不可避免地会受到各种价值的影响。不仅"纯粹科学和应用科学是相互依赖和相互渗透的活动"，而且在"'工具价值'和'终极价值'（terminal value）之间也是相互依赖和相互渗透的"，"即使在科学研究者参与到一个目的导向的活动中时，他们也同样被合理性的规范所引导，而合理性对我们来说就变成了一种终极的价值"①。将工具价值和终极价值区分开的做法，恰恰忽略了价值在人性和生活实践上的连贯性，从根本上讲是书斋哲学的思辨产物，并不符合科学实践和生活实践的实情，而由此导致了严重的结果，即科学脱离了生活和文化的关切所在，在客观理性的冰冷面具之下慢慢异化成了有可能危及人类福祉的毁灭性力量。

---

① Hilary Putnam：ragmatism：An Open Question. Oxford：Blackwell，1995：.73.

# 上篇小结

　　杜威的科学人文主义思想主要由两大方面内容构成：一方面是从科学的实在论、知识论、方法论和价值论的角度出发，对科学观进行人文化的阐释。传统的科学哲学局限于"从知识论和工具论的狭隘视野来理解科学，从而从根本上切断了科学的文化之根和生命之根"。①杜威充分意识到这种脱离生活和文化的科学观的弊害，因而力倡从人性和文化实践的角度来理解科学，进而为科学回归生活，服务于人类的福祉创造条件。在杜威的科学人文主义思想里，我们可以看到杜威对"科学"这两个字理解的深化。在杜威那里，并没有绝对的真理存在，科学的每一种看法和结论都不是终极性的。在杜威看来，科学不是机械的科学知识，而是带有很强的人情味的科学。科学的目标不仅在于研究物理机械等的科研活动，更在于为人们提供一种新的系统化的方法来重新评价人们的生活行动，最终增加社会的进步和人类的共同福祉。因此，杜威主张，要把"科学方法引入我们具有控制意味的态度和性情，并且运用这种新方法把我们的想法和努力导向一种对于社会性力量的自主控制"②。杜威对科学的理解，是站在一种广泛的历史与跨文化研究基础之上，关注科学实践过程中的探究，以及关注科学的研究方法与控制及结果评价，等等。科学的价值不仅是实用的价值，还

---

① 孟建伟. 科学文化生命——论科学生活的人文复归 [J]. 社会科学战线，2008（5）.

② John Dewey：The Late Works，Southern Illinois University Press，1979，Volume6：55.

有文化的价值功能，对其他类型的文化有所影响。杜威思想中的科学渗透着很深的人文主义思想情节。杜威关注科学的人性化，认为科学充满了人性和文化色彩，也正是这种思想，启发了人们对科学哲学的新的认识，包括后现代的哲学进路。

　　杜威通过从实在论、认识论、方法论和价值论的层面对科学观的人文化，独到地揭示了科学顺利展开所依赖的人性品质和文化语境，科学的发展不能没有理性健全的自由人格，也不能脱离理性开明的人文文化。然而，并非所有文化都是有利于科学的健全发展，也并非所有文化都能正确地运用科学来为人类服务，而要保证科学的健全发展和人类的繁荣兴盛，就需要哲学家参照科学来改造当代文化。这正是本文的中篇所要论述的核心问题。

中篇

科学对社会文化领域的改造

　　在科学研究领域方面，科学已经提供给人类一些很好的方法，比如在医学、生物和物理学等领域，人们能够利用科学来指导生活实践中的判断。可以说，随着新科学方法的日益盛行，科学帮助人们提供了有效的工具和工作程序。然而，在道德、政治、人文、艺术、宗教等社会领域方面，传统信仰还有很大的权威，科学还没有显示出它的力量，被看作与道德的终极目标毫无内在联系的工具。这种把物质的领域和理想的领域隔离开来的后果就是：剥夺了科学作为手段指导人生事务的机会，科学领域和社会事务领域还存在着严重的二元对立。同时，科学的方法和结论对传统信仰的冲击，也构成了现代社会的文化的危机。

　　杜威注意到了科学的结论和方法给人们所带来的文化危机，这个文化危机是一个具有时间性和历史性的社会危机。杜威为改变这种状况，尝试在人类社会事务方面借鉴自然科学的工具。在杜威看来，人们已经学会了在物质和工艺范围内思考科学的力量，人们也应该用类似的思路去对待更广泛的人文领域的事务。杜威指出，"观察、归纳、演绎与试验的科学方法，不但可应用于纯科学原理的题材，而且在人类思想与行动的各种不同领域里差不多都可应用。"[①] "科学在它掌握关于自然界的有规则的和稳定巅峰机构的同时，也是通过它本身的扩展，对于自然界在人类的交际、艺术、宗教、工业和政治中的这种更丰富而不规则的表现予以调节和充实的一种工具。"[②]

　　因此，杜威提倡，有必要结合科学对社会文化领域进行改造。他认为，要打破科学领域和道德理想、物质和文化等领域的对立，最重要的就是"使科学人文化"，[③]也就是要把科学的成果人文化，把科学的智慧应用到各种具体的形形色色的人生事务中来。"养成观察和了解的自由的、广泛的、有训练的态度，使这些态度成为和科学方法的基本原则血肉相

---

　　① W·C·丹皮尔：科学史（下）[M]，李珩，译．北京：北京：商务印书馆，1975：283.

　　② 杜威．经验与自然 [M]．傅统先，译．南京：江苏教育出版社，2005：39.

　　③ 约翰·杜威．人的问题 [M]．傅统先，译．上海：上海人民出版社，1965：23.

连的东西，成为习惯的不知不觉的东西。"① 从以上，我们可以看出，杜威所说的科学人文化，并不是如传统的科学主义者那样，把自然科学中的方法生硬地移植到人文领域，认为科学的方法可以解决一切社会领域的问题。对于杜威来讲，他强调的是科学领域中的求实品质、怀疑精神、勇于探索、开放与合作等优良传统。我们可以看到，在不否定传统人文精神的同时，杜威把自然科学中行之有效的方法引入社会研究领域中大胆尝试。所以，杜威的科学观可以说是在人文领域为后人开辟了一个崭新的研究范式。

---

① 约翰·杜威. 人的问题 [M]. 傅统先，译. 上海：上海人民出版社，1965：23.

# 第五章　科学对哲学的改造

科学知识的更新与进步，对哲学的传统立场提出新的挑战。诸如孔德等极为推崇科学的哲学家认为，近代哲学本身并非都是能够从科学中找到充分的根据，而是形而上学做出的无法被经验证实的玄想。哲学的权威地位受到了来自科学的严峻考验。

在传统的哲学进路中，以逻辑经验主义为代表的英美分析哲学侧重于对科学的逻辑分析和语言分析，从而把形而上学排除在科学的范围之外；而与之相对的欧陆哲学则完全否定科学的作用，一味追求形而上学。以上两种哲学传统在对待科学的态度上都陷入了极端化。在现实生活中，尽管自然科学有了巨大的发展，在物质领域以强大的经济力量影响着人们的生活，但到目前为止还没有形成一个新的人生哲学来代替传统的古典哲学。

杜威看到了科学的发展给社会带来的一系列的冲击，他坚信，科学所带来的巨大的社会变迁也冲击着传统的哲学进路，科学在改造传统哲学的过程中扮演着引路人的先锋角色。哲学要想走出这种困境，必须用正确的态度看待科学，正确反思其与科学的关系。在《哲学的改造》《确定性的追求》等书中，杜威多次强调科学对传统哲学的重要影响，尤其是科学所带来的全新的理念对传统哲学的冲击。他多次指出，"我们必须考虑由于科学进步而引起的关于有生命与无生命的自然的变化的概念对哲学的修正效果。"①"哲学的唯一合适方法是现代科学的方法。"②在《哲学的改造》中，杜威对哲学本身进行了研究，可以说是一种元哲学观的研究。这种元哲学观以科学的变革为背景，系统的探讨了科学与哲学的关系，最终，杜威指出，应该建立一种预言性质的哲学，这种哲学能够提出一些假设，而不是陈述关于现存事实的报告。这种哲学建立在人类的经验基础之上，而不是无视人类社会的实践需要去追求思辨的美好。哲学的最终任务就是把自然科学的探究模式和方法推广到更广泛的社会人文领域。"哲学应有系统的研究科学的结果……应研究若容许科学方法应用于社会制度的研究之上，科学的效果可能是什么。"③可见，杜威高度重视科学对哲学的影响。杜威的这些论点，与哲学的传统大相径庭，在一定程度上超越了以上两种元哲学观。

# 第一节　超越两种元哲学观

## 一、逻辑经验主义的哲学观：哲学的科学化和逻辑化

（一）哲学被局限于对命题的语言分析和逻辑分析，脱离科学实践和文化实践

逻辑主义者认为，哲学和科学是两套体系。哲学是一种活动体系，不是命题体系，而科学是一种经验命题体系，哲学的任务就是对科学这个经验命题体系进行逻辑分析，分析其语言是否有意义，除此之外，哲学没有

---

① 约翰·杜威.哲学的改造 [M].张颖，译.西安：陕西人民出版社，2006：29.
② 约翰·杜威.杜威全集（早期作品：五卷）[M].杨小微，罗德红，等译.上海：华东师范大学出版社，导读第 2.
③ 约翰·杜威.人的问题 [M].傅统先，译.上海：上海人民出版社，1965：4.

别的任务。可见，逻辑实证主义者心中的哲学就是"真正的哲学论题不谈自然或社会，而只谈语言或语言应用"。<sup>①</sup>哲学的任务就不再是建立起一种理论的命题体系，而是为科学服务，即从语句和语言的角度分析这个科学命题是否是通顺的，逻辑上是否合理的。这样一来，哲学就被局限于对科学命题的语言分析和逻辑分析了，哲学家被局限在用逻辑技巧的形式，分析科学理论的内容，即只在逻辑意义上对科学内容进行严格的公理化阐释。从这个意义上来讲，逻辑经验主义者眼中的哲学就是广义的逻辑。

哲学在执行其任务的过程中，所采用的手段就是语言分析和逻辑分析。语言只是科学的一种形式而已，而科学最重要的是其内容和文化实践的特点，当哲学过度沉迷于对科学的语言形式分析时，便抹煞掉了科学的文化和实践的特点。这样一来，哲学本身所蕴含的文化的特点和人性的特点就被无情地湮没掉了。哲学不再关心所谓的美的东西，只剩下广义的逻辑。逻辑经验主义者过度沉溺于语言的形式分析的结果是，哲学脱离了科学的实践和文化的实践。

（二）哲学关涉人性与文化的形而上学被逻辑清除

逻辑经验主义者认为哲学的任务就是对命题进行逻辑分析，而不是设法回答那些关于最高实在或绝对的本性是什么等无法被经验所证实的形而上学问题。其代表之一石里克主张用维特斯根坦的基本命题的理论，"即真值理论和意义理论，并由此去区分自然科学的经验命题与形而上学命题"<sup>②</sup>。我们可以看出石里克赋予真值的基本命题予可观察证实的特点，而那些不能用任何方式证实的陈述，既没有数学或逻辑的特点，又没有可在经验中被证实的特点，因此该陈述不具备任何意义。石里克又进而指出，"在综合命题和分析命题之外，还有第三种命题，即所谓的形而上学

---

① 洪谦.论逻辑经验主义[M].中国商务出版社，2010.
② 洪谦.论逻辑经验主义[M].中国商务出版社，2010：82.

命题。"①有关人性和文化的命题形而上学是不能被经验所证实的，那么按照逻辑实证主义哲学的观点，这种不能被证明的命题是不属于科学命题范畴，维也纳学派以此把形而上学排斥在科学之外。

总之，逻辑经验主义者主张把形而上学的问题转化为语言的问题后，再用逻辑的方式去分析它，就可以将形而上学这个无意义的陈述从科学中清除出去。

## 二、先验哲学观：拒斥科学对哲学的改造

（一）拒绝承认哲学依赖于科学，拒斥科学改造习俗的功能

虽然先验哲学也强调哲学所依赖的经验，但它所关切的是种种不可被实验证据所证实的生命体验，这种生命体验主要是心灵对生命、形而上的东西的神秘体验。追求超验的生命体验，侧重于人类的直觉感悟，往往有意无意地将科学经验排除在哲学所依赖的经验范围之外，从而否认了哲学所依赖的实证经验的根基，对生活和生命的理解基本上不考虑科学知识的增长所带来的影响，因此，先验哲学往往仅仅考虑宗教传统或世俗传统的习俗约定对生命体验和生活世界的固定关联，而很少根据理性和科学的进展来反思与批判传统的习俗约定，更惶恐根据科学知识及其带来的社会发展而建设性地构造出的新社会文化纲领。从这个意义上讲，先验哲学对传统的习俗礼法赋予了绝对不容修正的超验价值，将先验哲学与种种鼓吹盲目捍卫传统习俗的保守主义立场联系在一起，对传统的习俗礼法赋予了超验和绝对的价值，拒斥科学改造习俗的功能。

（二）将科学的合法性和有效性奠基于超验的宗教信仰或道德信仰之中

先验哲学传统不仅拒斥科学改造传统习俗的作用，而且还将科学的合

---

① 洪谦. 论逻辑经验主义 [M]. 商务出版社，2010：96.

法性和有效性奠基于超验的宗教信仰之中，试图在理性的时代重塑科学作为宗教信仰的婢女的形象。

先验哲学的这种做法虽然深受神学家和宗教虔信者的欢迎，但是，这种做法的根本动机是为了寻求内心的安全感。正如杜威指出，"传统哲学把确立了的和已完善的东西视为真正的存在，而把不安定的和没有完成的东西贬低到人类的不真实的境界中去。"①先验哲学力图从高级的理论世界中获得彻底的精神慰藉，寻找到真正安全的避风港。对确定性的偏好和对高级的理论世界的追求，就成为超验哲学的内在前提和基础。然而，这种做法的一个严重结果是，哲学在这种二元论的基础上发展成为一种高于人类行动之上的理论，与人类的实际行动和经验世界无关，更无知于科学的进步对人类思想文化所造成的深远的改变和影响。由于这种无知，先验哲学就难免在面对新的科学变革时，远远地被时代的知识进步抛在了后面。

### 三、杜威的哲学观：既反对全盘逻辑化的哲学观，又反对拒斥科学的哲学观

（一）科学领域不能排除人类的诸多不确定性因素，因此不能用超验的逻辑化方式对待

杜威反对"把哲学当作纯理智的体操锻炼和纯字句上的分析"②。他明确提出，"哲学需要从这些人手里夺取过来。"③由于人们生活在一个复杂的世界当中，人们会碰到各种各样的问题，会采取各种各样的行动。人们并不能准确地预测到其行动所带来的后果，因此，人们的任何行动都带有一定的不确定性和危险性。在科学领域中所采用的一切科学手段和科学行为，同样无法避免这些不确定性的因素，也不能保证一切科学行为最终都

---

①　杜威.经验与自然[M].傅统先，译.南京：江苏教育出版社，2005：36.

②　约翰·杜威.人的问题[M].傅统先，译.上海：上海人民出版社，1965：125.

③　约翰·杜威.人的问题[M].傅统先，译.上海：上海人民出版社，1965：125.

能产生确定的结果。科学向人们展示了这个世界既有规律性，可以加以预见和控制，同时又有模糊性和不确定性，其后果尚未决定。规律性和不确定性相互渗透，不能分开，"变化使得永恒有意义而规律性使得新颖的东西成为可能"。① 因此，面对各种不确定性和变化性，杜威所提供给人们的是一种假设与尝试的行为理念。既然科学领域的行为也是一种假设与尝试的行为模式，就不可避免地面对诸多不确定性的结果。因此，不能用超验的逻辑化方式对待科学研究。

　　有一点需要指出的是，杜威在强调科学领域的不确定性的同时，非常强调"理性"和"理智"的作用。杜威认为，人的行动及其效果将会"更好而不是完美无缺"。这就意味着人类行为的某种风险性和不确定性。为了最大限度降低行为的危险性，人们必须从盲目的和习惯性的冲动中走出来，尽可能地用理智的力量去探索这个世界并且把握未来。随着人们对理性方法的应用，人们就有可能减少行为的盲从性。在科学领域也同样如此，科学领域的行为理念不是漫无目的的瞎折腾，而是尽量的朝着人类的长远目标的方向前进。

　　尽管杜威强调理智在人们的行为中具有巨大的作用，但杜威绝不是盲目地乐观理智的作用，他明确指出，既不能断言"理性决定事情的过程"，也不能断言"理性将保证我们免遭毁灭"。② 这也就意味着理性和理智的方法必须接受实践中人类的各种具体情境的考验，而不能脱离人类的实践和经验用纯逻辑的方式对待。

　　（二）科学对哲学具有重要的改造作用，因而拒斥科学的传统哲学观是片面的

　　现代科学为哲学提出了很多问题，比如，如何既接受对自然界进行科

① 杜威. 经验与自然 [M]. 傅统先，译. 南京：江苏教育出版社，2005：32.
② John Dewey：The Late Works，Southern Illinois University Press，1979，Volume1：325–326.

学研究所得到的方法和结论，又要维护传统意义上的价值领域？传统的哲学家们不得不面对关于自然界的知识原理与调解人生价值的理论之间的鸿沟。所以他们想法设法协调这一冲突，其中有一种哲学倾向，即建立一种关于宇宙性质的理论，根据宇宙的本性来获得知识的结论。这种哲学的兴趣在于如何纯粹地从认识上去证明真、善、美的先在的实在性。

杜威坚决反对这种拒斥科学的哲学观。他明确指出，"在哲学的改造中，首先必须考虑由于科学的进步而引起的关于有生命与无生命的自然的变化的概念对哲学的修正效果。"[①] 他认为人们在信仰方面，迫切需要有一个有效的观念作为一种工具来指导人生。人们不能再沉迷于追求先有存在的哲学传统中，而是应该建立一种能为人类实践造福的哲学。因此，哲学应该放弃它对追求实在、保护实在、追求价值和终极理想的责任，转而为人类的生活做理智上的引导。

因此，杜威明确指出，科学对哲学的重要改造作用。在哲学面对困境时，"其补救的方法应该在对知识本性的检查中去寻找，在可能产生科学的条件中去寻找"[②]。也即，可以利用人们在科学方面的收获来改进对信仰的判断。杜威认为，哲学家在前科学时代所做的工作推动了科学的发展，当科学逐渐成为一种生活方式而进入到人们的生活时，哲学家们有必要做类似的推动道德研究的工作。杜威认为，在哲学改造的过程中，应该把"理智"的实验方法放到处理人类事务和道德问题上去，这样能不断提高人类解决事物的能力。如果不去建立和发展一种新的标准和新的道德原则体系，而只是假定可以获得和谐与安宁，这是没有任何作用的。所以，哲学家的这种推动工作非常必要，虽然不能直接创立一种道德科学，但是可以像其前辈为物理科学的发展提供间接的条件一样，他们可以积极地参与人类的道德科学的改造工作之中。

---

① 约翰·杜威. 哲学的改造 [M]. 张颖，译. 西安：陕西人民出版社，2006：29.
② 约翰·杜威. 确定性的寻求 [M]. 傅统先，译. 上海：上海人民出版社，2005：30.

简言之，在杜威心目中，现代科学所形成的的自然图景打破了传统哲学的理论框架，哲学改造的问题就是解决科学给人类所带来的混乱的状况，哲学必须顺应这一趋势，重新确定自己的任务和目标。

（三）科学为哲学带来了自由精神、理性批判精神和超越传统的精神

传统哲学主张存在于先验世界中静观的完美对象才是知识的对象，认为自然是受某些特定的固定目标的引导，所以科学也只能被限制在产生固定不变的结果中。科学探究的范围被局限在出高高在上的完美的世界所提供的导向固定目标的过程中，探究所产生的结果不是新的东西，而是完美价值的暂时的偏差，最终还是要回归到完美。

伽利略及其后来的科学家和哲学家们颠倒了传统的固定的目的论观点，人的观察力和想象力大大解放了。杜威指出，"科学的进步在其广泛的概括性和事实的特殊细节方面恰好提供了形成、促成、传达和宣传新倾向所需的思想和具体事实的智力配备。"[①] 也即，科学家不再把自然理解僵化的、固定不变的对象，而是把自然变成了人们利用科学实验的试验地，借助实验方式达到他们所期待的结果。此时，正如杜威所言，科学领域中的"力学不再是孤立的科学，而成为向自然进攻的工具"。[②] 同时，杜威认为，"在对新奇的和不寻常的事物的意外发现中的得到的乐趣和快乐在旧的习惯的事物中不再能找到……这种心理变化对于科学和哲学新观点的产生是有必要的"，[③] 即把积极的观察和实验方法引入科学，驱赶了人类思想的懒惰性，刺激了人类对新奇事物的冒险精神和征服新世界的强烈意识。人类的心理的这种快乐感和刺激感对于科学和哲学的新观点的产生是有必要的。

总之，科学的发展为哲学的发展带来了一种理性批判和超越传统的可

---

① 约翰·杜威.哲学的改造 [M].张颖，译.西安:陕西人民出版社，2006:30.
② 约翰·杜威.哲学的改造 [M].张颖，译.西安:陕西人民出版社，2006:39.
③ 约翰·杜威.哲学的改造 [M].张颖，译.西安:陕西人民出版社，2006:23.

能性，给哲学领域注入了清新的自由精神。科学领域的研究方法为哲学在解决人类道德和信仰方面，提供了一种可能的模式和典范。

## 第二节　当代哲学根据科学进行改造的必要性

### 一、与生活脱节的哲学传统及其二元论思想，错过了人类改变现实的可能性

逻辑实证主义哲学传统追求纯粹的事实、纯粹的逻辑构造，欧陆哲学追求超验的终极实在和终极价值，这两种哲学传统都是追求对实在的绝对把握，同现实生活脱节，隔绝了与生活的联系。同时，哲学上的二元论承认外部自然世界与人类实践世界之间的区别，哲学一直认为自己有责任并且有能力去证实超验的绝对主体的存在，并向人类展示这一绝对主体的本质和特征。虽然传统的哲学意识到现实生活中的进退两难的困境，也预见到事物前进过程中的阻碍，然而却表现出一种消极的承受能力，转向逃避现实的唯心主义，在静观中寻找让人慰藉的美感主义，并在这种静观的形而上学观念领域来获得对确定性的追求。

针对以上这种二元论的哲学传统，杜威指出，古典的二元论哲学传统来自于人们对现实缺陷世界的补偿心理和对确定性的向往。杜威大声疾呼，人类现实世界中诸多不确定的状况即是人类的真实状况，幻想中的安全而可靠的实在世界是不存在的，因此不存在实在与表象世界的区别。传统哲学对思辨的偏好，就是人们逃避风险、追求安全的表现。在杜威看来，这种思辨哲学没有与日常生活经验相联系，并不能解决人类的实际问题，恰恰错过了人们有可能在实践中获得的确定性。只有人们把现实中的障碍当作是要求重新改变人的思想和方法之后，使人与自然统一在一起参与改造并指导着后果时，才能消除这种二元论的观点。"如果哲学放弃了它过

去所假定的认知最后实在的任务而竭尽其切近人性的职能，这种哲学对于这一工作将会有很大的帮助。"① 哲学要想真正地为人类服务的话，必须清除传统偏见。"放弃了对终极绝对现实研究的无聊垄断，哲学将在启发推动人类的道德力量时，在帮助人类获得更有序而明智的幸福的愿望中找到补偿。"② 所以，真正的哲学应该谦虚地放弃批判式的思想方式，专注实际的条件和后果，致力于解决人类的具体问题。杜威同时也认为，尽管世界变化多端，但也不要陷入悲观主义中，因为杜威相信人们的共同努力能增进人类的幸福，人们在解决问题的时候，总是存在"建设性的社会重建的可能性"。③

## 二、科学的迅速发展，冲击着传统的道德领域和哲学观

科学逐渐渗透到生活和文化的方方面面，科学在当代社会的作用和影响越来越大，极大地冲突着传统的信仰，哲学在这方面似乎显得无能为力。正如胡适指出，"实验主义这种新哲学完全是近代科学发达的结果。19 世纪乃是科学史上最光荣的时代，不但科学的范围更大了，器械更完备了，方法更精密了，最重要的是科学的基本观念都有经过一番自觉的评判，受了一番根本的大变迁。"④ 因此，熟悉哲学史的杜威大声疾呼哲学应该打破传统的框架，从古典的观念世界的逃避转移到对人类实践世界的关注，从痴迷于理论的精心雕琢和思辨转移到对生活实践需要的关注，唯有此，哲学才会发挥新的作用。

（一）由于科学的进步，关于物质、自然和信仰等概念都起了巨大的变化

杜威指出，"科学现在为我们展示的是一个开放的世界、无限变化的

---

① 约翰·杜威. 确定性的寻求 [M]. 傅统先，译. 上海：上海人民出版社，2005：34.
② 约翰·杜威. 哲学的改造 [M]. 张颖，译. 西安：陕西人民出版社，2006：15.
③ John Dewey: The Middle Works, Southern Illinois University Press, 1982. Volume 10：241.
④ 胡适哲学思想资料选：上卷 [M]. 上海：华东师范大学出版社，1981：40.

世界，一个在旧意义上几乎不能成为宇宙的世界。"① 现代科学带给人类大量的信息和新的材料，这些东西在很大程度上冲击着传统的西方世界的道德遗产和思想，引起了现代思想的混乱，尤其是在自然科学中的新方法和新结论的出现，冲击着社会权威和传统习俗的稳定基础，给当前的和未来的哲学领域提出新的挑战和问题。比如，古代科学认为地球是静止的并处于中心位置，近代科学则证明太阳中心说；古代哲学家认为自然观念中不可能有新事物生成的概念，而现代科学则证明创新和发明无处不在，不可能用一个固定的模式或标准去衡量自然。总之，"科学带来了一种全新的关于物质的自然以及我们与它的关系的观念"。②

科学的发展，尤其是近代科学革命的出现，为人类改造自然的能力提供了更加强大的武器和方法，让人类对世界有了崭新的认识。同时，面临着两种知识体系的选择，人类也感到一阵恐慌，是继续接受古代传下来的哲学传统权威呢，还是接受自然科学所证实的理论？杜威认为哲学便要解决人的这种矛盾的思想问题，所以哲学面临一个很被动的地位，既不能承认科学的实践成果，也不能无视科学对实践的影响。如果哲学认为自己是属于精神层面的，则必然排斥一切实践活动，包括科学实践成果，但科学实践成果的确改变着人类的历史进程和生活方式，这是不能否认的。

针对以上困境，杜威指出，"现代哲学所面临的任务，就是从自然科学的研究或实践活动在认知活动的实际过程和结果中去改造传统。通过改造，人们会发现，实效性的标准和验证是在外部活动的后果中，而不是在与认知活动相脱离的先在的实在中。哲学与生活的隔绝是哲学的最大不幸，只有哲学与生活密切结合，才会有哲学的新生。"③ 科学的发展为哲学的改造创造了条件，因此，在哲学的改造过程中，"首先必须考虑由于科

---

① 约翰·杜威.哲学的改造 [M].张颖，译.西安：陕西人民出版社，2006：34.
② 杜威.艺术即经验 [M].高建平，译，上海：商务印书馆，2007：375.
③ 约翰·杜威.哲学的改造 [M].张颖，译.西安：陕西人民出版社，2006 年版，序言第10.

学的进步而引起的关于有生命与无生命的自然的变化的概念对哲学的修正效果"①。

（二）传统哲学立场在新的历史语境中，需要结合新的科学思想、理论与方法来做出新的辩护和论证

早期的科学与传统习俗之间只是一种分裂，对立的状态不是特别明显。随着科学的发展，这种对立性日益突出。在这种冲突中，旧的知识体系不断被新的科学成果所代替。近代哲学虽然接受了部分科学研究的结论，但没有从这些结论的方法中获得启发去改造人们关于心灵、认识和认识对象的见解。所以，杜威认为很重要的工作就是要阐明人们在实际的科学认知活动中是怎样改造哲学传统的。正如他所言，"实效性的标准和验证见于外表活动的后果之中而不在先在于认知……我们对于控制行为的价值的见解也有改造之必要"②。

传统的哲学体系信奉绝对主体和超验世界，而科学自身所处的环境及科学所关注的正是人类实际所处的不完善的自然世界，人类所有的生活和目标也都不能离开这个自然的世界。在杜威看来，科学的方法和结论并不是在与人类无关的真空中起作用的，而是在传统的旧的制度和信念下运行的，而这种旧的制度和信念并没有被科学修改成适合当时境况的道德原则。关心现状的哲学必须清除那些曾经被证明的理论，才能真正促进科学的应用，为人类的幸福和自由而努力。因此，杜威指出，"哲学除非要与科学的权威精神完全决裂，它也必须改变其本质。它必须呈实践的本质。它必须变成有效地、实验的。理想的和理智的也不再是一个分离的现成世界，不能被用来做改变实际经验世界的杠杆，而仅仅是逃避经验缺陷的庇护所。它们代表理智思考出来的现存世界的种种可能，它们可以被用来作

---

① 约翰·杜威.哲学的改造 [M].张颖，译.西安：陕西人民出版社，2006：29.
② 约翰·杜威.确定性的寻求 [M].傅统先，译.上海：上海人民出版社，2005：54.

为改造改善世界的方法。"① 即哲学的改造就是要发展一种新的智力方面的有力的工具，这种工具将能更好地指导人类对实践生活世界的探究。通过科学与哲学的鲜明对比，科学为哲学指出了另外一个发展的道路，即以现有的人类资源为基础，像科学一样，发展一个系统的方法、信仰，以便陈述科学给人类所带来的现实的和未来的意义。

# 第三节　科学改造哲学的具体方式

科学从物理研究范围进入了日常的生活方式，为促成新的观念和解放人们的思想提供了必要的智力装备。

## 一、科学为哲学改造提供新的问题

### （一）科学的发展促使哲学不得不去关心具体的实践问题

在传统的哲学体系中，二元对立的思想一直禁锢着人们的头脑，哲学宣称它所拥有的知识高于实践科学和普通实践经验所拥有的知识。科学被一些哲学家看作仅仅是对付低级事物的手段而且只适用于人类实践中所面临的现实自然世界，而不能进入高级精神的领域和理性启示的世界，这种完全分隔的解决冲突的办法导致了现代哲学的二元论传统。

而现代科学的特征是实验和实践，科学随着不同的实践发展而发展，科学在实践的探索过程中所创造出来的种种可能性恰恰从实际意义上改变着和影响着人类的生活方式。科学领域的探究让人们的注意力从普遍永恒的东西转移到具体而特殊的东西，从超验主义转移到对科学实践、社会实践的关注上来。这种具有经验性质和实验性质的科学成果在一定程度上否

---

① 约翰·杜威.哲学的改造 [M].张颖，译.西安：陕西人民出版社，2006：70.

定了哲学传统上关于实在世界和自然世界之间关系的观点。人们逐渐增强一种信念，相信在实践和实验方法指导下的自然探究可以获得人们所期待的结果。在这种情况下，昔日以追求确定实在为己任的哲学传统在人们的生活中逐渐失去威信力，也促使哲学不得不去关心实践中所遇到的问题，杜威认为这也正是当代哲学应该做的批判工作。而且杜威认为，"科学中的成就结果激起了哲学去考虑把这种具有操作性的智慧方法推广到其他领域去指导生活的可能性。"①

在传统的哲学中，哲学所表现出来的兴趣是在被严格分隔出来的高级的存在的世界，而不是对于确定性与不确定性交织的现实实践的关注。杜威认为，"如果哲学沉溺于思考和阐释这种新的典型化的领域，它可以得到学院派的学术身份，它可以建构一座用于操练辩证法技巧的理论大厦，它也可以穿上一套高雅文学艺术的外衣，但是它担当不起澄明与启导我们这个混乱的文明的任务"②。当代哲学对逻辑形式主义的过分强调及在内容上的偏执，都显示出哲学的先天不足，因此有重建的可能性。在杜威看来，哲学作为一种分析工具，其本身就是社会文化和人类实践的产物，具有社会性和历史性，哲学并不是孤独而聪明的思想家的专属工作。"与其维持一种与同时代的现实生活毫无关联的修道院式的纯洁，还不如让哲学在积极参与同时代活生生的斗争和问题的过程中犯错误。"③可见，杜威倡导建造一种关注人类实践的哲学，而不是强调追求绝对实在的哲学。

因此，杜威结合科学的实践过程，强调了哲学改造的社会实践基础和对人类实践问题关注的必要性，"哲学问题的产生源于社会实践中普遍存在的难题"。④

---

① 杜威. 确定性的追求 [M]. 第 129.

② John Dewey: The Late Works, Southern Illinois University Press, 1979, Volume3: 131-132.

③ John Dewey: The Middle Works, Southern Illinois University Press, 1977. Volume 4: 142.

④ John Dewey: The Middle Works, Southern Illinois University Press, 1980. Volume 9: 338.

（二）科学的发展促使哲学不得不去展望未来的问题

科学领域的探究让人们用进步的眼光而不是静止的眼光来看待这个世界。从科学研究的立场来看，科学研究者并没有认为其结论就是终结的，相反，科学研究者宁愿把这一科学结论放置在事情的变化过程中去验证它们的有效性和适用的范围。所以，在杜威看来，科学只是一种追求，"不是拥有不可更改的东西，作为观点的新理论比增加现有存量的发现更为珍贵"。① 人类美好的生活是放在未来，而不是在过去。人类有能力设计一些操作程序去解决自然条件中的障碍，从而在一定程度上掌握自己的命运。正如杜威所说："对自然耐心而实验性的研究，在控制自然并使其为社会所用的发明和结果，是促成进步的方法。"②

科学领域这种在实践中关注变化和未来的立场也促使哲学放弃对传统确定性追求的偏执，关注指导人类进步的可能性。面对不断变化的科学和社会，那些把一些固定不变的目标和规则确定下来的法典逐渐失去效应，人们迫切需要一种崭新的、有效的针对人类实际问题所作的探索原则和方法，"一种专门致力于这种打开和扩大自然途径的工作的真正的智慧，便要在富于思想的观察和实验中去发现如何管理、控制存在的这些未完成的过程的方法。"③ 正是在这种背景下，迫切需要建立一种新的哲学，能够吸收科学和技术的因素，为人类的行为提供建设性的理性支持，并在行动中加以试验和检验。这种哲学是带有试验性的，要变成对未来的种种可能性的展望和期待，以求使生活变得更美好。在这种关心未来的哲学中，科学和生活被联系到一起，对人类生活包括人际关系产生深刻的影响。

---

① 约翰·杜威.哲学的改造[M].张颖，译.西安：陕西人民出版社，2006年版，序言第8.
② 约翰·杜威.哲学的改造[M].张颖，译.西安：陕西人民出版社，2006：27.
③ 杜威.经验与自然[M].傅统先，译.南京：江苏教育出版社，2005：51.

## 二、科学为哲学改造提供新的思路与方法

（一）科学的发展让哲学重新审视"权威"的涵义

在传统的道德和理想事物中，权威和习俗是最高无上的，陈旧的制度和信念为人类提供了一种充分并且是终极的权威标准。科学所处理的是人类实践中的事情，没有权威的地位。然而新科学的成果在许多解决人类的实际事物中被证明是有益的，甚至超过人们所信奉的权威教条的威力，正如杜威所言，"自然科学并没有呆在人们认为它应该呆在的地方，而是在实践中屡次从理论上篡夺了高级权威特有的态度和行为的权力"，① 这就不可避免地导致了人们的焦虑、无安全感和彷徨。杜威指出，这种状态在一定程度上是由于科学进入人们的生活方式而造成的，但更深层次的一个原因是，"我们还没有作出系统的努力使作为陈旧制度性习俗的基础的道德受到科学的探究和批判"。② 也就是说，哲学面临一个非常紧迫的问题，即为人类的事物和道德探究的批判做一些新的工作，不得不重新审视"权威"的涵义。

杜威在这个问题上，秉承着对人们的信仰、观念等都需要人们用手头"最好的知识去加以验证和修正"③ 的原则。在杜威看来，科学所提供的知识就是人们所能利用的最好的一种知识形式。当利用知识去改变现存的观念时，这个问题其实就是现实和可能的关系问题。可见，杜威眼中的"权威"不是成套的固定的主张，而是指"科学探究所运用的和科学结论所采取的方法而言，是指那些用来指导批评和形成行动目的和意向的方

---

① 约翰·杜威.哲学的改造[M].张颖，译.西安：陕西人民出版社，2006年版，序言第11.

② 约翰·杜威.哲学的改造[M].张颖，译.西安：陕西人民出版社，2006年版，序言第11.

③ 约翰·杜威.确定性的寻求[M].傅统先，译.上海：上海人民出版社，2005：230.

法而言"。<sup>①</sup> 也就是说，改造后的哲学权威不再是先有的实在或传统教条，而是结合了科学的方法和结论，能指导人们达到所期待的目标的那些程序和方法。科学的实验主义性质恰恰是对信奉权威的绝对主义的挑战，也只有这种挑战，才能使人类社会不断前进。虽然绝对主义听起来很美，但这种批发式的思维方式并不能解决人类的实际具体问题，只有实验主义的理智才能有针对性的、零散式的解决具体问题。因此，人们不再是以传统的超越于经验的绝对权威为标准，而是以在实践经验中得到检验的结果为标准。

（二）科学的发展让哲学重新审视哲学的任务

传统的哲学同生活隔离，好像生活以外还存在一种绝对的真理和逻辑。因此，哲学把追求真理作为自己的终极目标。

由于科学的进步，人们逐渐认识到人类是在一种有目的性和实验性的活动过程中发现自然的奥秘而不单纯是通过人的思想去把握某种实在。人们逐渐明白哲学并没有一种特殊的知识和方法去启示人类，哲学本身不能也没有能力去解决现实世界的冲突或人生社会中的实际问题，"对于真理而言，哲学没有一个特别重要的地位"<sup>②</sup>，哲学只有不断的从人类经验中吸取智慧，拥有一个很好的批判工具，才具有批判自然的权威。对杜威而言，这种理智的工具便是科学的方法和探索精神，"科学关于自然所具有的实际效率的结论就成为它不可缺少的工具了"<sup>③</sup>。

杜威长期目睹了科学在为人类生活带来福祉的同时，也带来了一些负面的结果，最典型的例子便是原子核的裂变所带给人类的巨大灾难。杜威指出，现在的科学还只是处于婴儿时期，并没有达到科学的成熟时期。科学所引起的很多不良后果，是由科学研究的不平衡和片面应用所造成。现

① 约翰·杜威.确定性的寻求[M].傅统先，译.上海：上海人民出版社，2005：52.
② John Dewey, Experience and Nature. London: George Allen & Unwin, LTD, 1929: 410.
③ 杜威.经验与自然[M].傅统先，译.南京：江苏教育出版社，2005：259.

代哲学的主要任务之一便是研究由于科学片面发展所引起的一系列社会问题，并提供关于社会改革的种种方案假设。"只有当科学方法的应用被推广到一切人生事务的一切方面上的时候，它才能达到成熟时期。"① 这正是哲学的改造中的重要工作，即把科学与人类的活动联系起来，重新审视科学对人类的发展所具有的作用。

因此，哲学改造必须要打破古代哲学的传统的桎梏，公正地陈述知识对改变人类生活的力量和意义，把人看成是积极的行动者并能够通过创造性、智慧性的劳动去重新创造这个自然世界，使其变成可为人类利用和服务的工具。在杜威看来，改造后的哲学的正当工作"就是解放和澄清意义，包括在科学上已经证实的意义"②。即被改造后的哲学，应该是一种能够利用现有的科学成果给人的生活实践不断地指导和引导，从而最终解决人的问题。可见，杜威关于哲学的目标和任务，从根本上颠覆了传统的哲学信仰。

## 三、科学为哲学研究培养健全而自由的心智

在科学的探索过程中，要求人们放弃对安全和宁静的追求，总是涉及一个将被创造的理论或见解，就这意味着有一定的冒险性。在科学研究中，没有人能保证即将创造出来的理论的准确性，或者新理论对这个世界的贡献。因此，这种过程是一种略带冒险和实验的过程，要求研究者解放自我，采取开放的态度面对新的理论。科学的这种实验精神影响到哲学，刺激哲学去发展一种全新的道德理论给人类指明新的方向，这种新的道德理论将会结合人类的实践背景去利用资源，给人类的生活带来秩序和安全，正如杜威所言，"对于实验科学，知识意味着某种有明智指导的行为。它不再是默想的，而变成真正意义上实际的。哲学除非要与科学的权威精神完全

---

① 约翰·杜威. 人的问题 [M]. 傅统先，译. 上海：上海人民出版社，1965 年版，序第 7.
② 杜威. 经验与自然 [M]. 傅统先，译. 南京：江苏教育出版社，2005：260.

决裂，它也必须改变其本质。它必须呈实践的本质。它必须变成有效地、实验的。"①

总之，在杜威的展望中，哲学的研究不是一件孤立的事情，而是人类文明发展中的一部分，因此，哲学研究应该同人类的制度、宗教、生活、艺术等联系起来。这样的话，哲学所追求的就不是在旁观者的纯粹思辨中的终极实在，而是有思想的和明智的人在这个现实的生存世界中所要达到目标的一幅生动画面。放弃了对这种绝对事物的追求，哲学便对人类的道德工具有所启发，帮助人们在生活实践中实现更明智而有序的愿望。

## 第四节　杜威将哲学进行科学改造的意义

杜威在一生中，孜孜追求重建哲学的宏伟蓝图，希望改造后的哲学能够更好指导人类的生活。因此，杜威在他的专著中，如《哲学的改造》《确定性的追求》等，不遗余力地表达他对哲学改造的信心和斗志，还表现在他对其他社会问题的关注中，如对伦理、教育、艺术、民主、宗教等主题的论述中。这些主题的论述中都很明显地体现着杜威的科学哲学思想。可以说，杜威用科学改造哲学的纲领，对于整个哲学研究领域的现状和未来都具有重要的意义。

### 一、避免了逻辑实证主义将哲学完全科学化的极端，承认科学的不确定性及其蕴含的人文要素

在杜威看来，哲学的任务是考虑是否渗透到人类的实际行动中，给人类以明智的指导，使人类的世界更有价值和意义。然而，逻辑实证主义把哲学当作是纯理智的分析和纯字句的分析，只研究科学的结论和语句而

---

① 约翰·杜威.哲学的改造 [M].张颖，译.西安：陕西人民出版社，2006：69.

已，其结果只是一种语言分析的产物，不可能研究科学的过程和活生生的探索，使哲学陷入纯逻辑分析和完全科学化的极端，完全忽视了科学中所蕴含的的人文因素。

因此，杜威呼吁"把哲学恢复到人的方面来"，<sup>①</sup> 即把哲学从纯粹的逻辑分析的真空中来回到人类的实际生活中，给哲学注入了活生生的人文的色彩，进而驳斥了逻辑实证主义的完全科学化的哲学观。尽管杜威没有系统论述过哲学史，但从杜威对美学、伦理、教育等各个主题的论述来看，无不是从历史的、人文的角度为哲学寻找出路。杜威的科学哲学认为科学是一个实验性和实践性的活动，其内涵远远比语言哲学丰富。我们可以看出，杜威在对哲学的重构思想中最核心的要点便是改造哲学，让其放弃对纯粹理论的确定性的追求，从自然科学过程中吸取一定的养分，与科学携手，共同面对偶然的、不确定的实践世界的挑战，这种主张流露出杜威对空洞的思辨思想的一种拒斥。杜威的科学哲学是一种在实践背景和文化背景中的不断发展的哲学，打破了逻辑经验主义把科学看作是固定的本质主义传统。

## 二、避免传统哲学完全拒斥科学的极端，重申科学对人类的巨大作用

杜威重视科学的方法及科学的探索过程中的人性、文化等因素，有效地驳斥了追求绝对终极实在、拒斥科学的传统哲学。杜威指出，哲学必须变得更有智慧。杜威所说的智慧并不是关于占有事实和真理的确定知识，而是关于人类生活的更好的信念和方法。正如杜威所说，"所为追求智慧，即是追求那些能指导人们集体活动的目标和价值。它认为进行这种追求的手段，不是掌握永恒的和普遍的实在，而是应用科学方法和最好的科学知

---

① 约翰·杜威.人的问题 [M].傅统先，译.上海：上海人民出版社，1965：125.

识之结论。"① 在现代社会的科学背景中，关心现状的哲学必须吸收科学中的积极因素，才能真正促进为人类的幸福和自由而努力的目标。杜威的科学哲学观把科学作为一种生活的体验，彰显了他对人类命运的切身关怀及高度的人文情怀。杜威的哲学不仅是要解释世界，更重要的是改造世界。他高举改造世界的旗帜，以全体人类的幸福为己任，着重改造世界中不合理的地方。因此，他竭力地利用科学这个武器来为这一目标而奋斗，从这个角度可以说是杜威的科学人文主义思想的高度体现。

### 三、根据人类实践的需要，促进哲学与科学、哲学与生活的对话

杜威的哲学观促进了哲学与科学的融合。杜威认为，在近代科学不断发展的今天，哲学应该帮助科学真正充分地发挥其作用，承担更大的责任，"这个重要的责任就是要寻找和揭露障碍的所在，要批判阻塞思维通道的习惯；要专心思考合乎现代生活的各种需要；要就科学结论对于人生各方面的目的和价值所发生的后果，来解释科学的这些结论"。② 因此，哲学为了执行这一责任，必须抛弃传统的二元论思想根基，抛弃对绝对而永恒的实在的追求，转化成为一种协助解决人生困境的工具，让哲学融入人类生活，融入人类的其他文化中。在这种情况下，哲学摆脱了静观的形而上学，和科学联盟共同作为为人类谋福利的工具，参与人类生活的实践进程。

杜威面向生活的哲学对美国乃至对世界都产生了深刻的影响，可以说是哲学上的"哥白尼革命"。杜威的哥白尼革命，则在强调人类的主动性和能动性的同时，也强调人类与自然和社会的这种相互作用，所有人类的进程都是在自然和社会进程中发生的。杜威的哲学向人们展示出一副人类与自然和社会相互联系、相互作用的和谐画卷：整个世界就是由人与自然

---

① 杜威著，傅统先  丘春译，《人的问题 [M]. 上海人民出版社，1987：6.
② John Dewey：The Middle Works，Southern Illinois University Press，1982. Volume 12：250.

和社会的共同进步，因此对人类的任何问题的解决，都必须放置在人类社会和实践的总体背景中来考虑。

杜威的这种哲学上的"哥白尼式的革命"，也促进了科学和生活的融合，让哲学从寻找确定性的传统中获得了新生。杜威主张将哲学还原为生活，关注人们日常实践中的行动，可以说，实践和行动在杜威的哲学中获得了前所未有的地位。由于科学本身是活生生的实践，杜威通过现代科学认识过程中的实践的作用，论证了创建一种新的关注实践的哲学对人类幸福的重要性。只有这样，哲学才能够为社会中的各种人的行动提供切实的指导作用。这样，哲学就成为为人类造福的工具。杜威概括说，"简言之，从任何角度来看，哲学改造的问题原来是发端于发现如何完成在科学以及在工业和政治的人类局面中仍旧是初步并搅乱的新运动的努力之中。只有在目的和标准完全同人类相关，可以构成新的道德秩序的情况下，才能达到同自身运动方向和契机相一致的目的。"① 可见，杜威的哲学把人的行动、实践生活当作哲学的出发点，从根本上既否定了传统的纯粹意识的世界，也否定了先验实在的客观性，转向人与自然、人与社会和谐的生活世界。

## 四、在大文化融合的背景下，促进哲学与其他文化类型的对话

在近代科学思想和科学成果的冲击下，传统的形而上学所追求的超越人类经验的实在观不断崩溃。杜威看到了当代文明和文化中的困境与危险，因此他大部分哲学努力也都是为了克服和解决这些问题。他并没有把哲学仅仅理解成一种狭隘的学术视野，他更认为哲学应该是"显著的文化现象并且要求以那种观点来看待它"②，所以对哲学的评价不能仅限制在学术的范围内来评价。在杜威的理解中，哲学也和科学、宗教一样，是人类

---

① 约翰·杜威. 哲学的改造 [M]. 张颖，译. 西安：陕西人民出版社，2006 年版，序言第 15.

② John Dewey：The Late Works，Southern Illinois University Press，1979，Volume8：29.

文化的一部分，因此，哲学必须放置于人类原始而庞大的社会背景中去寻求新的突破和发展，只有这样，才能消除传统意义上存在于人类文化中的实在与表象的鸿沟。我们可以看出，杜威力求从充满人性和活力的社会实践背景中为哲学求解。在《哲学的改造》这个本书里，杜威用"变化中的哲学概念"作为第一章的标题。这一标题清楚地表明了杜威的哲学观点，即哲学作为人类社会的一种文化形式，其本身即是社会历史发展变化的产物，是人类历史过程中诸多文化样式之一，是属于人类历史文化的一部分。哲学本身并不是孤立于人类社会和历史文化之外的事物，它是一种动态的、不断变化的、与社会紧密联系的文化类型，它对社会文化本身产生着一种影响作用。

　　哲学的作用与社会学科或其他人文科学一样，都是着眼于服务人类社会实践的需要，所以本质上并不区别，也没有处于优越地位的权力。"哲学就像政治学、文学和造型艺术一样，它本身是一种人类文化现象……它与社会历史，与文明具有内在的联系。"[①] 因此，应该把哲学与现实文化社会中的道德、伦理、宗教、科学等其他文化形态的变化和发展联系起来，顺应社会历史条件和文化的变化而变化，在现实的环境中对人类社会产生影响和作用。我们可以看出杜威对传统的形而上学哲学问题，不是简单地全盘抹杀，而是力求超越。杜威基于人类社会文化和生活实践的背景，从更宽广的文化视野和人类的文明背景来理解哲学，揭示哲学与其他社会历史条件和文化等方面的关系，强调哲学应该去关注产生在文化背景下的那些根本性的问题，从而揭示出哲学的历史地位和新的历史任务，使哲学的发展符合时代发展的需要，成为解决时代所面临的现实问题的有力工具。杜威的哲学观无疑促进了哲学与其他文化类型的对话和交融。

---

① John Dewey: The Late Works，Southern Illinois University Press，1979，Volume3：3.

# 本章小结

杜威哲学改造的最终落脚点在于对人类现实生活的关注和对人类行动、实践的强调，即如何通过更好的手段来调节人类本身的行为、处理人与人之间及人与自然和社会之间的关系、处理人类所面临的一系列社会问题、帮助人类解决生活中的种种困惑和障碍、改善人类生存和发展的条件。由于行动和实践都是由人做出来的，因此，可以说，杜威的哲学始终都贯穿着对人的强调，他最关注的是处于现实生活中或处于一定的自然环境和社会环境中的人类的命运，力求超越传统的形而上学问题，强调形而上学与人类的实践和情感等方面的联系及对其的影响。杜威一生的哲学目标并不是像其他哲学家一样建立庞大的、严谨的哲学理论体系，而是满腔热血地去探究人类的社会、文化、道德、科学技术、教育等各个领域的具体问题，并积极地提出解决办法，最终实现全体人类的共同福祉，这是一种崇高的科学人文主义思想写照。

参照科学来改造哲学，是杜威社会文化改造纲领中的一个明确的主张。然而，与逻辑实证主义等科学哲学家试图将哲学科学化的做法不同，杜威并不赞同把所有的哲学问题都还原为对语言和命题的逻辑分析，更不赞同仅仅用形式逻辑的工具拒斥对人生来说极为重要的审美、伦理、信仰乃至形而上学的问题。对杜威来说，西方传统哲学仍然在很大程度上深深受到宗教神学和传统习俗道德的束缚。这些保守文化假借着"神圣经典"的权威，回避时代发展带给人们的新问题和新思想，把心智封闭在经典文本的释义之中，以居高临下的态度来轻易地否定新时代的哲学家和思想家提出的新颖理论。科学的发展极为有力地挑战了这种保守顽固的闭塞心态，将构成"陈旧性制度习俗"的神学与道德置于科学的探究和批判之下。杜威认为，这恰恰就是"哲学要做的改造工作"。① 与逻辑实证主义等现代科学哲学相反，杜威所理解的哲学改造并非是放弃哲学对人性和文化的终极关切，而是要结合新时代科学的思想、观念、方法以及自由理性的批判精神，重新改造传统文化，剔除其不合时宜的部分，保留其有益于当代人性和文化发展的部分，并通过反思科学技术给人类社会文化带来的新变化，或者重新恢复伟大思想在当今时代中的生命力，或者全面超越历史上的伟大哲学思想，在新时代里实现新的思想综合和创新。总之，新时代的哲学改造，不能脱离科学而进行。

哲学的改造，将带动整个人类文化的翻新。杜威基于科学人文主义而提出的社会文化改造纲领和实践，贯穿了他整个一生的学术研究和社会实践。可以认为，他在多个社会科学和人文文化领域中都产生了重大而深远的影响。但杜威最具影响的社会文化改造的理论和实践，还是主要集中于艺术审美、伦理道德、政治和教育的领域之中。

---

① 约翰·杜威.哲学的改造 [M].张颖，译.西安:陕西人民出版社，2004 年版，序言第 11.

# 第六章　科学对艺术审美的改造

就艺术审美的改造而言，杜威极为强调科学在其中发挥的作用。杜威敏锐地意识到，艺术与生活中的经验有着密切的关系。而对于现代社会文化来说，科学作为一股重要的力量参与到了人们的经验与生活之中。因此，杜威提出，"艺术在当代文明中的位置与作用问题要求关注它与科学的关系"。[①] 但由于笛卡尔与洛克所造成的二元论，物质与精神、理论与实践被现代哲学人为割裂开来，由此导致人们认为科学仅仅代表着物质，技术仅仅代表着低层次的实践，因而无法与艺术所反映的精神高度和理念思想相协调。杜威对此颇不以为然，他断言，科学研究总是促使人们接近于自然，丰富人们关于世界和自我的经验。"人越是接近于自然界，就越是清楚他的冲动与想法是由他的内在自然作用的结果……科学给予这一行动以智力支持。对自然与人之间关系的感受，总是以某种形式成为对艺术起触发作用的精神。"[②] 因此，科学将成为推动艺术发展的巨大动力。

---

① 约翰·杜威.艺术即经验 [M].高建平，译.北京：北京：商务印书馆，2005：374.
② 约翰·杜威.艺术即经验 [M].高建平，译.北京：北京：商务印书馆，2005：376.

# 第一节　对传统美学的批判

## 一、对实证主义美学的批判

实证主义将美学和伦理学的判断都视为一种情感趣味的主观表达，实证主义的美学思想强调的是两点：第一，美学所表达的是一种情感的趣味，这种情感趣味仅仅是相对于特定历史时期的特定共同体的主观趣味。因此，不存在绝对客观和普遍的美的标准；第二，存在的仅仅是可通过理性和科学的方式描述的现象，并不存在现象背后的物自体。因此，对艺术的美学研究，就应当满足于现象之间的美学分析，而不应当借用种种无法还原为可被经验证实的概念来解释艺术与美。实证主义美学观把美学变成一个结论、变成一个固定的东西，把美学实证化，把美学中所蕴含的文化、人性剥离出来。

杜威对实证主义美学的批判相应地也就集中于以上两点：第一，尽管实证主义美学很清楚地意识到历史作品的历史相对性，但是，实证主义者在探究艺术之美的过程中，更多诉诸的是静态的逻辑分析和语言分析，而不是结合艺术作品的历史语境来对美做出一个历史性的阐释，割裂了艺术作品的历史语境和生活背景，忽视了艺术的历史性。而对杜威来讲，"艺术作品并非疏离日常生活，它们被广群广泛欣赏，是统一的集体生活的符号"[①]，也即，从自然主义和历史主义的立场来看，科学是一个过程，艺术也是一个过程，艺术品的形式是不能超越生活和文化这个大背景的。第二，实证主义美学割裂了经验的概念，将认知经验与审美体验对立起来。对于杜威来说，艺术并不是与认知经验和道德经验相对立的一种特殊范畴。相反，"艺术揭开了隐藏所经验事物之外衣；艺术催促我们不再处于日常的松

---

[①]　杜威 . 艺术即经验 [M]. 高建平译，商务印书馆，2007：87.

弛状态，使我们在体验周围世界的多样性质与形式的快乐之众忘却自身；艺术截取在对象中所发现的每一片表现性的影子，将其安排进新的生活经验中"。[①]艺术的形式是在艺术家的实践经验中被创造出来的，这种实践经验是认知经验和审美经验共同的产物。脱离了任何一种经验，都无法充分全面地理解艺术与生活所体现的美。人们要理解和欣赏艺术，就必须把艺术作为人类经验的一部分来看。

## 二、对柏拉图主义美学的批判

柏拉图主义的美学理论主张艺术是来自理念的世界，艺术所反映的不是客观的现实世界，而只是模仿理念的影子，艺术品是独立存在于自然事物之外的。柏拉图美学认为事先存有一个固定模型的实例，艺术品的模式和方法都属于事物的客观性质，与人的思想和艺术家的个性之间没有任何的联系，艺术家只是在对材料加工的过程中把这种事先预存的模型重新显示出来。总之，在柏拉图的美学思想中，艺术家和工匠的想象力受到束缚，被禁锢在传统的固定模式的固定整体学说里面，变革和创新的想法被认为是诡异的和不正当的。

对此，杜威提出了批判：第一，柏拉图主义的美学理论过分强调了形而上的理念的重要性，低估了经验在艺术创作过程中和审美中的作用。"柏拉图的阶梯是单向上升的；没有从最高的美到知觉经验的回头之路"[②]，把艺术品当作独立存在于自然事物之外的这种看法，忽视了艺术和人类行为之间的联系性和统一性，否认了现实生活是艺术的源泉，从而否定了艺术的真实性和认识作用，贬低了艺术家的地位。杜威认为，艺术是日常经验的一种强化形式，艺术品的生命力是植根于人类的生活经验中，"实际的艺术品是这些作品运用经验并处于经验之中才能达到的东西"。[③]艺术品的

---

① John Dewey: The Late Works, Southern Illinois University Press, 1979, Volume10: 110.
② 杜威. 艺术即经验 [M]. 高建平译，商务印书馆，2007：323.
③ John Dewey: The Late Works, Southern Illinois University Press, 1979, Volume10: 9.

创作便是艺术家表现日常生活经验的生活过程。因此，雕刻家作品的形式并不是预先就存在于作品的材料中，等待雕刻家去发现它，而是艺术家在经验过程中对他所经验到的材料进行探索和利用，去实现艺术品的创作。否则的话，艺术品就只是机械的学院派的产物。

第二，柏拉图主义的美学忽略了现实生活的实践对艺术的刺激作用，低估了技艺在艺术中的重要性。按照希腊哲学的观点，一切生产形式都是实践的方式，都是低于美感的静观的鉴赏。科学工作者的活动是一种实践方式，因此，在价值上和等级上都是低于享受它的艺术成果的鉴赏者们。杜威对此提出反驳，他指出，艺术创作是在自然以内进行的，是在许多现实的、客观的基础之上进行的实践活动。艺术家对自然界的材料进行加工，工艺活动的程序包含了重新处理和安排自然的行动过程，认识实践的活动已经跟工艺活动的过程渗透在一起，因此，艺术创作的过程跟现实实践的需要和刺激是分不开的，而科学所带来的技术创新无不对对艺术创作有重要的作用。

# 第二节　杜威论证艺术和科学的关系

杜威指出，无论是实证主义的美学，还是柏拉图主义的美学，都没有充分领悟科学与艺术的深刻关联。而事实上，两者之间是有着紧密的联系的。

## 一、科学中蕴含着艺术中的美学要素

杜威指出，"科学本身却是一个产生和使用其他艺术的核心艺术"[①]，也即，现代科学中渗透着艺术的特点。在科学探究领域，人类是通过艺术开始了科学探究的第一步。"科学革命的开始时研究者们就从工艺中借用了

---

① 杜威.艺术即经验 [M].高建平译，商务印书馆，2007：26.

仪器和过程而利用它们作为求得可靠的科学材料的手段。"① 自然科学的工作程序类似于艺术的操作技术，借用了各种工艺的用具和程序。比如，几何学起源于一种农业的艺术，希腊人发现几何学的动因就是基于美术和对称图形的启发。

科学中的审美要素还存在于科学家的想象力中。随着科学的探讨不断深入，其过程更依赖于科学家丰富的想象，"趋向隐含的、理想的意味与意义的领域"，② 而想象力则是一种特殊形式的审美艺术。科学中的创造性往往来自科学研究者的一种幻想的因素或一种趋向于梦的状态，就像凯库勒悟出苯分子的环状结构的经过，正是在梦中有所启发。

审美的性质同样存在于科学著作中。对于一个外行来说，科学研究资料没有任何美感，是一大堆枯燥无味的数字和符号的堆砌。但对于一个专业的研究者来说，科学资料里面的符号之间有着严谨的关系，科学资料具有魔力般的完美的性质和高雅的严谨的形式，是达到一个结论的完美的手段和途径。科学中的许多定律公式，比如物理科学中麦克斯韦的电磁方程理论、爱因斯坦的相对论等，其具有的抽象的美和对称的美，也是一种艺术的美，都具有艺术的美感，激起人们对美的感受。另外，科学中的演绎法是直接处理意义彼此之间的关系的，这些意义借助语言的艺术彼此联系起来。

综上，可以看出科学中所蕴含的艺术和审美的因素。强硬地将艺术的因素从科学中剔除，只能是降低科学给人们带来的美感享受，隐藏科学的形而上学的秉性。

## 二、艺术创造和审美中蕴含着深刻的科学要素

杜威指出，"如果在科学中需要用到知性与批判，在艺术或道德中也

---

① 约翰·杜威. 人的问题 [M]. 傅统先，译. 上海：上海人民出版社，1965：242.

② John Dewey: The Early Works, Southern Illinois University Press，1967. Volume2：175.

同样需要用到。"①科学的方法在艺术的过程中占有一个特殊的地位，借助科学的思维，能使得艺术更加具有认知的力量。

第一，艺术创作的过程需要借助科学理性思维的指导。"科学是艺术所具有的工具，而且也是达到艺术的工具，因为它就是艺术中的理性因素。"②艺术家在创作艺术的过程中，往往会借鉴当时科学中的成分，在其经验内部吸收了科学中理智的因素，创作的作品中往往都有科学知识的因素。比如：达芬奇本来是一位很优秀的科学家和建筑家，他对线条和比例的审美经验更加丰富，在他所创造的画中，明显地感觉到数学知识和物理知识对他的影响。艺术工作者对他所要创作的题材并没有一个预先决定的结论或有一个明确的预见，因此在探索的过程中，必须借助理性思维的指导，对眼前的物理材料进行一步步的改造、实施管理和修正，对各种材料之间的关系作一个理智的控制，使所做的和将做的相互作用，现有的材料和先前经验的结果相互被转化，互为手段。这个过程中无法忽略艺术家思想中理性思维的指导。

第二，在艺术作品的创作中，艺术家的思考同科学研究者的思考一样，同样需要有严密地思考，体现着同科学家相似的智力的过程。杜威指出，"一位画家必须有意识的感受自己画的每一笔的效果，否则，他就不明白在做什么，作品会向什么方向发展……艺术家根据性质的关系进行有效思考，与科学家根据语词符号或数学符号来思考，同样都需要严格的思想过程。"③即从某些方面看来，艺术家以一种比科学家更严格、专心且深入的方式展开了智力。艺术工作者在创作的过程中，也像科学工作者一样，有一个探索和发展的过程。这种过程一直持续着，指导艺术家所构想的东西逐渐被呈现出来，使该材料能达到艺术家设想的境界和期待的结果。不仅如此，由于科学研究中的语言符号和词语相对机械一些，"一件真正艺术

① 杜威.经验与自然[M].傅统先，译.南京：江苏教育出版社，2005：407.
② 杜威.经验与自然[M].傅统先，译.南京：江苏教育出版社，2005：234.
③ John Dewey：The Late Works，Southern Illinois University Press，1979，Volume10：52.

作品的生产可能会比绝大多数傲慢的自称为'知识分子'的人进行的所谓的思考要求更多的智力"①。科学家和艺术家在工作过程中都需要思考，只是思考的方式不同。科学家利用符号、词语和数学公式等帮助思考，而艺术家的思考对象更重要的体现在艺术作品中。

第三，对艺术的欣赏往往离不开科学的因素。我们在欣赏一幢建筑的时候，不可能忽视建筑物的结构比例等科学的因素。比如，帕台农神庙不仅是具有一件艺术作品的美，更有着严谨的科学的结构比例和建筑比例。另外，艺术家对技法的改进蕴含着科学的成分，艺术的生产过程离不开工具和技术的使用，科学为艺术的工具提供更精练的手段。

## 三、科学和艺术具有很强的类比性，从不同的视角揭示自然的特征

在杜威看来，科学和艺术具有很强的关联性和类比性。首先，科学理论和艺术产品都是由创作的主体来选择的。科学理论是有选择性的，也就是说，科学家在选择理论解释一个科学现象时，是有情感和偏向的。在杜威看来，艺术创作过程中，艺术家也要涉及对创作构思的取舍，艺术家需要从众多的物质对象中根据自己的情感偏爱抽象出艺术品的意义。"艺术是选择性的，这是由情感在艺术动作中的作用决定的……这种在一系列持续动作中发展着的情感对材料的有力的选择性操作，将物质从数量众多的、空间上相互分离的多种对象中抽取出来，并将所抽象出来的东西凝聚在成为所有对象的价值所应的一个对象之上。"② 其次，科学和艺术创作都离不开自然环境的影响。科学不能脱离人的生活而独立存在，离不开人的实践活动和客观环境的参考，艺术作品也不能离开日常生活，不能离开对自然环境和周围事物的参照，否则，"艺术家纯粹是在私人参照框架中工

---

① 杜威.艺术即经验[M].高建平译，商务印书馆，2007：49.
② 杜威.艺术即经验[M].高建平译，商务印书馆，2007：72.

作，其结果是，即使出现了生动的颜色，也仍然没有任何意义"①。另外，科学作品和艺术产品的创作过程都需要不断探索。科学家在创作的时候，需要一种探索，需要一种模糊的想象。他对未来的科学理论有所知觉，只能用探索的谨慎态度去行动，而不是坚持它必须符合先前决定的结论。同样，就像科学工作者一样，一个艺术家也要通过选择、强化调整其艺术创作的形式。艺术家在作品没有成型之前，对作品有一定的预见，但并没有明确的预见，否则的话，就只是一种精心计算的结果。在这种情况下，创作出来的作品不是一个完美经验的产物。"一件最终产品无论是由艺术家还是由欣赏者做出预先规定，所生产出的都是机械的或学院派的产品。"②

因此，在杜威眼中，不管是科学作品，还是艺术作品，两者本质上都是人类经验的体现，都是人类文化的类型，都追求的是对世界的认识，都统一在人类的实践过程中，只是呈现出来的形式和揭示自然的方式不同，"艺术和科学并不相互排斥"。③艺术用一种方式去表达对自然规律的理解，艺术家将在自然中所发现的因果关系转化为手段与后果的关系。没有自然中的因果关系，构想和发明不可能出现，这无疑跟科学揭示自然的功能相似。科学研究者把他们的感受用一种符号词语的手段来处理而不是直接呈现其意义，而艺术家则把他们所经验到的材料的性质按照自己的情感化的思维直接用色彩、语调的手段来处理，所以两者的区别只是从不同的视角揭示自然的特征。这两种方式都是对自然的理解，两者之间没有严格的界限。

总之，杜威把科学也当作一门艺术，科学和艺术都是在自然内发生的，两者的产物最终都是被人们所享受和使用，从这个角度，两者之间没有必然的界限，只是展示的形式不同而已。"……科学……，即操作的艺术，本身就是一件自然的事情。"④随着科学实践的发展，艺术与科学之间的联

---

① 杜威.艺术即经验[M].高建平译,商务印书馆,2007:102.
② 杜威.艺术即经验[M].高建平译,商务印书馆,2007:152.
③ H.赖欣巴哈.科学哲学的兴起[M].商务印书馆,2010:241.
④ 杜威.经验与自然[M].傅统先,译.南京:江苏教育出版社,2005:228.

系将会越来越紧密。"审美经验与道德经验与理智经验一样真实的揭露了实在事物的特性,诗歌也能够具有与科学同样的形而上学意义。"①

## 第三节 杜威论证当代美学根据科学进行改造的必要性

通过论证科学与艺术之间的关系,杜威向我们展示了当代美学根据科学进行改造的必要性和可行性纲领。杜威美学理论的独特性和创新性也许就体现在这个方面。

### 一、科学的发展,导致艺术对象发生了极大的变化

传统的艺术形式大部分是呆板的,被固定在世俗的形式之内。随着科学的发展,科学的对象发生了很大的变化,给物质世界和文化世界带来重大的变化。曾经作为神秘的、深奥的科学对象已经进入日常生活中随处可用的题材,成为人们日常生活中的常见事物,科学家所研究的材料被人们充分理解后,变成人的经验的一部分,自然而然也被借用到艺术领域中,成为艺术的对象,最终也会成为艺术的材料来源之一。杜威指出,在艺术领域,"工匠们所效仿的艺术模型和样式已经达到了高度的美术发展水平,……现在的工作方法是继续应用科学的结果,发明本身也是应用科学的结果,它在不断地侵入常规的与惯例的生产方式之中去"②。杜威的这句话,深刻地反映出科学对艺术的影响。科学使艺术的创作材料和形式变得多样化,承认科学的发展及发展中所带来的各种变化,就意味着有必要转变艺术本身,这种实现的过程需要把科学中具有发明性的思想介绍到艺术中去,当代美学也就有必要根据科学进行改造。

---

① John Dewey, Experience and Nature[M]. London George Allen &Unwin, Lt d, 1929: 19.
② 约翰·杜威. 人的问题 [M]. 傅统先, 译. 上海: 上海人民出版社, 1965: 116.

## 二、技术的发展，丰富了艺术的表现手段

杜威指出，"由于技术的缘故，在生产艺术与科学之间已经建立了一种循环的关系"[①] 随着科学的发展，技术水平也进一步的提高，极大提高了艺术表现手法。艺术创作中，由于新技艺的出现，艺术家们被迫实验去发展新的工艺程序，也具有实验者的特性。通过提高的技术，艺术家和工匠对材料的认识突破以前的限制，增强了对材料的控制。由于艺术家要通过自然界的材料去表达个人的经验，因此，每次从事一件新的艺术品时，艺术家都要对不同的材料去实验，需要对新技法进行实验，并在艺术创作过程中根据技术的发展来对传统的艺术技法进行修正更改或吸收，从而发展新的技艺程序。可见，在艺术的发展过程中，有必要根据技术的发展来对传统技法进行改造。

## 三、美学与经验的紧密关联，要求美学家用科学来改造传统美学的研究范式

杜威在《艺术即经验》这本书的开篇就告诉读者，这是一本关于生活的书，而不是关于美术。在杜威看来，"艺术反映了与社会生活的主要制度联系在一起的情感与思想"[②]，艺术是人在与自然、社会相互交往过程中的感受形式，因此，艺术活动必须与现实中具体的媒介相互影响，才会产生艺术成果，艺术的表现及对其的欣赏都是在人类具体的实践模式中进行的。当艺术家把对待艺术品的态度和方式延伸到人类生活的各个方面时，生活本身就可以是一件艺术。这样，审美不再限制在艺术的特定范围内，而是无限的扩大到生活经验中。审美经验就克服了传统的低俗生活与高雅艺术截然两分的二元对立，把艺术重新放在文化和历史的背景中，对艺术品的欣赏也必定处于欣赏者与创作者的历史与文化背景中。这样就能克服

---

① 约翰·杜威.人的问题 [M].傅统先，译.上海：上海人民出版社，1965：243.
② 杜威.艺术即经验 [M].高建平译，商务印书馆，2007：6.

人与世界、艺术与日常生活分离的二元论。

在杜威看来，艺术提供了创造性活动中的理想与现实习惯的结合，这种结合归因于有具体的交流的情景和生活的实践模式。在这种生活中，人类智力的发展，尤其是科学的发展为审美经验提供了很好的鉴赏工具。由于科学在人类的具体生活实践中占有不可或缺的分量，因此当美学与经验紧密联系时，不得不考虑科学对传统美学的改造能力。"科学……对自然与人之间关系的感受，总是以某种形式成为对艺术起触发作用的精神。"[①]美学与经验的这种紧密联系，突破了传统美学的研究范式，要求美学家打破传统的二元论美学思想，并且把科学凸显在美学研究的范式中。

# 第四节　科学改造美学的具体方式

## 一、科学为艺术提供新的创作素材

科学"极大地提高了对那些我们过去并不知道其存在的事物的敏感性"。[②]科学研究过程中对于新的发现，会以比较系统的符号方式加以陈述，自然的特殊现象被科学研究者赋予一定的关系和性质。随着人类社会的发展，当人们会逐渐熟悉这些关系和性质，把它们当作一个很自然的现象时，这些现象也将会成为艺术家的合适的看得见、摸得着的对象，原先那些只能被少数人理解的科学题材能逐步成为艺术家的材料。因此，杜威指出，"科学的影响在于使材料与形式多样化"[③]，科学的发展为美学和艺术创作提供了更多、更广的创作素材。

---

① 杜威. 艺术即经验 [M]. 高建平译，商务印书馆，2007：376.
② 杜威. 艺术即经验 [M]. 高建平译，商务印书馆，2007：376.
③ 杜威. 艺术即经验 [M]. 高建平译，商务印书馆，2007：377.

## 二、科学为艺术提供新的理论视角

古代科学遵循着追求确定性的哲学传统，因此它的目的就是不断追求确定性的、永恒的、绝对的知识，而现代科学的目的则转向了对研究对象的关系之探究，其任务是在变化的世界中增强对事物的控制艺术。曾经被当作静观的审美对象，在人们有意识的引进变化的实践中，被置于人们有意的控制之下成为一种实践材料。自然界向人们提供的不是一个完满的静止的最终点，而是一个机遇和挑战，为人类提供了各种起点和可能性。人们不再把认知当作一种很神圣的完美的艺术作品而进行的一种纯美感上的享受，而是把认知当作一种实实在在的控制手段和方法。此时，自然不再是一件已经完成的完美的作品，而是需要一种艺术进行仔细加工的材料。当科学通过探究证明通过实验行动可以被证实的东西乃是知识的适当对象时，一种自然主义的科学观便形成，正如杜威所言，"科学带来了一种全新的关于物质的自然以及我们与它的关系的观念"。①

这种自然主义的科学观极大撼动了传统的美学思想，为美学研究提供新的理论视角。传统的美学偏爱于欣赏静观的题材，被限制在一个习俗的固定模式之内，在科学运动之前的艺术生产主要是模仿和按照原型和惯例进行，艺术品被当作反映既存实质的一个偶然的事件，即使有一些发明和革新，也仅仅是偶然的，不存在系统的发明和革新。科学研究的进展以及对新方法和仪器的实用，让艺术生产从这种偶然的状态下解放出来。科学的发展促使人们学会欣赏在探究中不断变化的题材，同时关注控制这些欣赏对象所依赖的手段。科学的方法和结论在艺术中的应用，使得艺术生产便相对变得有控制性。当承认科学的自然主义观点之后，艺术不再指固定种类的对象，"审美"不再是特定人群的特权，而是放到了广泛的人类的文化和历史背景中去获得的对生活的审美，艺术作品是对自然的一种探索，能够理智地和创造性地利用人类的实践经验，正如杜威所说"要把发

---

① 杜威 . 艺术即经验 [M]. 高建平译，商务印书馆，2007: 375.

明性的思想介绍到艺术中去"①。

## 三、科学为艺术培养了扎根于生活实践的健全心智

（一）科学激发的实验探索精神，为艺术的发展提供了超越传统的动力

杜威认为，既然实验的态度被科学所采纳，同样的，艺术在其创作过程中，面对新颖的不熟悉的事物作为其创作材料时，也必须抱有实验的态度和精神。

在杜威看来，科学的探究和艺术的探究是一致的。杜威指出，"在实验的态度被彻底的采用之后，……我们必须将科学看成是事物将会有的状况。并且，特别是艺术，当缺乏熟悉的事物作为其材料时，就会转向，否则的话，就变得软弱或过分精巧。"② 科学激起了人们更为强烈的好奇心，尤其是对自然未知事物的敏感性，人们必须用实验的态度把科学看成是一种对未知事物的探索。科学的这种探索精神，也给美学和艺术的发展打开了另外一个视野。"科学……对自然与人之间关系的感受，总是以某种形式成为对艺术起触发作用的精神。"③ 科学是实验主义，没有先验的标准，艺术创作也是一个实验的过程，需要艺术家具备探索的精神和好奇心。首先，艺术家进行试验，观察某些新的技法和手段是否有效；然后，把新技法所取得的成果融入到材料的创作中去，对旧的技法进行修正，有时候艺术家为了选择好的工具，也像科学家一样不停地去实验。从这个角度上，杜威认为，"艺术家的基本特征决定了他们生来就是实验者。"④ 因此，艺术家都是在开辟一个新的实验领域，揭示材料的新的性质与意义。否则的话，"艺术家就是在重复自己，从美学上来讲，他就死亡了"。

---

① 杜威. 经验与自然 [M]. 傅统先，译. 南京：江苏教育出版社，2005：98.
② 杜威. 艺术即经验 [M]. 高建平译，商务印书馆，2007：377.
③ 杜威. 艺术即经验 [M]. 高建平译，商务印书馆，2007：376.
④ 杜威. 艺术即经验 [M]. 高建平译，商务印书馆，2007：159.

（二）科学的实用精神，促进了美学的理论与实践相结合

科学的进步是与人类生活经验中产生的需要联系在一起的。当人们在生活的实践过程中使用更为精密的技术工具时，科学便不再是对静观的高贵美感的欣赏，而是从这种状态解放出来，变成一种对人类实践具有指导意义的智力手段。例如，杠杆、凸镜等不再是静观的艺术品，而是变成人们在实践中解释和利用事物的工具。科学也因此打上了人类实践和文化的烙印，具有一定的时间性和历史性，在满足人类实践需要的过程中不断发展。

在现代的文明中，科学的这种实用精神，促进了美学理论的实践化和生活化趋势，冲击着实用艺术和高雅艺术的二元划分的美学传统。古希腊的美学传统把实用艺术当作是属于低下的工作，包括建筑师、画家等都只是工匠，只有那些脱离劳动的以词语为媒介的思想者才是高雅的艺术家，因为他们不使用工具和物质材料工作。但是，在工商业如此重要的背景下，由科学发展所带来的机械手段的普遍使用给古老的实用与高雅艺术的区分带来重大的冲击，促使艺术和美学与人类的实践相结合，推动了美学的健康发展。因此，杜威指出，"艺术在当代文明中的位置与作用问题要求关注它与科学的关系，以及与机器工业的社会后果的关系"。①

（三）科学的自由精神，激发了艺术创作的想象力，推动了艺术的多元发展

杜威指出，"科学的前进是由于解放了而不是由于压制了个人中的变异的、发明和革新的、创新的因素。"②在科学前进的道路上，科学工作者们冲破了传统习惯的束缚，解放了思想的禁锢，为科学的发展开辟了新的道路。科学对人性经验和生活经验的丰富，导致了其对传统文化习俗的价值观和世界观的批判和质疑，这自然引起了文化生活包括艺术领域中的种

---

① 杜威.艺术即经验[M].高建平译，商务印书馆，2007：374.
② 约翰·杜威.人的问题[M].傅统先，译.上海：上海人民出版社，1965：85.

种冲突和对抗。然而，杜威则明确指出，"抵抗与冲突总是产生艺术的因素；并且，正如我们所见到的，它们总是艺术形式必不可少的组成部分"①。科学的这种自由解放精神撼动了传统信仰和习俗的根基，激发了人类的好奇心与首创精神，"当旧的信仰失去了对想象的控制以后……科学所揭示的环境对人的抵抗就会对美的艺术提供新的材料"②。科学的这种健全开放的心智对艺术领域有着深远的影响。在艺术这个领域中，比如在绘画或音乐史上，绘画或音乐的进步也是由个人的思想进步而引起的。当艺术工作者们发现传统习惯的束缚限制阻碍着他们的思考、观察和创作的能力时，便有强烈的解放束缚、解放思想的动力，因而引起艺术领域内发展的高峰。因此，新时代的艺术若要真正创造出辉煌，就需要对新时代的科学做出一个更为伟大的综合。在真正实现了伟大综合的艺术中，科学将成为推动艺术创作和发展新审美感受性的重要动力。

## 第五节　杜威运用科学改造艺术审美的意义

### 一、承认科学中蕴含着美学要素，保留了艺术审美的历史性、实践性和形而上之魂

在杜威之前的分析美学用一种逻辑分析的态度对待艺术中的概念，延续了康德和黑格尔的把艺术孤立化的思想，把艺术扼杀为一种解剖，忽视了艺术与其他学科的联系，否认了艺术本身所具有的历史性、实践性和形而上之魂。

杜威指出，"科学无论是在方法方面还是结论方面都是一门艺术"③，这

---

① 约翰·杜威. 艺术即经验 [M]. 高建平译。北京：商务印书馆，2005：376.
② 约翰·杜威. 艺术即经验 [M]. 高建平译。北京：商务印书馆，2005：376.
③ 约翰·杜威. 人的问题 [M]. 傅统先，译. 上海：上海人民出版社，1965：242.

实际上就承认科学中所蕴含的美学要素，也从另一个方面印证了艺术本身所具有的历史性、实践性和形而上之魂。纵观科学发展的过程，可以清楚的看到，科学和艺术之间有着内在的联系。科学革命开始时，研究者们从工艺中借鉴仪器和设备作为进行科学研究、获得科学材料的可靠的手段。例如，透镜的使用便是典型的例子，透镜本来是一种艺术品，当对透镜进行改造使其作为天文学研究的一个仪器和手段时，透镜便从一个单纯的艺术品转变成一个科学手段。可以说，以前大量的科学知识事实上都是通过从事于工业艺术和商业艺术的过程中获得的。当人们承认科学发展的历史性、实践性和形而上的精神品质时，艺术审美自然而然也蕴含着历史性、实践性和形而上的品质，超越了实证主义的美学观。

## 二、承认科学精神和自然经验对艺术审美的积极意义，超越了柏拉图主义的美学理念

在传统的柏拉图主义美学思想中，杜威看到了撕裂人生生活的裂缝，把艺术看作是固定自足的、神圣不可侵犯的。

杜威站在一元论的角度重审艺术，打破了高雅艺术和通俗艺术之间的二元划分，打破了艺术审美和日常生活经验之间的二元对立。杜威的美学思想指出，艺术审美要从人的经验出发，从人类生活的实践和文化背景出发，这就使美学的发展有一个新的基础和原点，成为美学发展史上的一个重要的思想资源。杜威认为，在审美层面上，艺术家带着自己的生活经验去进行试验，把自己置于生活的世界中，人与世界连接在一起。艺术家所使用的工具也受制于艺术家所处的生活时代背景，与社会文化和社会实际条件分不开。因此，艺术家不可能脱离具体的环境，在真空中创作。所以杜威的艺术理论其实是一套关于人类生活与行为的理论。艺术的源头来自生活，正如杜威所言，"艺术品在生活世界那有张力的戏剧中有最终源头"。[①] 艺术是对自然世界和人类生活进行理智探索的经验和试验，而且从

---

① John Dewey: The Late Works, Southern Illinois University Press, 1979, Volume10: 20.

自然世界和人类实践生活中获取艺术创作的题材。

　　杜威的美学观建立在人与自然环境相互作用的基点之上，内在于人类的生活实践和文化背景。杜威用"巴赫若生活在原始部落中，就不会成为巴赫"这个例子，强调生活实践对艺术的影响。杜威的审美理论表现出他对人类生活实践的深切的关怀，超越了传统割裂经验和实践的审美理念。在杜威看来，艺术打破了传统中工具性的事物与圆满事物、实用性事物与理论性事物等这些人们所熟知的区别，最终让艺术统一在人类的经验世界中。正如杜威所言，"山峰并不是悬空漂浮起来的，甚至也不是放置在大地上的，它们本身就是突起的大地。"同样的，艺术"也是生动而具体的证据，证明人类能够有意识的、充满意义的，重建感觉、需求与行为（这些正是生物的特征）间的统一"。①

　　杜威在《艺术即经验》最后的几章，曾暗示过一场艺术革命的到来。令人兴奋的是，在杜威批判艺术与生活分裂状况之后的几十年间，艺术又逐渐回到了与人们生活密切相关的领域中。不可否认，杜威的这一思想在这场迟到的艺术革命中，确实有所贡献。

## 三、杜威运用科学改造艺术，促进了科学与艺术的对话和交融

　　虽然杜威强调科学对艺术改造的重要性，但杜威并没有囿于科学主义的阵营。在杜威的观点中，艺术就是文明，是自然界的最高峰，也是人类历史上智力成就的最伟大表现，艺术成了解决二元论的最好的例证。杜威明确提到道"艺术——这种活动的方式具有能为我们直接所享有的意义——乃是自然界完善发展的最高峰，而'科学'，恰当地说，乃是一个婢女，领导着自然的事情走向这个愉快的途径。"②杜威把科学当作一个引领自然事件走向快乐结局的侍女，这便是科学作为工具性的东西与艺术之

---

　　① 杜威.艺术即经验[M].高建平译，商务印书馆，2007：3、25.

　　② 杜威.经验与自然[M].傅统先，译.南京：江苏教育出版社，2005：228.

间的互动。按照以上这种观点，自然与经验、艺术与科学、卑贱和高贵的二元区分就会消逝了。思想、智慧和科学就是引导我们更好地享受自然事情的意义的手段和途径。

杜威反对把科学凌驾于艺术之上，他认为两者都是表达事物意义的不可缺少的方式，都是人类文化和自然社会的一部分。"如果所有的意义都能被语词充分的表现，那么绘画与音乐艺术就不会存在。"① 杜威从人类的历史学角度指出，"人类经验的历史就是一部艺术发展史。科学从宗教的、仪式的和诗歌的艺术中明确的突然显现出来的历史，乃是一种艺术分化的记录，而不是与艺术脱辐的记录。"② "科学就是艺术，而艺术就是实践，而惟一值得划分的区别不是在实践和理论之间的区别，而是在两种实践方式之间的区别。"③ 因此，科学和艺术之间并无绝对的对立和分隔。

杜威的艺术观，一定程度上证实了科学知识就是一种艺术，更打破了原先在科学题材和艺术题材之间的一道不可逾越的界限和鸿沟，让科学和艺术之间建立了一种"循环的关系"。④ 让艺术从高高的象牙塔下走到人们的生活实践中，与科学一起，为人们的共同利益服务着。只有"科学和艺术携手……人类行为的真正动力将被激发起来，人类本性中所能达到的最好的事业便有保障了"。⑤

## 四、杜威用科学改造艺术，彰显出对人类文化和历史的深切关怀，凸显了科学人文主义思想

杜威认为，艺术作品不仅仅是一件物品，更反映了人类文化生活和历史的特点，所以艺术家的任务就是"恢复作为艺术品的经验的精致、强烈

---

① 杜威. 艺术即经验 [M]. 高建平译，商务印书馆，2007：79.
② 杜威. 经验与自然 [M]. 傅统先，译. 南京：江苏教育出版社，2005：246.
③ 杜威. 经验与自然 [M]. 傅统先，译. 南京：江苏教育出版社，2005：228.
④ 约翰·杜威. 人的问题 [M]. 傅统先，译. 上海：上海人民出版社，1965：243.
⑤ 杜威. 教育文集》第一卷，人民教育出版社，2007：17.

的形式与普遍承认的构成经验的日常事情、活动以及苦难之间的连续性。山峰不能没有支撑而浮在空中，山峰也非只是放在地上。就所起的明显作用而言，山峰就是大地"。①艺术是对人类生活与历史的回应，反映了生活的张力，也是人类对生存世界的内在价值和意义的探索。在实现艺术品的持续的、组织过的关系结构中，重现生活的张力。因此，艺术的探索不能忘记社会的维度，探索的经验和过程必须要求人们参与到社会或文化的背景工程中。杜威认为艺术是最自由的能在人与人之间交流的工具。"最终，在一个充满鸿沟和围墙，限制共享经验的世界中，艺术作品是仅有的，完全无障碍的在人与人之间进行交流的媒介。"②

# 本章小结

杜威是把艺术及其作品置于人类文化和历史的语境中重新赋予新的生命力。艺术不再是孤立于人类实践经验的分离物，相反，艺术变成了以人类为主体的对生活的有意义的探索。"艺术的道德责任与人性功能，只有在文化的语境中才能得到明智的讨论。"③用科学改造艺术审美，进而关系到社会改造和人的改造，是杜威哲学改造的一部分，也是杜威科学人文主义情怀的体现。在杜威的思想里，科学领域和艺术领域是紧密相连的，科学和艺术都可以从人文主义的视角来理解。科学领域非常强调人的经验、强调实验、强调过程，这些都是艺术所需要的，同样渗透在艺术的创作过程中。把科学的经验精神探索品质把握住，艺术就不会脱离经验，艺术可以在科学中获得灵感。杜威试图通过科学对艺术的改造来展现出他关于社会改造和人的改造的雄心，最终达到对整个人类社会命运的有益关切。

---

① John Dewey: The Late Works, Southern Illinois University Press, 1979, Volume10: 9.
② John Dewey: The Late Works, Southern Illinois University Press, 1979, Volume10: 110.
③ 杜威. 艺术即经验 [M]. 高建平译, 商务印书馆, 2007: 382.

# 第七章　科学对伦理道德的改造

## 第一节　杜威对传统的伦理道德观的批判

### 一、对实证主义的道德伦理观的批判

由于受到事实与价值两分和对实践的歧视的影响，实证主义的道德观主要由以下三个主张构成：第一，人类的道德由一系列的道德判断构成，伦理学研究的主要是这些道德判断的属性和关系；第二，道德判断是涉及价值的判断；第三，由于是涉及价值的判断，因此，正如价值判断那样，道德判断并非客观的判断，而是表达趣味和偏好的主观判断。实证主义的道德观将道德判断归结为表达偏好的主观判断，这导致伦理学本身不再具有和自然科学那样的客观性，伦理学的地位在人类学科和文化中的地位大大下降，而道德本身也变成了一种相对于特定历史时期、相对于特定人群的主观标准。由此，实证主义导致了道德和伦理学双双陷入相对主义的立场。

可以说，传统的这种禁止知性或理性介入伦理学的主张，用一个笼统的词来表达，即反对把伦理学化约成其他东西，伦理与科学之间存在着难以改变的二元对立。因此，杜威指出，"一些人所设想的那一道存在于'情

感'语言和'科学'语言之间的严格而无情的界线，是如今存在于人类关系和人类活动中的理智和情感之鸿沟的反映"。[①]杜威要在伦理学领域内掀起一场新哥白尼革命，把久存在人类思想中的这个根深蒂固的观念彻底根除。

杜威认为，实证主义的道德伦理观的困境，主要源于他们对价值本身的歧视。虽然道德判断涉及价值问题，因此从根本上讲的确是一个价值的问题，但是，价值问题并非完全与事实无关，也并非仅仅反映判断者本身的主观趣味和主观偏好。价值判断，涉及一系列的事实来为价值判断奠定基础和合理的根据。考虑到这一系列有待于科学理性发现和经验的客观基础与合理根据，那么，价值判断就并非完全与知识的客观性与合理性无关的判断。而研究与价值有关的道德判断的伦理学，也就必然不可避免地会触及到价值的根据的客观性与合理性问题。因此，伦理学也有客观性与合理性的追求，自然科学没有资格凭借着客观性或合理性的名义来贬低和歧视伦理学。

进而，由于道德判断存在着客观与理性的根据，这些根据需要借助于心理学、生理学、生物学和逻辑学等学科揭示的种种规律来做出充分而又严格的检验。因此，杜威相信，只有抛弃了将价值完全化归为主观趣味的传统做法，将科学的认知严格性赋予价值判断和道德判断，才有可能从根本上克服道德相对主义，提升伦理学的地位和权威，从而借此深入改造人类的社会文化。

## 二、对柏拉图主义的道德伦理观的批判

理念论是柏拉图主义的伦理体系核心之一。即：真实的世界是不完善的，只有非物质的理念的世界才是完善的，才是真实存在的，因此，只有超越时空的理念才能解决伦理问题。柏拉图主义者认为，在理念世界中存

---

① 约翰·杜威.评价理论[M].冯平　余泽娜等，译.上海：上海译文出版社，2007：71.

在着永恒的作为终极原因和目的的"善的理念"，它是唯一真实的，只有人的理性才能认识"善的理念"，他们把发现"善"和追求最高的"善"作为自己的任务，以便求得在理性上支持一切的美德和义务。这种观点从逻辑的方面否认道德经验的连续性，它认为道德伦理判断是以超经验的概念为基础的，这些超经验的概念不是从经验的过程中得到，而是独立于人类的经验过程。道德评价只能从一个孤立的器官出发，有它自己的方法和标准，不为理智所监督。这些道德学说带有思辨的特点和色彩，即认为有一个按照等级排列的先在的善，最高等级的善就是最高的善。然后把这些最高的善作为我们必须遵循的规则，做当先前固定的结果，而不是提供一个分析具体问题的方法和理智上试验的结果。

杜威反对以上伦理学观点。首先，杜威批判了柏拉图主义的伦理学带有神秘的宗教主义色彩的先验论。面对人类的现实遭遇，柏拉图主义者逃避到形而上学的理念的世界中寻求慰藉，来满足对确定性的追求。杜威反对这种利用改变心灵的办法来改变实际问题的善的理论，他认为这种做法反而失去了利用理智的手段对现实进行支配和处理的可能性。在一个充满风险的现实环境中，必须借助实际的办法才有可能改变自然带来的灾害，而科学的实验方法将会帮助人类达到该目标。

其次，杜威批判了柏拉图主义的伦理学带有超验主义的色彩。超验主义者往往主张一切道德伦理判断都是在游离于人类的生活世界之外的领域做出的。杜威否认以上超验主义者的观点。他认为，伦理判断不是在一个冰冷的、遥远的情境中做出的，而是在一个充满疑惑、不安或复杂的社会环境中做出的。"将欲望与其存在情境隔离开来，必然导致大而空地玩弄欲望和兴趣概念。"[①] 伦理学的任何规范和准则必须是从人类生活中的具体道德情境和现实的社会条件出发，而不是漂浮在人类生活之外的抽象的"绝对理念"。"一切信仰，无论是正确的和错误的信仰，有效地和无效的

---

① 约翰·杜威. 评价理论 [M]. 冯平 余泽娜等，译. 上海：上海译文出版社，2007：64.

信仰，都是有具体的原因条件的，这些原因条件在一定的环境之中产生判断"。[①] 由于伦理判断离不开人的因素，而人是生活在社会中，人与人之间的关系就是我们所说的社会。因此，伦理道德本身所反映的是人与社会环境的互动关系。由于在社会的发展过程中，物理科学和生物科学的进展已经深深影响了人类的生活。因此，在研究伦理科学中，人们绝对不能离开社会中物理科学、生物科学、历史学、地理学或化学科学等的影响。任何一种有助于伦理科学中的判断的社会因素，都最终构成伦理判断的一个组成部分。尤其是在科学探究工作已经有了很大进步的时候，人们应该改变这种柏拉图式的超验偏见，应该主动地去利用实践中的具体条件达到伦理的目标。

## 第二节　杜威论证科学改造道德伦理的可能性

### 一、科学判断和伦理判断都是属于科学的范畴，本质并没有截然区别

以二元对立为基础的传统道德哲学观把道德领域和科学领域对立起来。杜威对此表示反对，他认为道德判断和科学结论一样，都是属于人类经验的一部分，是人类用于探求自然和解决问题的一种工具。正因为如此，科学领域中的探究方法也可以用于道德领域，从而把科学和道德统一到一起。杜威据此提出自己的观点。

第一，两者最终都涉及人类具体的经验与行动。杜威指出，"科学判断，……在它的来源上和在它的发展和应用上，都只是特定地为了要解放和加强判断的行动，而这种判断的行动是应用于独特的和个别的事例之中

---

① 约翰·杜威. 人的问题 [M]. 傅统先，译. 上海：上海人民出版社，1965：206.

的。"① 即科学判断所涉及的内容虽然具有普遍性，但是其最后的落脚点都只能是具体的、个别的经验事例，而且科学判断起源于具体的经验，并且最终是在具体的实践经验过程中得到测试和检验。如果科学判断不能接近或被用于人类的具体的经验事例，或不在具体的经验中得到检验，那就成为与人生完全无关的东西，就和中世纪的经验哲学冥想没什么区别。在杜威看来，无论是科学判断还是伦理判断都只是人类实践过程中的一部分，是引导人类经验之间交流的桥梁。既然两者都是具有中间桥梁性质的东西，那么就可能变成一种理智的工具，指导人类的具体经验和实践的过程，帮助人类在实践中产生更好的结果。这就意味着，对于道德实践中的道德判断，人类同样有可能找到控制道德实践的方法。

第二，科学判断中也存在着价值因素。杜威认为，科学判断这种活动，"不仅仅是一般的一种积极的经验，而是需要有一个特别动机的。必须有某一种刺激，推动着我们从事于这一类的动作而不从事于另一种的动作"②。也即在科学判断中都会涉及一个行为主体的行为，而行为主体在做出行为时，都渗透着自己的兴趣或动机，而兴趣或动机本身就是一种价值上的选择，与人们的实践需要有关，促使人们采用相应的方法来指导人们的判断。所有的科学判断不可能完全排除人的主观情感、思想、立场等因素，因此，所谓的科学判断必定不可避免的带有道德判断的性质。"我们可能给予理智活动以明确的道德性质"③，即理智活动与道德判断之间并没有严格的分割线。

从另一方面讲，伦理判断也具有客观性的特点和一般的形式。杜威指出，"一个道德法则，也像一个物理学上的法则一样，并不是无论如何都必须贸然加以信誓和固执的；它是在特殊条件呈现出来时应该采取何种反应的一个公式。它的正确性和恰当性，是靠实行它以后的结果来加以验证

---

① 约翰·杜威.人的问题[M].傅统先，译.上海：上海人民出版社，1965：176.
② 约翰·杜威.人的问题[M].傅统先，译.上海：上海人民出版社，1965：185.
③ 约翰·杜威.人的问题[M].傅统先，译.上海：上海人民出版社，1965：187.

的。"① 可见，杜威把科学领域中的实验法引入到道德领域中，由于价值判断涉及一系列的因果关系和现实条件，因此赋予价值判断的客观性以一定的可能性。伦理科学与其他自然科学之间仅仅是题材的不同，两者的最终目的都是一样，即为人类的共同福祉服务。伦理学的任务并不是要发现所谓的终极的善和理想，而是从人生所面临的实际问题出发，以解决人生道德领域中的具体困境。道德判断既不存在先验的判断标准，也不是在纯理论的想象推理过程中得以实现，而是在人类的具体生活和实践环境中得以实现。

因此，道德领域中的伦理判断并不是脱离人类实践背景和文化背景的抽象判断。在杜威的理解中，伦理判断要有意义，必须根植于人类的实践生活和具体的文化背景中，离不开人类的经验和具体的环境。因此，伦理判断有必要借助科学判断这种工具的帮助，来更好的达到这种目的。杜威曾指出，"道德科学的公设是科学判断的连续性"②，也即，道德科学与其他科学题材之间存在着连续性，因此，在伦理判断的形成过程中，可以利用其他科学领域的有用因素。比如，伦理判断中判断者的性格和兴趣，可以借助科学领域中的心理学来分析。可见，科学判断与伦理判断之间并没有一个形而上学的区分，两者最终都是以人类的经验来指导进一步的经验。正如杜威所言，"一切科学的判断，无论是物理的还是伦理的，最后都是要用客观的（即一般的）名辞来陈述经验以指导进一步的经验的"③，即科学判断和伦理判断最终都是为人类获得更多的经验服务。

通过以上论述，我们可以看出杜威对道德领域的改造提出自己新的畅想，即科学判断也涉及道德价值的因素，而道德伦理判断中也不可避免地渗透着事实的因素，两者之间并无绝对界线。相反，两者之间是一个统一

---

① 杜威.确定性的寻求 [M].转引自《西方伦理学名著选读》（下卷）: 720.

② John Dewey, Logical Conditions of a Scientific Treatment of Morality［J］Decennial Publications of the University of Chicago, 1903: 3.

③ 约翰·杜威.人的问题 [M].傅统先，译.上海：上海人民出版社，1965: 200.

的关系，并且都是相互渗透在人类的具体经验和实践过程中，共同为人类的利益发挥着各自的作用。因此，科学领域中的科学判断可以为伦理领域中的伦理判断服务。

## 二、科学中的理智因素为道德批判提供智力支持

人们处在一个不安定的环境之中，不可避免地遇到各种选择，而选择就意味着人类道德上的兴趣。因此，人类需要根据后果来采取行动，进行判断，并且把这种行动与行动的后果联系起来。在行动过程中，人们用智慧和积极的手段去分析那些障碍，处理困境，使得事情向人们所期待的目标发展，因此，通过行动控制所获得安全远比理论上的确定性更可靠，而这种行动控制需要理智来作指导。杜威认为，人们有可能系统地使用一些从未尝试过的方法来协调人们在生活实践中产生的困境，这种还未曾在社会领域中试用过的方法就是"使用有组织的理智，其多种多样的好处与价值已在较狭的科学领域内有过实质证明"。[①]

杜威指出，道德判断离不开具体的环境、特殊的行动。在道德判断的过程中，不可能排除欲望、情感等主观的因素，但这些因素都是可以通过经验观察和探究，并加以调节和改善。所以，道德判断的过程是一个探索和预测可能性的过程。由于道德判断的对象是人类的事物，需要以人类的全部知识做基础。为了达到预期的目标，在进行道德判断的过程中，人们可以借鉴科学中的理智因素，从而尽可能减少一些武断。如果把价值判断和理智行动结合起来，便会产生不同的结果。"对任何主题加以科学处理，意味着运用一种工具，这工具可以用于控制有关该主题的种种判断之形成。"[②]在道德批判的过程中，科学中的理智因素乃为改造信仰和进行道德批判提供了很好的方法，让人们有可能和有意义的去选择偏爱的价值和爱

---

① 约翰·杜威.人的问题 [M].傅统先，译.上海：上海人民出版社，1965：84.
② 约翰·杜威.人的问题 [M].傅统先，译.上海：上海人民出版社，1965：299.

好，而不是盲目地去选择爱好。因此，杜威强调，"理智乃是我们最深刻信仰和效忠的合理的对象"。① 用理智的方法作为道德评价的一个手段是值得尝试的，指导人类事务的真正的命题是可能的。

杜威进一步指出，作为反映人的一种特殊兴趣的科学，更应该成为人类生活的一个有机的整体。"科学已经体现在我们直接对待我们四周世界的态度中了，而且也体现在这个世界本身之中。"② 人们在生活中所使用的很多东西都是应用科学的结果。因此，杜威指出，"只有自然科学发展到今天这样的水平，一种能够作为方法调控的经验主义的评价理论才有可能。只有当表达了欲望和兴趣的活动，通过与物理条件的相互作用而在环境中见效时，欲望和兴趣才展现出结果。没有关于物理条件的充足的知识，没有关于这些条件相互联系的有充分根据的命题，就不可能预测出各种条件下和环境下所可能导致的后果。"③ 也即，在当今科学发展到一定程度时，道德领域的评价手段是可以而且有必要向科学领域借鉴的。科学在很多方面已经渗透到我们进行判断的社会情境之中，对人们的具体行动提出了理智上的很大的帮助。所以，杜威强调，"审慎周密和系统化的科学乃是适当判断的先在条件，因而也是正确的努力和正确的选择的先在条件"。④

### 三、科学领域中的实验方法可以被伦理道德借用

在社会领域，人们普遍喜欢接受固定的标准，人类处理道德事务和进行价值判断所依据的方法是传统的习惯、成见、阶级利益等，大多数喜欢套用原有的逻辑模式和概念。杜威指出，在处理和对待社会领域的问题时，"我们仍然还得向实验探究学习"。⑤ 他主张，在目前的社会领域没有更好

① 杜威. 经验与自然 [M]. 傅统先，译. 南京：江苏教育出版社，2005：277.
② 约翰·杜威. 人的问题 [M]. 傅统先，译. 上海：上海人民出版社，1965：202.
③ 约翰·杜威. 评价理论 [M]. 冯平　余泽娜等，译. 上海：上海译文出版社，2007：71.
④ 杜威. 经验与自然 [M]. 傅统先，译. 南京：江苏教育出版社，2005：270.
⑤ 约翰·杜威. 确定性的寻求 [M]. 傅统先，译. 上海：上海人民出版社，2005：194.

的评价方法时，可以把在科学家研究中取得成功的实验方法推广到人类事物的研究上。虽然人类的社会关系要比物理事件之间的关系复杂得多，但杜威认为科学领域中的成功方法在道德领域的这种比拟也是适当的，正如他所言，"我们站在沼泽地里，我们没有也不需要坚如磐石的基础，但这正是我们前进的动力。"① 我们可以看出，杜威把科学的实验方法引入人文领域道德事物的决心和信心。

（一）科学中的实验方法意味着对旁观者二元论伦理学的否定

在杜威的时代，科学领域的实验探知方法虽然在自然领域有了惊人的发展，但科学的巨大作用，包括对待科学知识的态度、获得科学知识的方法等还没有超出科学领域的范围，在人类的社会领域等方面还没有释放出科学对此所应有的贡献。人们在道德事务领域的价值观并没有随着实验性的探知而发展。伦理学家们通常把科学应用在物质的立即享受方面，而把价值的领域划归到哲学或宗教范围内，把科学限制在与人类社会无关的研究范围内，在自然科学与道德领域之间划了一道深深的鸿沟。这种浅薄的划分形式深入普通人的心目中，在人们心中形成了一堆坚实的和难以改变的成见。正是因为如此，人们习惯上认为自然科学的题材对形成道德标准与理想没有作用，人们很少借鉴物理科学中的实验方法来处理人类在社会关系中的信仰和信念。在这种传统哲学的影响下，旁观者的伦理学倾向于在完美的观念世界中来寻找确定性的东西，把善良、美德、价值等看作仅仅存在于先验的领域，与生活实践毫无关联，只有纯粹的理性知识才能触及。

杜威指出，传统的旁观者伦理学理论，只是一种逃避，恰恰是放弃了人们在实际上可以得到的确定性的机会，因此他坚决反对以上这种把科学和人类的伦理道德领域进行廉价的分工，指出人们应该作为伦理实践活动

---

① 普特南 . 事实与价值二分法的崩溃 [M]. 应奇，译 . 上海：东方出版社，2006：128.

中的参与者而不是被动的观望者。对杜威而言，伦理学中的价值不是完成的和终极的，也不是从先验实在的符合中引申出来的具有超验地位的东西，而是体现在人类的行动与经验中。"绝不能在欲望和兴趣一出现的时候就把它们当作最终的、不可改变的东西，相反必须把它们当作手段，也就是说，必须要根据在实践中它们可能产生的结果来对它们做出鉴定与评估，进而构建对象、构建所期待的结果。"① 杜威相信，科学实验主义方法能够改变人们控制风险的手段，科学的探知模式应该和人类在伦理领域的价值信念联系起来，从而更加深远地丰富人们的生活经验。

（二）实验方法意味着对权威的道德评判标准的挑战

杜威并不是要把在科学领域内所应用的方法和态度完全用在社会道德领域内，只是认为科学领域的方法和态度对社会道德领域有所启发。把科学中的实验法从物理学转移到社会人生事务方面，就意味着人们要放弃曾经的标准和权威。科学的实验主义方法把标准、规范等当作一种值得商榷的东西，具有一定的假设性，需要在未来的效果中加以检验的东西。这就要求人们对道德的信仰和善的信仰也当作是一种假设性质的，并不是绝对值得信赖的。当人们在社会道德事物领域引入实验的方法后，人们就有发展和改进道德评判标准的机会。

这种转变意味着任何道德准则都不是绝对的，而都是具有假设性质的，人们应该"参照它所具有的指导行动的作用来构成信仰"②。只有当人们意识到道德准则的假设性和工具性时，人们在将来选择道德伦理标准时才会"不亚于工艺领域中制造精密工具时的精心谨慎"③。道德原则也应该只是"一种分析特定情境的工具"④，只是提供了一个笼统的公式，它并不

———————

① 约翰·杜威.评价理论 [M].冯平 余泽娜等，译.上海：上海译文出版社，2007：38.

② 约翰·杜威.确定性的寻求 [M].傅统先，译.上海：上海人民出版社，2005：214.

③ 约翰·杜威.确定性的寻求 [M].傅统先，译.上海：上海人民出版社，2005：214.

④ John Dewey: The Middle Works，Southern Illinois University Press，1978. Volume5：302.

能提供确定的万无一失的保证。它的正确性必须经过实施它以后的后果来验证，正如杜威所言，一种道德的规范的有效性和合理性是有条件的，应该由"实践的结果来检验"。① 如果把标准当作一成不变的固定的东西，就否认了人类发展和前进的可能性，也是某种形式上的教条主义。因此，应该打破教条主义，重新审视传统权威的道德标准和规范。科学中的实验态度和方法启发人们从原先存在的、已经被人们接受的道德习俗和规则中走出来，道德规范不再是那种千古不变的在历史沉淀中所形成的东西，而是可以接受批判甚至是可以更改的东西。

（三）伦理道德中的实验方法意味着注重展望未来，关注行动的后果

如果人们接受了实验法，这就意味着人们要摒弃传统的根据既有对象来构成他们关于道德伦理的判断和观念，同时也意味着人们要注重展望未来，要根据对事物产生的后果的认识来改变伦理判断的标准和信仰，即"用智慧去检验历代继承下来的制度和习俗实际上所产生的后果，以便用智慧去考虑：为了产生不同后果，人们应该采取怎样的方法来有意地改变过去由制度与习俗所产生的后果"②。对杜威来讲，"道德问题所关注的是未来，这正是它的视野"。③ 由于人在行为中，有时并不能分辨出孰好孰坏，只有经过一定的时间后，人们事先所认可的价值才变得清晰和完整。杜威采取这种假设的立场，就意味着道德判断所依据的标准从依靠先验的对象，转到"在理解后果的基础上建构合宜的对象"。④ 杜威认为，在人们追求目标的过程中，目标并不是根据事先神秘的植入心灵中的"理性偏好函数"⑤来计算，而是人们根据实际的情景，重新审视各种手段的功效性和目

---

① John Dewey：The Late Works，Southern Illinois University Press，1979，Volume4：222.

② 约翰・杜威．确定性的寻求 [M]．傅统先，译．上海：上海人民出版社，2005：211.

③ John Dewey：The Middle Works，Southern Illinois University Press，1979. Volume 7：304.

④ John Dewey：The Late Works，Southern Illinois University Press，1979，Volume4：217.

⑤ 希拉里・普特南．事实与价值两分法的崩溃 [M]．应奇　，译．上海：东方出版社，2006：123.

标的价值预设。当人们尝试新的动作时，就可能经验到新的结果，因此，以后果来作为验证的标准要比以固定的一般规则更可靠一些。

虽然对实验主义的提倡和推广，会为人类社会的结果带来不确定性，但恰恰是这种不确定性才换来了人类社会不断前进和革新的可能性，人们才会不断地向着有利于人类的方向改变世界，从而会使人类的明天更美好。

# 第三节　杜威的科学伦理道德观

通过指出传统伦理道德观的误区的根源，杜威尝试提出一些诊断性的方案，但杜威尝试的不是建立一门新的伦理哲学，而是把人的科学实践和经验因素考虑进去，试图站在人文背景结合科学的成果来解决伦理领域中的问题。杜威非常强调科学在伦理学中的意义，反对把科学和道德割裂开来的传统看法。在他看来，科学通过其成果，不仅引起了物质领域伟大的变革，还有可能引起更大的人生事务和关系的变革。科学不仅是一种价值，还是评价和鉴定人类生活的重要方法，因此科学结论能够更好地引导人类达到目的，解决实际的问题。在很大程度上，杜威的伦理道德观是独具特色的自然主义和实验主义哲学观的反映和体现。

## 一、自然主义的伦理道德观

（一）立足于人类具体的道德情境

杜威的科学观强调科学是在探索的过程中形成的，带有进化论的自然主义色彩。杜威的伦理观也具有很明显的自然主义色彩。杜威指出，自然界是一个不断发展变化的世界，人类社会的道德过程也有一个自然发展的过程，随着历史的演变而不断发生变化。这种变化在杜威看来，不是混乱，

"而是一种发展、解放和协作"①。道德没有先验的标准和本质，并不是由上帝事先规定好的，而是随着人们的社会活动和过程不断发展，因此不存在绝对的"善"、先验的"善"。即使作为判断标准的"善"也是随着人们实践经验的发展而不断的补充，没有一个道德的顶点，人们对道德的理解随着人们的实践不断深化，因此不存在绝对固定不变的东西。人类的伦理道德观念是在人类的实践过程中的道德观念，是人在实践活动中与环境互动过程中选定的，是经过人类的思维过滤后重新呈现出来的价值取向，因此，道德伦理不能够脱离人类生活实践的背景而变成僵死的、抽象的规则和教条。它必须从人类的具体道德情境和社会条件出发，确定道德判断的标准。道德本身反映的是人与社会环境的相互关系，因此，道德判断本身就是社会组成的一部分，道德判断必须根植于人类生活的具体道德情境中，而不是游离于人类生活之外的绝对命令。人类在处理事物时，应该从关注价值在理论上的确定性，转移到"改善判断价值与追求价值的艺术"②。因此，道德评价应该包括所有的行动，应该"是一个连续的过程，而不是固定的成果"，③ 伦理学应该具备一种自然主义的特征而不是超自然的特征。

杜威的道德观立足于具体的道德情境，强调人们应在具体的情境中进行道德判断和价值选择，即"在行为中见效果，使行为有所改进，变得比另外的情况下更好"。④

## （二）强调人性和社会因素

杜威的自然主义伦理观以对人和人性的理解为基础，把追求人类的福祉当作是道德重建的最根本的目的。站在自然主义的立场上，杜威指出，科学、伦理、艺术等都是建立在人的生活实践基础上，都是为人类的进一

---

① 约翰·杜威. 人的问题 [M]. 傅统先，译. 上海：上海人民出版社，1965：126.
② 约翰·杜威. 确定性的寻求 [M]. 傅统先，译. 上海：上海人民出版社，2005：34.
③ John Dewey: The Middle Works, Southern Illinois University Press, 1988. Volume14：194.
④ 转引自：邹铁军《实用主义大师—杜威 [M]. 吉林教育出版社，1990：140.

步实践作指导。可以说，这些不同的领域在杜威的自然主义观中得到了统一，它们仅仅是从不同的视角和不同的题材出发去处理人类的不同的经验形式，但最终的目的都是为了帮助人类解决生活中所出现的问题。自然主义伦理学的一个重要基调就在于，它把人作为跟自然环境相互作用的有机体，而不是被动的接受自然。由于人同时具备自然性、社会性和问题的解决者等多重特性，人的需要也要不断的调整，"人类有机体生活在一个文化环境中，……任何一种欲望和兴趣……，在后来与文化环境的相互作用中得到了改造"。① 道德的任务就是用一种智慧的、理智的方法来判断满足人的各种需要的行为方式是否合理，因此，没有绝对的道德标准。杜威在这里充分肯定了人的社会性特点，他强调人的活动对社会环境的影响，因此道德行为也不是一件纯私人的事情，应该"把伦理的重心从一种自私的内敛转变到一种社会性的服务"，② 人们的目的是发展"一种对于通过行动展现出来的人类关系的同情的想象"和"一种关于社会生活的意识"③ 来拓展这种服务的生活方式。因此，杜威认为道德领域并没有什么固定的目标可以作为道德的理想目标，也没有一个终结目标的完善，任何一个道德规范都必须放在人类历史发展的社会过程中去理解。

## 二、实验主义的伦理道德观

杜威大力提倡把科学中的实验方法运用到道德事务领域。他明确指出，"科学的思考方法上的改变对于道德观念的冲击，大致是明显的"④。杜威在 1891 年曾经写道，"科学已经相当充分的显明了它对那些靠不住的生活教条的负面态度，而它具有的重建人类生活的正面的原理却仍然隐而不

---

① 约翰·杜威. 评价理论 [M]. 冯平　余泽娜等，译. 上海：上海译文出版社，2007：72.
② John Dewey: The Middle Works, Southern Illinois University Press, 1977. Volume 4: 277.
③ John Dewey: The Early Works, Southern Illinois University Press, 1971. Volume4: 57.
④ 杜威. 哲学的改造 [M]. 许崇清译，商务印书馆，1933：86.

彰"。<sup>①</sup>在半个多世纪以后，他又重申这个观点，"一种文化任由科学毁灭传统的价值而不相信科学创造新价值的能力，这样的文化是一种自我毁灭的文化"。<sup>②</sup>科学往往被人们用来作为达到预定目的的手段，而对于那些预定的目的是否合理却关注甚少。杜威认为这种状况必须被改革。"如果我们具备了足够的智慧，而不是让那些僵化的教条和事物左右我们，那么，科学就一定会启示我们什么是我们要做的事情，而不仅仅是我们将怎样把事情做的简单和经济。"<sup>③</sup>可见，"在杜威的著作中贯穿着这种关于科学具有重建人类生活的可能性的观点"<sup>④</sup>。

（一）伦理道德领域的探究需要借助科学领域中的实验主义探究模式

杜威认为，对社会问题的探究离不开对社会问题背后起作用的各种物理条件的研究，比如自然灾害、疫情等。对社会问题背后的这些自然现象规律的掌握，无疑需要借助科学探究的思维和方法及科学探究所获得的知识结论。可以说，科学领域的知识为有效的探究社会现象提供了"必要的智力手段"，<sup>⑤</sup>对社会问题的探究，也需要借助一种假设性和实验性的探索方式，而不是说事先就存在一个固定的模式可以遵循。但往往人们习惯于用已有的权威和习俗规范自己的思想，对于社会实践中出现的新的现象，毫不犹豫地视为异常或恐惧的东西，在传统权威和习俗的框架之内去审视这些异常，结果导致社会的发展滞后。因此，杜威指出，在道德领域中，"如果我们明白了：在这些领域内，和在物理学的领域内一样，我们能够认识我们所有意创造的一切；如果我们明白了：我们进行一切工作只需要依赖于操作方法的决定和依赖于对验证它们的后果所进行的观察，于是在社

①　John Dewey：The Early Works，Southern Illinois University Press，1969. Volume3：125.
②　John Dewey：The Late Works，Southern Illinois University Press，1979，Volume6：58.
③　John Dewey：The Middle Works，Southern Illinois University Press，1978. Volume6：78.
④　詹姆斯·坎贝尔．理解杜威—自然与协作的智慧 [M]．杨柳新，译．北京：北京大学出版社，2010：103.
⑤　John Dewey：The Late Works，Southern Illinois University Press，1979，Volume12：486.

会和道德方面的知识的进步也会是有把握的和经常的"。① 可以看出，杜威的实验主义思想对于创造性地解决社会道德领域的问题提供了一种崭新的思路。对杜威本人来讲，"这就是把实验法从专门的物理经验领域转移到比较广泛的人生领域来的重要意义"。②

（二）实验主义的伦理道德观关注道德的目的与手段的关系

杜威在道德探究中，还特别强调目的与手段的关系，反对传统哲学在理想的目的和纯粹的手段之间所造成的分裂。杜威指出，目的和手段应该是不可分割的、相互依赖的一个整体，即所谓"所实现的目的依赖于所采用的手段"③。同样，在目的没达到之前，可以把手段当作一种暂时性的目的来对待。在人们的整个连续的生活中，人们会发现目的和手段是相互渗透、相互转变的。"已经达到的目的对将来的目的是一种手段，同时也是对以前实现的价值的一种检验"，④ 所以，人们不能脱离手段而去设想孤立的预定目标。然而，在对待社会道德问题上，人们经常忽视的一个问题是，把获得良好的道德目的当作追求的目标，而忽视了达到这一目标所需要的经济条件和经济手段，甚至人们把经济条件和手段当作是与道德追求无关的东西。杜威反对这种把道德目标与其他事物相分割的做法。他主张，道德目标的实现，离不开人们对社会事物的反思和对手段的重视。"一种基于后果来进行价值判断的道德，必然会最大限度的借助科学的结论。"⑤ 杜威把科学和道德联系起来的构想并不是说要把人们的道德行为用简单的、机械的科学领域的标准来量化，而是要努力建立起道德行为和其他事物之间的一种联系，这种联系能够让人们明白事情发展的前因和后果，同时让

① 约翰·杜威. 确定性的寻求 [M]. 傅统先，译. 上海：上海人民出版社，2005：142.
② John Dewey: The Later Works. Edited by Jo Ann Boydston.Carbondale：Southern Illinois University Press. 1984：218.
③ 约翰·杜威. 评价理论 [M]. 冯平 余泽娜等，译. 上海：上海译文出版社，2007：32.
④ John Dewey: The Late Works，Southern Illinois University Press，1979，Volume13：229.
⑤ John Dewey: The Late Works，Southern Illinois University Press，1979，Volume4：218.

人们重视道德目的实现过程中的手段。重视手段便意味着尝试各种手段的可能性，这无疑体现出杜威的一种实验主义的思想。

## 第四节 杜威的科学伦理道德观的意义

### 一、打破了科学领域和道德领域的二元对立

在以往的道德传统中，以永恒的、静止的、超时间的原则作为标准的道德传统在遇到道德中的混乱状况时，不可能向欢迎变化的自然科学借鉴方法，并且拒绝自然科学进入道德的领域，科学和道德之间存在着一个不可逾越的鸿沟。杜威批判了以上这种把科学领域和道德领域二元划分的传统。杜威认为，"物质世界与道德的事物的分离，是自笛卡尔和洛克以来哲学上二元论的最终根源。"[1] 杜威明确提出，人的理智活动中渗透着道德性质的特点，两者没有严格的界限和分隔。"道德上的善如美德，与自然的好如健康、经济安全、艺术和科学之间并没有固定的界限。"[2] 也就是说，科学与艺术、伦理之间是相通的，科学取得成功的方法和科学的思维方式同样可以拿来为伦理服务。同时，杜威认为，"当科学意识同人类价值意识完全结合的时候，现在压迫人道主义的最大二元论、物质、机械、科学同道德和理想之间的分裂就会被摧毁"。[3]

可见，杜威是站在人类社会文化背景中重新看待伦理学中的问题，而不是用一种一劳永逸的、绝对的、抽象的方法去处理伦理学中的问题。杜威强调，无论是自然科学还是道德知识最终都是为了实现人的自由和幸福，因此，把自然科学中的科学实验方法运用到道德领域，可以使道德判

---

① 杜威.艺术即经验 [M].高建平译，商务印书馆，2007：375.
② John Dewey：The Middle Works，Southern Illinois University Press，1978. Volume5：195.
③ 约翰·杜威.哲学的改造 [M].张颖，译.西安：陕西人民出版社，2006：99.

断更加严谨和科学。普特南曾指出，杜威作为一位元伦理学家，其独特之处在于"对适用于普遍探究的东西同样适用于具体价值探究这一观念的强调和一贯运用"①。杜威把科学试探的方法引入道德领域，引导伦理道德领域对人类实践问题的关注，其目的就是要用科学的态度和精神武装人们的头脑，去对抗束缚人们发展的教条式传统权威，这对伦理学科本身及其他人文学科的发展无不具有重要的意义。

## 二、打破了科学判断和伦理判断的二元对立

逻辑实证主义者继承了休谟的事实与价值两分的传统，把逻辑实证主义原则运用到道德现象的研究中。他们认为伦理学的研究对象就是道德语言，一切伦理学的命题都是属于"形而上学"的范畴，那些所谓"真""善""美"等概念是不可分析的，最多是一种情感的表达，不是科学命题，任何道德概念和道德判断都不能用事实和经验来证明，因此跟物理领域的科学判断是二元对立的，以此把伦理判断和与科学判断完全割裂开，在科学与伦理学之间存在着巨大的鸿沟。在杜威看来，这种鸿沟的根源就在于"在物质的、机械的、科学的东西与道德的和理想的东西之间的断裂"②，这种断裂正是杜威所批判的，而且在杜威看来，这种二元对立的传统，现在是"压迫人类最大的二元论"③，十六七世纪的科学革命之所以没有在道德领域中发生革命性的影响，其中一个重要原因就是它产生于深受二元论支配的文化背景中。

针对哲学传统对科学判断和道德判断，乃至于科学与道德的区分，杜威明确提出，人的理智活动中渗透着道德性质的特点，两者没有严格的界

①　希拉里·普特南. 事实与价值两分法的崩溃 [M]. 应奇　，译. 上海：东方出版社，2006：130.

②　John Dewey，Reconstruction in Philosophy［M］. New York Henry Holt and Company，1920：173.

③　John Dewey，Reconstruction in Philosophy［M］. New York Henry Holt and Company，1920：173.

限和分隔。杜威提出自己的观点，"科学判断具有伦理判断所具有的一切逻辑特点"。①虽然科学判断是关于事物条件联系的一种陈述，但科学判断也并非仅仅涉及知识理性，科学判断的目的在于"要解放和加强判断的行动"。②由于科学家本身不可避免带有价值的偏好，这种偏好在科学实践中，将借助科学家在方法论、认识论等方面的信念，直接影响到科学家做出具体的科学判断。因此，不应当将科学判断与道德判断，乃至科学与道德视为两个完全不同，甚至是毫无关联的领域。

我们可以看到，在杜威的科学人文主义思想中，科学已经变成了人类文化的一部分，和其他伦理道德、艺术等文化类型一样，为人类服务着。伦理价值判断是在一定的社会文化背景下面做出的判断，因此伦理价值判断也应当是人类文化的一部分。杜威站在整个人类文化的大背景下，把科学判断和伦理道德判断融合到一起，为人们利用科学来解决人们所面临的道德问题提供了很好的哲学平台。当人们对科学的效用做出判断或取舍的时候，必然脱离不了整个人类的背景文化和生活实践环境。从这个角度上来说，伦理道德判断或价值判断与科学判断是不可分开的，两者在人类的文化背景下得到了联合和统一。

## 三、为尝试建立一种新的道德科学打开了思路

杜威的科学伦理道德观把道德伦理问题置于一个广阔的人类文化背景，强调各个领域之间的借鉴作用。杜威认为，"道德科学是一种置于人类语境中的物理学、生物学和历史学知识，它的使命在于启明和指引人类的生活。"③也就是说，在新的道德科学中，人们试图运用一切可能的成

---

① 约翰·杜威. 人的问题 [M]. 傅统先，译. 上海：上海人民出版社，1965：176.
② 约翰·杜威. 人的问题 [M]. 傅统先，译. 上海：上海人民出版社，1965：176.
③ John Dewey: The Middle Works, Southern Illinois University Press, 1988. Volume 14：146, 204—205.

果去帮助人们解决他们的道德问题。① 所以杜威强调，解决伦理道德问题，必须摆脱偏见，充分利用人们生活的方方面面及相互之间的各种内在关系。

杜威非常看重科学在伦理道德学中的作用，他尝试建立一种新的道德科学。在 1908 年和 1932 年版的《伦理学》中，杜威这样解释"道德科学"："就伦理学对于正确和错误、善和恶的考虑而言，它是一种关于行为的科学。"② 我们从这句话大致可以看出杜威的以下几个意思：第一，杜威突破了"科学"这个词原本的价值领域和功能，"科学"这个词意味着人们在解决道德问题的尝试中包含着某些"内在的逻辑"，即要"建立一种价值判断的秩序，其中任何一个判断一旦确定，它也就顺理成章的决定了其他判断的形成"。③ 第二，杜威尝试建立新的可能性的道德标准和理论，它将使人们能摆脱以往那种企图宣扬和证明预定的善恶的道德理论的束缚。第三，杜威的这样一种道德科学蕴含着要求发展一种"更合理的关于人性的科学"和"一种科学的社会心理学"，以帮助人们重新理解传统意义上对人性的的定义。所以，杜威认为，只有经过反思的人类的行为才可能是道德的，正如他所说，"只有慎重考虑过的行为，即经过思考选择的行为才具有真正的道德价值，因为行为的好坏经过了理性的审察"。④

杜威把科学的实验主义方法从物理领域推广到价值哲学和人生事物领域，为建立一种新的道德科学研究打开了思路。首先，改变了道德价值判断的基础，传统人们是根据权威作为道德价值判断的基础，习惯性地放弃了对后果进行理性判断的可能性。而现在要根据在理性智慧指导下的后果作为价值判断的基础，需要人们用理性的智慧去考虑他们所遇到的问题，

① 詹姆斯·坎贝尔《理解杜威——自然与协作的智慧 [M]. 杨柳新，译. 北京：北京大学出版社，2010：115.

② John Dewey: The Middle Works, Southern Illinois University Press, 1978. Volume5：7.

③ John Dewey: The Middle Works, Southern Illinois University Press, 1977. Volume 3：4.

④ John Dewey: The Middle Works, Southern Illinois University Press, 1988. Volume 14：193.

这样就摆脱了过去对权威的依赖，解放了人的理性思维，人们就更可能依据期待的效果来改变方法。这一转变的最大成就，就是从重权威到重后果，重实践理性。这一转变恰如詹姆士所说，是"权威宝座"的更迭。其次，杜威把实验的思维方法引入社会道德的领域，让人们把手段和方法提高到一个很重要的位置。人们曾经把手段和方法及有用的东西当作是低下的，把理想当作是高贵的和遥不可攀的。在杜威这里，手段跟目标同样重要。从以上这个意义来说，自然科学就不再是孤立的一个领域，而是具有人文主义的特色了。正如杜威所言，"自然科学不再脱离人道主义，其品质已变成人道主义的了。它不是为所谓真理的缘故以技术和专门的方式追求的东西，而是要感到其社会意义和理智的需要才去追求。它只是在提供社会和道德管理的技术这一意义上才是技术的。"①

## 四、引导道德伦理价值哲学对人类实践问题的关注

科学研究把理论看成假设，这种变化对于道德的反思有所借鉴作用。传统的道德理论被认为是固定的、不可更改的东西，其标准是永恒的和普遍运用的，道德的任务就是发现某些最终目的或至善的法则。然而，在目前的生活方式受到科学的影响的情境下，道德的标准应该结合人类的实际状况有所变化。道德的目标不再是对经典著作的追捧和诠释，而是对人类现实的文化环境和实践环境中所遇到的问题进行评价，在评价中尽可能的借鉴当时能利用的最好的工具，从而得到一个新的判断。这个判断需要在实际的具体的道德情境中修正道德的目标，研究各种复杂的因素，反思以前已经做出的结论，构想未来所预期达到的效果，探究对付它们的计划和方法，然后再做出理智的判断，从而解决实践中所遇到的问题。可见，杜威的伦理学引导道德伦理价值哲学由知识逻辑转向问题意识。

---

① 约翰·杜威.哲学的改造 [M].张颖，译.西安：陕西人民出版社，2006：99.

### 五、构建了一种开放的、积极的伦理道德心态

在道德理论中，杜威认为，人们应该以一种开放的心灵和态度来对待别人的意见，甚至是别人的道德错误。因为道德领域和其他领域一样，人们需要具备深厚的宽容精神才能在道德多样化的世界中生活。对社会伦理道德的探究要在情况容许的条件下不断利用智慧的方法，探究一切可能的手段和方法。当人们利用科学领域所获得的信仰和从道德领域所获得的信仰相互协作时，能产生丰富、有益于人类的结果，该结果将在人类的实践中进一步指导人们的活动，人类的文明将会得到更好的发展。杜威的这一观点将促进人们用一种积极开放的心态面对伦理道德领域中的问题。

# 本章小结

杜威主要从以下两个方面论证了科学在伦理道德中改造的重要性。一方面，伦理学并非是凭空产生的学科，而是与人类的生活实践有着密切关系。而科学对当代人的生活形式和生活态度发生了重大的影响，伦理学应当去细致探究科学对人类社会文化产生的后果所具有的各种可能性，并且以健全的实践理性将科学技术的发展进行监督和引导，避免科学技术的发展所可能造成的人性异化和社会不公正。另一方面，伦理学并非是一门鼓吹道德的学科，也不是一门仅仅通过研读和诠释经典论著就可以完成其学术使命的学科。它是一门解决实际问题的人文学科，需要以理性来为人类的德行提供引导。伦理判断是引导一个人做出合乎道德的行为的重要保障，因此在伦理学研究中占据着相当重要的作用。杜威反对逻辑实证主义将伦理判断当成是一种仅仅是反映趣味的情感表达。他指出，伦理判断有着它自身的逻辑结构，也有心理学提供的事实基础，并且蕴含着可以通过理性认知和辩护的客观价值，因此，伦理判断不仅是可以用科学和理性来

探究和反思的对象，而且只要伦理学不满足于空谈道德，而是要试图给人们以解决问题的指导，那么伦理判断就必然要从科学理论方法中借鉴用来理解人性、指导生活，探寻解决问题方法思路的实践理性。①

　　总之，杜威探讨了科学方法对于增加道德判断的作用，倡导一种新的道德构建模型。然而，杜威指出这样的一种道德重构理论并不是意味着：道德选择和道德判断会像科学一样变得容易成功。杜威只是想表明这样的一种道德重构将会使道德选择和判断具有一种反思的和理智的力量，不再随便地依靠权威和习俗。当然，人们不可能一下子就完全冲破这些习俗的束缚，或用完全理性的标准来代替，只能是持续的用一种严肃评价的态度来对待，就像杜威所说，"需要对人类的关系作出持续而系统的审慎思考……反思和洞见显得多么必不可少"。②

　　我们可以看出，杜威既没有否认伦理学本身的价值，也没有把伦理学简单的还原成某种科学。相反，他认为伦理学和科学之间既有区别又有连续性，科学领域中一些成功的方法也可以被应用于伦理学。总之，杜威的伦理学具有科学的精神和科学的态度，但绝不是一位科学主义者，而是一位科学人文主义者。

① 约翰·杜威.人的问题[M].傅统先，译.上海：上海人民出版社，1965：174–203.
② John Dewey：The Late Works，Southern Illinois University Press，1979，Volume7：177，212.

# 第八章　科学对教育的改造

　　科学人文主义思想贯穿在杜威的哲学领域、艺术领域和伦理学领域，也贯穿在杜威的教育领域中。在杜威的理论思想中，教育是促使人们掌握智慧的重要手段，也是人们改造社会的关键因素之一。学校的改革属于人类文化的一部分，而不应该孤立于人类文化发展的历程之外。杜威明确指出，"在我们的教育系统中，有一个大鸿沟。实际指导民众事务的人们缺乏预见，因为他们不了解那些在实际上形成社会的技术的势力。在另一方面，一般科学家和技术家的教育又使他们对于其自己活动的结果采取漠不关心的态度。"[①] 因此，杜威大声疾呼，科学的实验方法在科学领域内取得了巨大的成绩，可以被借鉴应用到教育领域内。教育要想取得成功，必须把科学的方法和结论看作指导人类合作和自由的最好工具。"科学的结论和方法是经验主义教育哲学的主要同盟军。"[②] 可见，杜威非常强调科学在教育领域中的作用，他创办了著名的芝加哥杜威实验学校，很好地践行着他的科学人文主义思想。

---

① 约翰·杜威.人的问题 [M].傅统先，译.上海：上海人民出版社，1965：41.
② 约翰·杜威.人的问题 [M].傅统先，译.上海：上海人民出版社，1965：132.

# 第一节　对传统教育观的批判

## 一、对实证主义教育观的批判

传统的实证主义的教育观深受其实证主义科学观的影响。实证主义强调科学知识的逻辑性和实证性，忽视了科学知识的另外一个本质特征，即科学知识的思想性、创造性和历史性。建立在这种狭隘的科学观基础之上的教育观必然有狭隘之处。杜威指出，在传统的教育体制里，"科学是作为一套现成的知识和技能来教的……并未把科学作为一个最高的人文学科去教，而是把科学作为牵扯到人生关系的'外面的'一个世界的学科去教"，[①] 也即，传统的逻辑实证主义者把科学知识理解成一个固定的僵硬的知识体系，而抹去了科学知识中所蕴含的人类文化因素和精神因素。

杜威反对这种偏见，他指出，以上这种偏见是以把人和自然分隔的信仰为依据的。把科学的东西当作纯"唯物主义"的，而把人文的学科当作"精神的"和"唯心主义的"。在杜威看来，科学应该是文化的一部分，承载着人类过去、现在和未来的文化特征，科学应该是跟人类的生活密切相关。教育领域的老师们对学生注重的是逻辑性和实证性的教条式的知识教育，这种教条主义的灌输忽视了知识尤其是科学知识中所蕴含的文化性和精神性，从而忽视了对学生的思想创新性教育，从根本上压抑了学生的科学实验精神和探索精神。杜威认为，教师应该培养学生自由的探索精神和态度，培养学生具有鉴别能力的智慧，"在教授每一科目和每一课书的时候能把它对创造和成长这种观察、探究、反省和检验的能力的意义联系起来，这是因为后者是科学理智的核心"。[②]

---

① 约翰·杜威. 人的问题 [M]. 傅统先，译. 上海：上海人民出版社，1965：22.
② 约翰·杜威. 人的问题 [M]. 傅统先，译. 上海：上海人民出版社，1965：135.

针对实证主义的教育观，杜威建议要用一种新的视角来重新思考教育的含义，即"教育的定义应该是经验的解放和扩充"。[①]教育的最终目标并不是培养学生对知识的积累，学校培养出来的学生也不仅仅是拥有大量信息和专业技能的学生，而是侧重于培养学生的思维方式，帮助学生成为社会生活中实际问题的解决者。正如杜威所言，学校应该培养学生"面临任何事情都易于做出明智判断的心性"[②]，也就是说，学校培养出来的学生能够对生活中出现的问题进行严谨的思考和判断，直到最终解决这些问题。

## 二、对柏拉图主义的教育观的批判

深受传统的二元认识论的影响，柏拉图主义的教育观把教育明显地划分为上等教育和下层教育，把教育的学科划分为自由学科和实践学科。在柏拉图主义者看来，自由学科则是有闲阶层接受的"智力的"教育，这些自由的学科内在本身有一些固定不变的东西。实践学科中的实践知识主要是在一些固定的规则中通过学徒的方式获得，不需要太多的理论知识背景，实践学科的教育被认为仅仅是属于经验常规的事情。对柏拉图主义者而言，能产生真正的知识的器官是心，身体的运用越少，智力活动的级别就越高。尤其是对科学的学习，纯粹是通过心智手段就能够进行。柏拉图主义者的教育思想在现实的教育领域中还有很大的残余势力，按照价值把科目分出等级的传统思想仍然存在。例如，教育改革中的保守派普遍认为自然科学不能进入高等教育的范畴，他们认为这些自然科学的科目注重的是物质器械、手工技能和身体感官等的运用，不如几何、代数等可以用纯粹心智的手段进行研究的科目文雅。这些权威把科学和人文对立，并在教育中攻击学校对科学在职业教育中的应用，要求回到古代的教育思想，把所谓的"自由学科"和"文艺学科"等同。

---

① 约翰·杜威.我们如何思维[M].伍中友，译.北京：新华出版社，2010：125.

② John Dewey：The Late Works，Southern Illinois University Press，1979，Volume8：211.

杜威认为，造成这种偏见的主要原因是人们把科学科目等同于日常生活的实用性，把文艺科目等同于与"实用"无关的东西。杜威指出，科学科目在学校里要获得被承认的地位，必须摒弃传统的理论和实践两分、精神和物质对立的两分法观点，"教育哲学和科学能够而且应该共同协作"，①让教育朝向更综合、更有利于人类的解放的目标发展。

# 第二节　杜威论证当代教育根据科学进行改造的必要性

## 一、新的社会背景要求教育结合新的社会特征进行改造

教育改革不能脱离社会生活背景，"知识只有在提出被置于社会生活背景中的材料的明确形象和概念时，才是名副其实的或有教育性的"。②教育方法和课程的变化，在某种程度上可以说是社会变化的产物，也是适应新的社会需要的产物。现代的社会是在科学与工业、经济等密切相关的背景下发展起来的，社会的发展比过去任何时候都更加依赖于科学的原理和知识，因此，讨论教育中的改革问题，不能忽视科学的影响。杜威认为，科学研究在教育领域中的教育意义在于"显示了产生现代社会生活的各种资料和方法"。③科学应该作为一种工具，能够帮助学生培养一种能力去解释和革新他们曾经所拥有的经验，从而获得更好的经验。科学的发展及对社会的影响，要求教育者们不仅仅是向学生传授各种科学定律，更要求教育者们培养学生利用科学原理来解决社会生活中的实际问题的能力，"以适应随工业革命而起的科学、社会和政治条件的变化"。④因此，杜威认为，

---

① 约翰・杜威. 人的问题 [M]. 傅统先，译. 上海：上海人民出版社，1965：135.
② 杜威. 教育文集》第1卷，人民教育出版社，2007：143.
③ 杜威. 教育文集》第1卷，人民教育出版社，2007：11.
④ 杜威. 教育文集》第1卷，人民教育出版社，2007：334.

教育在社会发展的历史中扮演着一个重要的解放心灵和思维的作用。杜威曾多次在他的作品中指出,"教育是社会进步和改革的根本办法",[①] 即要调整现有的教育体制和教育模式,培养学生更好地面对现代的社会。

## 二、知识积累型教育模式的弊端

在学校里面,科学这个科目被视为一种"学生们需要熟悉的已经完成了的材料的积累……而不是一种探索客观事物的方法"。[②] 在学校里面,老师过分的强调积累知识的重要性,把所教授的教材当作一种传承的教条,僵硬的灌输给学生,科学知识主要是依靠文字的形式传递给学生。

杜威反对以上这种知识积累式的教育方式。他指出,第一,当代教育强调知识的积累性,忽视培养学生理智上的完整性和科学探究中的创造性。在现实的教育中,教师把教学内容划分成为不同的逻辑元素,然后分门别类用填鸭式的方式教给学生。此时的科学教材中,"对科学家最重要的以及在探究和分类的逻辑性中最有价值的东西被阉割了……激发思想的特点被遮掩起来了"[③],学生们被一些机械的条条框框代替了自己的思维活动,学生的创造性无疑被抹杀掉了,最终失去了创新思维的潜力,教育也达不到培养学生的理智和心智上的完整性的目的。第二,教师所传授的知识并不是学生经验的产物,严重地与学生的经验世界存在着分裂。杜威强调,任何一个科学结论,如果不是从学生的生活中去引导的话,这些科学结论最终将变成一堆"空洞的或纯粹的符号",[④] 孤零零地存在于学生的头脑中,远离学生的日常生活经验,对学生的成长没有意义,最终学生的世界仍然是两个完全脱离的世界:一个是书本所描述的知识世界,一个是学生生活的实际世界。这两个世界之间没有任何的交集。

---

① John Dewey:The Early Works,Southern Illinois University Press,1972. Volume5:93.
② John Dewey:The Middle Works, Southern Illinois University Press,1978. Volume6:70,74.
③ 杜威.教育文集》第1卷,人民教育出版社,2007:123.
④ 杜威.教育文集》第1卷,人民教育出版社,2007:122.

总之，科学的进步在工业领域和社会领域引起了巨大的变化，人们所了解的科学知识也越来越多，对学生而言，最重要的不是背诵书本上的知识素材，而是提高"理解它们并认识它们的相互关系及应用状况的能力"。[①]然而，科学研究的这些资料在教育的实践中单纯以一种客观的、条理化的知识形式呈现给学生，在这一过程中，科学的价值并没有充分地体现出来，因此，有必要对教育进行一定的改造。

## 第三节　科学改造教育的具体体现

### 一、科学为教育提供新的方法

科学领域中的探究方法要求科学工作者具备相应的观察能力、实验能力、反思能力和批判能力等。杜威指出，"把发展思考、观察和探究的科学精神作为教学的首要任务，这也许是一个公理。"[②]借鉴科学中的成功方法来改造教育，是教育中应该重视的一个问题。

（一）科学领域中的批判方法可以被教育领域借鉴

在教育体系中，学生花费了很多的精力去积累知识和学习一些机械的技巧知识和僵硬的书本知识，与社会严重脱节。当学生从学校被输送出来时，学生根本不知道所学的知识对于改变这个社会和世界的意义，对社会事务也没有理智上的独立见解和评价能力，根本没有能力应付社会生活和个人生活中的问题，甚至在道德上迷失了方向，成为"法西斯主义的最现成的和最热心的拥护者了"。[③]在杜威看来，具有指导意义的教育模式应该

---

① 杜威.教育文集》第1卷，人民教育出版社，2007：296.
② John Dewey: The Late Works，Southern Illinois University Press，1979，Volume6：60.
③ 约翰·杜威.人的问题[M].傅统先，译.上海：上海人民出版社，1965：72.

是能够提供给学生一种认知和批判的能力，最终能够对付人生和社会生活当中的问题。杜威指出，"战争宣传和希特勒化的德国的情景证明：如果学习不创造一种有批判性的鉴别能力的大众智慧，那么将会无限制的产生偏见和燃烧的情绪。"[①] 即，在教育中需要培养学生一种批判的思想，帮助他们去辨清所学的知识对指导生活的意义。

科学的发展在某种程度上可以说是对权威教条的批判怀疑，甚至是否定。在科学发展的过程中，科学研究者们用批判的眼光看待过去被称为权威的教条信仰，也用批判的眼光看待科学成果在实践生活中所产生的效应。科学正是在这种不断自我反省、不断批判的过程中逐步完善。杜威强调，科学的这种敢于怀疑权威教条的品质和批判方法为教育界培养学生对人生事务的批判精神提供了很好的借鉴作用。学生们可以借鉴科学领域中的批判方法对自己所学的知识进行反思，对知识在社会事务中的利用进行理智地选择，"目前每一个人的主要需要是思考的能力，观察问题、把事实和问题联系起来、利用和享有观念的力量"。[②] 最终才能真正实现受教育的目的。

（二）科学领域中的实验方法可以被教育领域借鉴

在科学领域内，实验方法已经取得了巨大的成功。在教育领域内，科学中的实验方法逐步地在高等院校和中学中得到推广。然而，在初级教育领域内这种实验方法还没有得到重视。在初级教育中，书本和图画所提供的只是消极的观察和事实陈述。杜威认为，科学方法依赖于人们实验控制下的经验取得了巨大的成功，学校里的科学教育也可以借鉴这样的方法。由于科学中的经验知识是不断成长和不断连续的，教育中的科学科目也应该包含有不断成长的题材，培养学生有效地评价生活和社会文化背景的能

---

① 约翰·杜威.人的问题 [M].傅统先，译.上海：上海人民出版社，1965：64.
② 约翰·杜威.人的问题 [M].傅统先，译.上海：上海人民出版社，1965：72.

力和方法。杜威认为，教学课程设置应遵循的重要原则之一是让这些课程成为培养学生"活跃、持续、富有成效的理智习惯的工具"。① 课程的设置应该让学生逐渐掌握一种实验探究和证明的方法，而不是遵循守旧的教条和规则。因此，杜威强调，学校里的各科学学科"要靠个人的反省活动和实验的方法……以便日后获得更为专门的科学知识……逐步精通实验探究和证明的方法"②。书本所提供的知识也不能免予被实践或实验所检验，只有当书本材料通过实地观察或实验加以支持、刷新和检验的时候，"这种书本材料才变成了可靠的科学的一个证实的部分"。③

（三）科学领域中的观察方法可以被教育领域借鉴

科学中的观察方法，对于科学工作者来说，不仅仅是目的，更是一种验证的手段，是为形成一种新的假说提供依据和思考的线索。

在杜威看来，科学领域中的观察方法，对教育领域中也有一定的启发意义。在教育领域内，教师们在对学生进行观察能力训练时，大多数把观察本身当作一种目的，而不是把观察当作获取资料、解答某一难题并指导思维的工具。学生们在观察中，没有目的性的指导，进行的观察一般是按照程序或规定，教育者训练学生观察和实验的目的似乎就是让学生记录事实和获得仪器的操作技巧，却没有启发学生如何使用这些技巧去解决生活中的问题，学生难以获得理智的东西。杜威指出，"观察应具有科学的性质。"④ 即在教育中，教育者在培养学生的观察能力时，应该借鉴科学中的观察方法，"把观察作为取得理智结论的手段"。⑤

---

① 约翰·杜威. 我们如何思维 [M]. 伍中友，译. 北京：新华出版社，2010：138.
② 约翰·杜威. 我们如何思维 [M]. 伍中友，译. 北京：新华出版社，2010：139.
③ 约翰·杜威. 人的问题 [M]. 傅统先，译. 上海：上海人民出版社，1965：242.
④ 约翰·杜威. 我们如何思维 [M]. 伍中友，译. 北京：新华出版社，2010：162.
⑤ 约翰·杜威. 我们如何思维 [M]. 伍中友，译. 北京：新华出版社，2010：159.

## 二、科学为教育清除了非理性偏见的束缚

### （一）科学中的人文维度有助于教育目的的实现

杜威明确指出现代教育弊病的根源在于"人文学科和非人文学科的分裂"[①]，要改变教育领域中对科学的偏见及防止科学对人类社会造成灾难性的影响，就必须"要留意社会必须的技术科目具有一个人文的方向"。[②] 也即，不能把这些科学技术科目同它们所具有的人文的来源割裂开来，也就是说要把书本中的科学教育同当代生活的需要结合起来，重视两者之间的关系，充分认识这些科学知识跟人类的关系及其所产生的社会背景和社会后果。当强调了科学知识中所蕴含的的人文维度，把科学中的理智因素、人文因素和人类生活的需要联系起来时，才能最终实现教育的目的，即"利用我们手头所掌握的资源，不管人文文学也好，科学也好，具有职业意义的学科也好，以保证人们有能力赞赏我们所生活于其中的这个世界中的需要和争端"[③]。

### （二）借鉴科学中的探究态度，有助于对学生思维习惯的培养

目前的教育领域中，老师会把僵硬的知识和标准答案输送到学生的脑中，学生在这一训练过程中探索和反思的能力被大大消弱，不利于智力和思维能力的培养。杜威批评了当前教育中存在的僵硬化标准和教条的现状，他认为，教育的任务在于"传授各种可能的信息，而不在于对每一见解提供证明"。[④] "教育就是要培养明智的心灵……悬置判断的习性，怀疑主义的习性，关注证据的习性……探究而非常想当然的习性。"[⑤] 科学中的

---

① 约翰·杜威.评价理论[M].冯平　余泽娜等，译.上海：上海译文出版社，2007：75.

② 约翰·杜威.人的问题[M].傅统先，译.上海：上海人民出版社，1965：68.

③ 约翰·杜威.人的问题[M].傅统先，译.上海：上海人民出版社，1965：69.

④ 约翰·杜威.我们如何思维[M].伍中友，译.北京：新华出版社，2010：24.

⑤ John Dewey：The Middle Works，Southern Illinois University Press，1983. Volume 13：334.

探究态度有助于教育领域中清除对权威教条的信奉，从而注重对学生思维习惯的培养。对杜威来讲，"知识并不等于智慧，知识也不能保证良好的判断"。[①]学生在学校学到大量的知识或技能技巧固然重要，然而，一个学生所拥有的理智的判断能力和探究能力更重要。只有这样，学生才能在面临具体复杂的事情时，做出理智的判断，解决实际问题。杜威相信通过培养学生们的具有探究态度的思维习惯，能够帮助学生达到以上目的。

（三）借鉴科学的实践特征，清除教育中对实践的偏见，注重培养学生的社会实践能力

目前的教育，忽视学生实践能力和解决问题能力的培养，学生可能会知道机械的功能和名称，却不能操作它。以上这种离开实践的教育模式是杜威所反对的。他指出，"人类的科学知识和技术技能，都产生和发展于人类生活的基本问题"[②]，科学领域的研究不能脱离社会需求和人类的实践背景进行，也不能只在脱离实际的逻辑思辨中和真空环境里进行。这些事实对于教育也有很重要的意义，对教育的改造也不能脱离实践和社会背景。从教育的功能上来讲，把学校的科学科目的教育与社会影响分来的做法是比较极端的，学生们"对于目前正创造着和将来可能改造人类社会的种种势力，将获得很少的明智的了解"。[③]杜威认为解决这个问题的一个较好的办法就是使这些科目的集中点和焦点落在"它们的社会根源和社会功能上"，[④]也即，重视科学知识的人文特征和实践特征，在教育中充分挖掘这一实践品质，注重培养学生的社会实践能力，让学生的知识在社会实践中得以应用。就像科学成长需要在实践中得到验证一样，学生所获得的知识也需要在社会实践中不断成长。这样，教育者们和受教育者们就能够在社会实践

---

① 约翰·杜威.我们如何思维[M].伍中友，译.北京：新华出版社，2010：86.
② 约翰·杜威.我们如何思维[M].伍中友，译.北京：新华出版社，2010：138.
③ 约翰·杜威.人的问题[M].傅统先，译.上海：上海人民出版社，1965：39.
④ 约翰·杜威.人的问题[M].傅统先，译.上海：上海人民出版社，1965：148.

中调节评价社会的能力和手段。只有把知识和学生的社会实践行动结合起来，满足社会的需要和文化背景的需求，教育才能培养出真正的学生。

## 三、科学刺激教育改革的系统化和社会化

### （一）科学为教育改革提供更好的理智手段

杜威认为，"教育是一种包括科学在内的活动"，[①] 在教育实践的发展过程中，需要对教材和教学方法及教学标准采用探究的方法，使其更加理智地解决教育活动中的问题，使教师的明智的指导能力增强。有了科学的方法，人们就能够对原有的教学题材和教学方法产生理智的综合归纳，使其成为一种原理性的东西，在实践教学中更加有效。正如杜威所言，"有了科学，能使天才的经验有共同的功效；有了科学，能使特殊能力的结果变为其他研究人员工作装备的一部分，而不致自生自灭。"[②] 科学使从事教育的人更加聪明，考虑的问题更加周到，因此在以后能够不断纠正和补充以前的教学工作。

### （二）科学领域的合作与开放刺激教育领域的开放性

科学研究离不开人与人的合作与配合，这种合作精神也将对教育领域有所启发。在杜威的理解中，学校在某种程度上是浓缩了的一个小社会。因此，不能把学校简单的归结为传授课本知识和学业的场所，应该是把对学生的教育与社会联系起来，培养学生的社会性。因此，杜威强调，"我们必须从社会意义的角度把它们看作社会借以存在的过程的形式，看作使儿童明了共同体生活的必要手段，……简言之，看作借此使学校真正成为活跃的共同体生活的工具，而不是留置出来作为课程学习的场所。"[③] 教育

---

① 杜威.教育文集》第 5 卷，人民教育出版社，2007：27.
② 杜威.教育文集》第 5 卷，人民教育出版社，2007：21.
③ 杜威.教育文集》第 1 卷，人民教育出版社，2007：11.

领域和科学领域一样，也是一个社会组织，有分工和合作，需要合作精神。比如，学生们为了完成一项教学任务，也需要相互的配合和情感的交流，以开放和宽容的心态接受别的同学的新的观点和方法。

总之，"教育是把知识和生活中实际发生作用的价值统一起来的惟一突出的手段"。[①] 因此，教育具有工具作用，学校的教育不能局限于提供标准知识和技巧形式，还更应该注意社会环境和文化背景的需求。教育领域中所利用的科学方法和态度能够协助教育朝向更智慧的方向发展。

# 第四节　杜威的科学教育观的意义

## 一、有助于科学教育和人文教育的融合

目前的教育实践中，教育者并没有把科学作为一个人文的学科去教，而是生硬地把科学和人文分开，把科学作为独立于人生事务世界之外的学科去教，造成了科学领域与人文领域的冲突。用杜威的话来讲，即教育领域被分为"一方以自然为主题的研究，一方以人类为主题的研究"[②]。

杜威立足于当时的社会大背景中，从科学人文主义的视角出发，强调科学教育与人文教育的融合，强调教育领域与社会领域的联系，使科学教育获得了更加丰富的人文内涵，也使人文教育增添了更多的科学素养。正如他所言，"在看待人文学科与自然科学两方面研究的时候，教育的起点应该基于这种密切的互为依存的立场……应该旨在着眼于自然科学与以人为本的各种不同学科进行交错互补。"[③] 杜威的教育观对我们今天的教育观也有重要的启示作用，也为科学和人文的融合提供了更加广阔的视角和坚

---

① 约翰·杜威. 人的问题 [M]. 傅统先，译. 上海：上海人民出版社，1965：133.
② 约翰·杜威. 民主主义与教育 [M]. 王承绪，译. 北京：北京人民教育出版社，2001：118.
③ 约翰·杜威. 民主主义与教育 [M]. 王承绪，译. 北京：北京人民教育出版社，2001：126.

实的基础。"我们学习科学事实或科学法则，如果注意科学事实与物质和技术的联系，也注意科学事实与人的联系，就能扩大科学事实的含义，给予科学事实更大的文化价值。"① 可以看出，在人文价值这一层面上，科学教育与人文教育很自然地就融合在一起，两者之间基于人类的文化背景和人类的共同命运而紧密相连，杜威的科学教育观无疑对两者的融合有一定的启发作用。

## 二、强调了技术和实践在现代教育中的作用

在杜威的思想中，教育应该利用科学和技术为积极的工具，培养人的积极态度和习惯，获得处理人生的相关事务的知识，从而达到人生的道德目标。然而，目前的教育实践中，科学仍然是作为一种已经获得的确定的知识传授给学生的，教育者并没有把科学放到一个实际的人生事务环境中去传授给学生，教育与实践严重脱离。杜威坚决反对脱离技术和实践的书院式教育思想。他认为，在教育领域中，要达到科学教育的人文目的，即为人类的共同福祉而努力，那么，就有必要强调教育与人类的生活实践相结合。只有植根于人类实践的教育方式，才能真正有助于人文和科学的融合。因此，杜威特别强调教育中科学实践的重要性，使科学在一个广阔的人类背景中与人文产生更加自然、更加广泛、更有生机和活力的联系。

## 三、强调了科学在现代教育中解放思想、促进文化发展的积极作用

杜威认为，学校的教育应该跟科学一样考虑到人类的需求，教育理论应该帮助人们去扫清固定性的哲学追求，要以为人类的幸福作为奋斗的目标。受到进化论的影响，杜威强调教育对人性的可塑性，同时杜威也强调

---

① 约翰.杜威.民主主义与教育[M].王承绪，译.北京：北京人民教育出版社，2001：305–306.

教育背后的社会和文化背景的重要性，也就是说教育的价值与社会的价值是息息相关的。为了达到教育的目标，"它必然要全心全意地不仅接受技术的科学方法，而且接受人生的科学方法，以达到现代民主理想的希望"①。杜威所提倡的这种教育模式对人类社会具有重要的解放意义。在杜威看来，一个人掌握了科学题材和科学方法后，更能够发现新的问题，走向多元化而不是统一化。这种多元化对整个教育学科内的研究者们有着积累的影响和作用。杜威的教育观为教育领域中的科学知识与社会需要的融合提供了很好的可行路线。"建立在新的科学观基础上的新的教育观，将呼唤从知识教育到文化教育的转变。"②

## 四、强调了科学知识的教育与人类文化生活世界的充分融合

在杜威看来，现代的教育不光是要满足人们的研究、掌握知识的愿望，更应该满足人们创造和生产等的愿望。知识也不再是凝固的不变的东西，而是成为与时代相融合的不断变化的东西，在时代与社会的潮流中积极前进着。因此，教育界应该把文化的熏陶和人格的发展作为教育的目标，科学知识的教育需要符合人类的心理规律，不能脱离文化语境和生活世界来抽象地灌输科学知识。杜威的科学教育观无疑启发了教育与人类文化和生活世界的充分融合。健全的科学知识教育，"不应当只是一种知识累积性质的教育，而是一种包括知识在内的文化教育"③。只有把科学知识的教育置于广阔的活生生的文化背景下，学生才能获得全面而充分的培养。学校的教育不再以知识的传授为中心，而是以人为中心，"学生受到包括知识在内的整个文化的全面熏陶，从而不仅成为旧知识的接受者，更成为新知

---

① 约翰·杜威.人的问题 [M].傅统先，译.上海：上海人民出版社，1965：128.
② 孟建伟.从知识教育到文化教育——论教育观的转变 [M].教育研究，2007：一期。
③ 孟建伟.从知识教育到文化教育——论教育观的转变 [M].教育研究，2007：一期。

识的创造者"①。

# 本章小结

就教育而言，杜威极大地提升了科学技术在其中的重要性。杜威批评传统人文教育的三个缺陷：其一，将教育对象主要集中于少数社会精英和文化精英，缺乏对民众教育的关切；其二，轻视技术和实践，仅仅满足于博学和文雅，而缺乏解决实际问题的能力；其三，非理性地拒斥科学对人性的教化和塑造，忽视科学的理论、方法与精神在教育中的积极作用。相应于这些批判意见，杜威提出了参照科学与技术而做出的教育改造纲领：首先，教育必须要面向公众，必须要让民众获得教育的权利。如果民众无法摆脱蒙昧和腐化，那么，在整个腐败的社会环境中，社会精英也很难在学院中建立起"纯净的"世外桃源。除非让公众普遍受到科学和理性的教化，否则就难免导致民主蜕化为多数人的暴政。②其次，面向民众的教育要抛弃对劳动、实践和技术的贵族式的偏见，要学以致用，能够帮助民众解决实际问题，强调教授实际技能的职业教育的重要性。最后，职业教育并非是教育的全部。培养一个健全的人格，还需要有理性而自由的精神品位，而这与科学紧密相关。杜威的科学教育反对过分集中于知识和方法的教授，而是强调科学解放人性，塑造健全人格的精神作用。他指出："在教育上利用科学的问题，就是要创造一种智力，深信智力指导人类事务的可能性。"③因此，教育培养的不是那些病态地缅怀前现代文化的学究，而是懂得结合最新科技的智识成就和文化成就，不断努力超越前人成就的积极乐观的新人文主义者。在科学的时代里，教育的改造若要取得成功，显然

---

① 孟建伟. 从知识教育到文化教育——论教育观的转变 [M]. 教育研究，2007：一期.
② 约翰·杜威. 人的问题 [M]. 傅统先，译. 上海：上海人民出版社，1965：28.
③ 吕达等主编. 杜威教育文集（第 2 卷）[M]. 人民教育出版社，2008：218.

不能忽视科学的人文精神与人文价值。

科学在教育中的重要性，一直都是杜威教育改革的核心所在，也是他基本哲学思想的理论后果。杜威力图通过科学的方法，将哲学和社会学、心理学统一在一起，用教育实现美好的生活。

# 中篇小结

　　初看起来，杜威参照现代科学的成就来改造社会文化的主张，似乎非常类似于实证主义者所持有的某些极端的唯科学主义，然而，杜威的科学人文主义绝不能简单等同于极端的唯科学主义。这不仅是因为杜威明确反对脱离生活世界和人类关切，盲目推崇逻辑主义和实证主义的各种狭隘的现代科学观，而且在他参照科学进行的社会文化改造纲领中，并非将科学看作在所有文化的中心起着权威作用的典范。作为一个哲学家，杜威将引领人们改造社会文化的位置留给了哲学，只是这个哲学是经过现代科学更新改造后的哲学。杜威希望，通过科学更新后的哲学，将为包括美学、伦理、政治和教育等社会文化的改造提供更多的思路和指导。

　　可见，在杜威的科学人文主义思想中，对科学的关切与对文化的关切是同样重要的两大主题。脱离了任何一个，都无法正确地理解杜威的哲学思想。然而，杜威虽然对当代哲学家产生了深远的影响，但是，以蒯因和戴维森为代表的一批分析哲学家认为，杜威哲学思想强调了哲学要与科学实践相结合，因而强调科学的自然主义是杜威思想的根本特点。相反，以罗蒂为代表的一批带有后现代色彩的哲学家则认为，杜威消解了传统知识论在哲学中的权威，从而使哲学进入了诠释与对话的后哲学文化的范畴。然而，事实上，杜威的哲学思想是通过对皮尔士的逻辑思想和数学思想以及詹姆斯的经验主义和人文主义进行批判性地综合而逐渐形成的。[①]因此，杜威的哲学思想的原创性，恰恰在于它批判性地综合了实用主义的逻辑的、科学的维度和人性的、文化的维度，因而具有相当明显的科学人文主义的特点。

杜威一生的学术理论和社会实践，都可以看成在为完成他所信奉的科学人文主义理想而做出的种种努力。杜威的科学人文主义思想，全面而深入地揭示了科学与人文之间的诸多联系，进而为当代科学与人文的互动与交流，为社会文化的繁荣和发展留下了宝贵的思想遗产。

---

① Donald M. Borchert, Encyclopedia of Philosophy（Vol. 7）. Detroit：Thomson Gale，2006：.745.

下篇

## 杜威科学人文主义思想的影响及意义

# 第九章　杜威科学人文主义思想的影响

## 第一节　对后分析哲学的影响

杜威在对科学的认识中，注入了很多人文的和人性的因素，在科学的世界里深深地打下了人类的烙印。在杜威的眼中，科学不再是死板的、僵硬的、脱离人的实践的、纯理论的追求，而是一种充满探究和刺激的人类生活的一种形式，是根植于人类生活并且为人类服务的一种智力活动。杜威的科学人文主义思想改变了人们对科学的传统观念上的认识，这就为后现代主义打下了思想基础，成为后分析哲学家们思想的来源。

后分析哲学的不同流派之间有一个共同之处，即反对传统分析哲学的正统之思想。后分析哲学不同于以往的传统分析哲学，在元哲学观、本体论、认识论、方法论等方面渗透着浓厚的科学人文主义思想色彩，重视科学领域与社会文化领域之间的密切联系。后分析哲学的一个核心思想就是："强调向实践回归"。[①] 根据后分析哲学流派对实践的强调不同，后分析哲学大致上可以分为三种实践进路：一是以蒯因为代表的科学实践哲学

---

① 　孟建伟　刘红萍. 杜威的科学人文主义对后分析哲学的影响 [M]. 北京行政学院学报，2012 年第 6 期：102.

路线，即强调哲学要回归科学实践；二是以罗蒂为代表的文化实践哲学路线，即强调哲学研究要注重文化实践；三是以普特南为代表的生活实践哲学路线，即强调哲学研究要回归生活实践。这三种不同的哲学路线都在不同程度上受到杜威的科学人文主义思想的影响。

## 一、对激进的科学实践进路的影响

杜威的科学人文主义思想很重要的一个特点就是强调科学对哲学的影响，被归类为哲学的东西现在已经被归类为科学的东西所深刻改变。[①] 强调科学实践在哲学改造中的重要性，是杜威的科学人文主义思想的一个重要观点。以蒯因和苏珊·哈克为代表的后分析哲学家们继承并发展了杜威的科学人文主义强调科学实践的哲学思想。在蒯因等后分析哲学家看来，传统的分析哲学过度强调了语言分析和逻辑分析，沉迷于逻辑的形式分析中，而忽视了科学史中的社会因素和实践因素，不能从根本上解决由于科学发展所带来的重大哲学问题。杜威的科学人文主义思想则为重视科学实践的后分析哲学的研究打开了一个新的视角。可以说，后分析哲学的科学实践进路主要是"得益于杜威"。[②] 杜威的科学人文主义强调在科学的大时代背景下，科学所关注的问题不再是脱离人类经验的先验哲学，而应当是根植于科学实践并服务于人类实践需要的后验哲学。杜威的这种科学哲学观深刻的影响了蒯因。蒯因也明确提出："在哲学上，我坚持杜威的自然主义……与杜威一样，我认为，知识、心灵、意义是它们不得不与之打交道的同一个世界的部分，并且必须按照使自然科学充满生机的同样的经验精神对它们加以研究。这里没有先验哲学的位置。"[③] 后分析哲学的科学实

---

① 约翰·杜威.哲学的改造 [M].张颖，译.西安：陕西人民出版社，2006：8-9.

② 苏珊·哈克.理性地捍卫科学 [M].曾国屏等,,译.北京：中国人民大学出版社，2008.：2.

③ 涂纪亮，陈波主编.蒯因著作集（第2卷）[M].贾可春，译.北京：中国人民大学出版社，2007：368.

践进路也反对传统的真理符合论，即反对把真理简单的等同于与实在的符合，而是认为"可以在主体间性的真理论和符合论的真理论二者之间找到符合科学实践的真理论"①。

　　杜威的科学人文主义思想也深深地影响着后分析哲学的科学实践进路对认识论和方法论的观点。在认识论上，杜威强调人类的心理学、语言学和认知科学等在认识中的作用。蒯因在这一点上"发现自己从根本上赞同杜威"。② 在方法论上，杜威肯定科学方法的多样性，反对脱离科学实践的纯逻辑推理方法。蒯因继承了杜威的这一方法论观点，认为科学的方法论问题"产生于持续不断的探究语境之中，而这些探究是对它们所面临的变化的反应"。③ 苏珊·哈克也追随着杜威的多元方法论，她并不认为存在着固定不变的科学方法，存在的只不过是"对于所有严格探究都共通的推理模式和程序"④。

　　总之，后分析哲学的科学实践进路不仅在元哲学观、本体论、认识论和方法论等方面继承和发挥了杜威的科学人文主义思想，而且从科学实践的角度理解杜威的科学文化建构观，"主张应当根据科学实践的要求，将传统文化去神秘化和自然化"。⑤

## 二、对激进的文化实践哲学进路的影响

　　杜威的科学人文主义思想不仅强调对科学实践的重视，也强调对文化

---

　　① 孟建伟　刘红萍．杜威的科学人文主义对后分析哲学的影响 [M]．北京行政学院学报，2012 年第 6 期：102．

　　② QUINE，W. V. FOLLESDAL，D. QUINE，D. B. Quine in Dialogue［M］，Cambridge：Harvard University Press，2008：70．

　　③ FOGELIN，R. J. Aspects of Quine's Naturalized Epistemology［C］//In GIBSON，R. F.（Ed.）．The Cambridge Companion to Quine. Cambridge：Cambridge University Press，2004：43．

　　④ 苏珊·哈克．理性地捍卫科学［M］．曾国屏等，译．北京：中国人民大学出版社，2008：1．

　　⑤ 孟建伟　刘红萍．杜威的科学人文主义对后分析哲学的影响 [M]．北京行政学院学报，2012 年第 6 期：103．

实践的重视。以罗蒂为代表的后分析哲学家继承了杜威的重视文化实践的坚定立场，强调了多元文化的共同发展，消弱了逻辑在传统哲学中的地位，并大大消弱了科学在西方文化中的霸权地位。

杜威的科学人文主义思想对激进的文化实践哲学进路的影响首先体现在对传统元哲学观的颠覆。以罗蒂为代表的后分析哲学家废弃了传统分析哲学对真理和客观性问题的关注，转而强调对话和教化的重要性。罗蒂曾表示，罗蒂很自然地将杜威奉为"伟大的教化思想家"之一。[①] 正是杜威打碎了镜式哲学的美梦，让文化的发展成为"不受制约的生命之花"[②]，我们可以从激进的文化实践哲学进路里看到杜威追求文化对话和人性教化的哲学纲领的影子。杜威的科学人文主义思想对激进的文化实践哲学进路的影响还体现在对传统分析哲学问题的消解。以罗蒂为代表的后分析哲学反对把实在论的形而上学问题看作是一个纯粹的语义分析和逻辑分析问题，而是应该看成是一个文化实践的问题。罗蒂就曾明确指出，杜威是从"经验的形而上学"转向"对文化发展的研究"的重要哲学家。[③] 我们可以看出，激进的文化实践哲学进路对传统形而上学实在论问题的消解，从杜威的科学人文主义思想中找到了灵感。

激进的文化实践哲学进路不仅对传统形而上学实在论的问题进行消解，也对传统的符合论的真理观问题进行消解。在杜威的眼中，真理只是反映了人的信念和文化价值的"有保证的可断定性"[④]。罗蒂高度评价了杜威的这种观点，并进而提出了把符合论的真理观理解为反映了科学共同体之间共同的价值和信念的协同性的文化信念。由此可见，以罗蒂为代表的

---

① RORTY, R. Philosophy and the Mirror of Nature ［M］: rinceton: Princeton University Press, 1979.p368.

② RORTY, R. Philosophy and the Mirror of Nature ［M］: rinceton: Princeton University Press, 1979.p13.

③ 罗蒂 . 实用主义哲学 ［M］, 林南, 译 . 上海: 上海译文出版社, 2009: 77.

④ DEWEY, J. Logic: The Theory of Inquiry ［M］. New York: Henry Holt AND Company, 1938: 7.

激进的文化实践哲学进路对传统的符合论的真理观问题的消解，得益于杜威的科学人文主义思想。

激进的文化实践哲学进路也对传统静态的、镜式的知识观进行了批判。罗蒂认为传统的分析哲学的认识论通过逻辑和语言的分析方法，致力于构造一个具有精确表征性科学知识的形象，企图巩固科学知识的特权地位。而杜威的伟大的功劳在于超越了以往以认识论为基础的分析哲学的范式，向后世哲学家指出了一条"非认识论的哲学之路"。[①]激进的文化实践哲学进路也得益于杜威的这一思想。

不同于蒯因等科学实践哲学进路的后分析哲学家，罗蒂等后分析哲学家极力建立一个推进不同文化积极对话与自由发展的后哲学文化，消解传统哲学所极力捍卫的科学真理特权。由此可以看出，罗蒂并没有继承杜威科学人文主义思想中对科学实践的关注，而是侧重继承了杜威科学人文主义思想中的多元文化观思想。

## 三、对生活实践后哲学进路的影响

生活实践的后哲学进路也深受杜威的科学人文主义思想的影响。生活实践这一进路以普特南为代表。他们继承了杜威的科学人文主义对人类生活实践的关切，既不同于蒯因等后分析哲学家无意中表现出来的科学主义情结，也不同于罗蒂等后分析哲学家所持有的非理性主义的立场。

杜威的科学人文主义立场对后哲学哲学中的生活实践进路的影响首先体现在元哲学观的生活化方面。普特南等后分析哲学家力图从生活实践的需要出发，在科学实践和文化实践的探寻中寻求解决问题的出路和方法。普特南认为杜威的科学人文主义思想对社会生活的各个领域进行探索时，其哲学思想恰恰"既可能改变我们的生活，又可能改变我们看待生活的方

---

① RORTY, R. Philosophy and the Mirror of Nature [M]: rinceton: Princeton University Press, 1979.p381.

式；而这就是哲学反思所能发挥的最好的作用"。①

　　杜威的科学人文主义立场对后哲学哲学中的生活实践进路的影响还体现在具体哲学理论的生活化方面。生活实践进路的后分析哲学站在生活实践的角度上，将生活实践的要素融入了传统的分析哲学的观念中，有助于哲学的发展打开更广阔的理论视角。传统的分析哲学虽然在一定程度上承认了形而上学的重要地位，但是并没有意识到形而上学与生活实践的重要联系。杜威则很好地诠释了形而上学在生活中的重要作用，因此，普特南指出，杜威的巨大贡献在于，"他坚持我们没有也不需要'关于一切东西的理论'，对于形而上学来说，重要的是"洞察人类如何处理生活问题的情境"。②普特南等生活实践进路哲学家又进一步发挥了杜威的形而上学思想，强调形而上学既要反映科学实践的客观性，也更应该揭示出生活实践的丰富性，把人文的因素和社会科学的因素融入形而上学的范畴内。

　　在认识论方面，杜威站在科学人文主义的立场上，对传统的追求知识的确定性论调给予了有力的驳斥，并提出基于生活实践基础之上的可错性和非还原性的认识论。杜威的科学人文主义认识论为普特南等后分析哲学家的生活实践进路提供了重要的启发。普特南就曾指出，杜威将可错论的知识论与倡导实验的民主思想结合起来，成为一个"最有可能成功解决它们的改革方式的社会活动家"。③

　　在真理观方面，杜威明确的反驳了"绝对真理"的概念，主张用"有保证的可断定性"来取代绝对真理的概念。④普特南认为杜威对真理的表征其实是一种合理性的"客观相对主义"，即"某些事情在某种境遇下是正确的（客观地正确），而在另一种境遇下是错误的（客观地错误），而

---

①　普特南：重建哲学［M］，杨玉成，译．上海：上海译文出版社，2008：205—206.

②　普特南：重建哲学［M］，杨玉成，译．上海：上海译文出版社，2008：193.

③　普特南：无本体的伦理学［M］，应奇，译．上海：上海译文出版社，2008：6.

④　PUTNAM, H. Realism with a Human Face［M］, Cambridge: Harvard University Press, 1990：222.

相关的境遇则是由文化和环境决定的"。① 因此，真理的合理性不能脱离文化的和社会的实践背景，而应该放在具体的生活实践中去获得合理性的依据。

从以上的分析可以看出，一方面，以普特南为代表的后分析哲学家既不想遵循科学主义的文化改造纲领，也不愿意追随罗蒂式的相对主义的文化改造纲领。杜威的注重生活实践的科学人文主义思想消解了传统哲学的捍卫知识、社会和文化正当性的先验基础，强调要建立在生活实践的经验基础之上，即使这些先验的理由披着科学的外衣，杜威也"反对社会思想的一个长久的传统，这个传统十分缺乏对社会问题做认真经验研究的尊敬"②；另一方面，杜威的科学人文主义思想打破了哲学或政治上的权威传统，倡导民众对社会文化和政治生活的参与和建构。可以说，杜威的这种强调生活实践的经验性和尊重个体的创造性，以理性而自由的精神引导着启蒙文化的重构，从而为普特南等后分析哲学的生活实践进路打开了新的视角。

综上所述，后分析哲学的三个理论实践进路都从不同的角度和方面受到杜威的科学人文主义思想的影响。以蒯因为代表的科学实践进路的后分析哲学进一步发展了杜威的科学人文主义对科学实践的重视，捍卫了科学在文化中的地位，但由于它带有较强的科学主义的倾向，受到解构科学霸权的后现代文化研究者们的抨击。以罗蒂为代表的文化实践进路的后分析哲学进一步发展了杜威的科学人文主义思想中对文化实践的重视。它致力于多元文化实践的研究，在一定程度上消解了科学知识在文化中的霸权地位，建构一种多元文化自由发展的后哲学文化时代。但由于它的文化实践观带有较强的相对主义色彩，因此也受到不少关注理性和科学实践的科学哲学家的反对。以普特南为代表的文化实践进路的后分析哲学努力超越传

---

① 普特南：理性、真理与历史［M］，童世骏，李光程，译.上海：上海译文出版社，1997：173.

② 普特南：无本体的伦理学［M］，应奇，译.上海：上海译文出版社，2008：94.

统分析哲学的弊病，根植于人类的生活实践，注重科学实践和文化实践在人类生活实践中的重要作用，建构一种理性、民主和宽容的新启蒙文化。可以说，它更全面的继承和发展了杜威的科学文化主义思想。

总之，以上后分析哲学的三条理论进路通过对杜威的科学人文主义思想的吸收和发展，为科学哲学的进一步发展提供了一个全新的视角。它们将科学实践、文化实践及生活实践等要素融入到传统分析哲学的研究范围中，让人们以更人性的、更明智的态度"认识和理解科学与人文的关联"[①]，可以说，杜威的科学人文主义思想对欧美分析哲学和对中国的现代科学哲学产生了并将继续产生深刻的影响。

# 第二节 对现代中国的影响

## 一、对五四运动的影响

五四运动在中国历史上具有划时代的意义，无论是在学术思想层面，还是在整个社会的历史变革层面，对中国的发展都产生了巨大的影响。五四时期，西方哲学的思想大量涌入中国。五四运动的主要领导者之一胡适，作为杜威的中国学生，接受了杜威的实用主义哲学，并把杜威的思想引入中国，为五四运动奠定了很好的思想基础。胡适主张"拿科学的态度、精神、方法，做我们生活的态度，生活的方法"[②]，这种思想之来源无疑得益于杜威的思想启发。杜威在五四运动前夕应邀来到中国讲学，杜威在华的数百次演讲，涉及哲学、教育、社会、政治、伦理、逻辑等各个方面，在当时的学术界产生了重大的影响。作为一个倡导科学、关注人类命运为

---

① 孟建伟 . 科学与人文的深刻关联》[ J ]，自然辩证法研究，2002（6）: 7.
② 胡适 . 科学的人生观 [M].《胡适哲学思想资料选》(上)，葛懋春、李兴芝编辑，华东师范大学出版社，1981: 319.

己任的哲学家，杜威对当时的新文化运动抱着满腔热情，他非常关注科学与现实的教育、伦理等方面的关系，强调从这些方面改造人的思想，实现人的自由。五四新文化运动旨在解放人的思想，用科学和人文民主的思想来启蒙中国的广大阶层民众，期望达到改良社会与广大民众的命运。杜威的科学人文主义倡导科学与人文的力量，强调哲学对人类社会和生活实践的指导意义，人类实践的目的是为了更好的生活，哲学所面临的世界就是人类所面临的现实世界，这正与五四新文化运动的目标一致。

## 二、对中国科学哲学研究进路的影响

1918 年，中国最早的科学哲学课程最早在北大开设。20 世纪 20 年代的"科玄论战"进一步掀起了对科学哲学专业的思考。长期以来，中国的"科学哲学"一直被当作"自然辩证法"下面的一个小分支。70 年代，一大批西方科学哲学著作被大量引进，在中国的自然科学领域和人文社会科学领域引起了广泛的关注和兴趣，90 年代，"科学技术哲学"作为哲学的二级学科正式成立。正是因为中国科学技术哲学专业受到西方传统的科学哲学思维的影响，中国的科学技术哲学长期以来表现出较强的西方分析哲学的标准和特点，即重视实证、主张逻辑分析。

杜威的科学人文主义思想融合了科学、文化与人性的精髓，为科学和人文的交流和对话奠定了很好的思想基础，为欧美传统哲学的研究范式提供了新的思想来源的火花，也为中国的现代科学研究产生了一定的影响，有助于为中国的科学哲学研究打开一个新的视角。为了让中国科学哲学的发展有更好的出路，中国的科学研究路线应该走出西方分析哲学的范式影响，融入更多的科学人文主义色彩，通过跨学科、跨文化研究，打破科学和文化的隔膜与嫌隙，对各种重要的哲学概念结合本国的具体语境来重新解读。正如杜威的科学人文主义思想蕴含着对科学与人类实践生活之间的关系的关注，中国的科学哲学也应该结合本国的实际，密切关注科学与政治、科学与文化、科学与伦理道德、科学与哲学等之间的关系，用科学的武器来作为理智的工具去指导生活和社会实践，同时用实践中的文化和人文的魅力去增加科学的韵味。

另外，在对科学技术哲学专业研究生的培养方案中，中国的科学哲学专业注重理论规范的灌输而缺乏培养学生运用哲学理论解决实际问题的能力，注重学生的逻辑分析能力而忽视学生的人文素养，把科学哲学中应有的人文化特征摒弃掉了。因此，中国的科学学科建设，可以借鉴杜威的科学人文主义思想对中国科学专业的学生进行培养。该专业的学生应该同时兼具人文和科学的素养，既要有哲学家的形而上的批判精神，也要有对现实问题的人文关怀和解决问题的能力；既要有专业的科学理论功底，也要有良好的人文素养。总之，不能割裂人文与科学的纽带，要让学生感受到科学—人文的魅力。

## 三、对中国传统文化和现代科学发展观的影响

以儒家思想为代表的中国传统文化更多的具有一种思辨的形而上学色彩，从某种程度上说，缺乏西方的理性气质。对杜威科学人文主义思想的研究，有利于对中国传统文化的批判继承。中国作为发展中国家，在注重科学技术推动经济发展的同时，必须同时注重文化因素的与时俱进，两者不可偏颇。历史上的科玄大战其实反映了一个潜在的危险：即片面强调科学而忽视文化的内涵或片面强调文化而忽视科学的力量，都不利于中国经济、政治、文化的发展。杜威的科学人文主义思想是对科学和文化的综合反思，强调科学和文化的发展都要结合人们所生存的实践背景和需要，这无疑对当代中国批判继承传统文化有借鉴作用。

杜威的科学人文主义思想对于新时代下建立和落实新的科学发展观也具有充分的可借鉴作用。今天我们从科学人文主义的角度重新审视杜威的思想，这些思想曾经在中国的五四运动中发挥着一定的作用，在以人为本、以科技作发展力量的现代社会，同样有很强的的现实意义。科学发展观需要新的社会实践环境和理论支持，因此，需要吸收和借鉴国内外的优秀思

想理论。杜威的科学人文主义思想强调科学与人的结合、科学精神和人文精神的统一，强调科学的思想和态度，强调人的最高利益。在利用科学为人类服务的这一目的上，杜威提出了很好的理论愿景，对我们正确和全面认识当今科学发展中所面临的和所需要解决的问题有着重要的启示。杜威也强调历史在科学发展中的作用。只有通过历史，人们才能把握住科学理论、科学方法的变化过程，才能进一步提出符合当代的科学发展问题。

总之，对杜威的科学人文主义思想的借鉴，应建设性的分析。既要考虑到中国传统的社会文化和历史背景，使之与中国的本土文化相融合，也要考虑到其思想的不足之处；既反对全盘吸收，又反对过分保守，不能简单的将杜威的科学人文主义思想生搬硬套或加以全盘否定，这样才能对中国科学哲学的发展起到其应有的作用。

# 第十章　杜威科学人文主义思想的意义

对杜威的科学人文主义的解读中最重要的几点是：一是他对科学做了人文主义的理解，并形成了人文化的科学观。从科学本身来讲，科学的实在论、知识论、方法论和价值论都具有人性和文化的色彩；二是他对科学的意义和价值也做了人文主义的理解，并主张用科学改造社会文化。从科学的社会意义和价值来讲，通过对哲学、艺术审美、伦理道德和教育的改造，人文化的科学将对人类社会诸多领域和人类美好的未来发挥重要作用，从而最大限度地实现其人文意义和人文价值。可以说，杜威的科学人文主义思想是对传统人文主义、狭隘的科学主义的突破，也是对传统实用主义和其他科学人文主义思想的某种意义上的超越。

## 第一节　对实用主义、自然主义的超越

### 一、对实用主义的超越

产生于 19 世纪末 20 世纪初的实用主义强调"要把注意之点从最先的物事移到最后的物事；从通则移到事实，从范畴（Categories）移到效果"，激励人们用行动解决现实的问题，带有强烈的反教条主义和反思辩哲学的

色彩。可以说，在美国发展初期，实用主义成为美国哲学的代名词。在某种程度上，实用主义成为美国人民发展经济的最强大的哲学武器，是美国历史最悠久、影响最广泛的一个哲学体系，它的影响还渗透到了英国、法国以及意大利等欧洲国家。

如果说皮尔士创立了实用主义的研究方法，詹姆士发展了实用主义的理论基础，那么，杜威则是实用主义的集大成者，建立了实用主义的理论大厦。杜威从实用主义的角度，批判了以往的追求纯粹的绝对知识的哲学传统，他认为真正的哲学应该是基于解决人类的具体的问题的目的，所有的哲学问题应该是与人类的实际问题相关系的。杜威把他的实用主义思想应用在艺术、民主、宗教、伦理、政治、教育、社会学等各个领域，对当时和后世的人们产生了深刻的影响。

可以说，杜威的实用主义，是对皮尔士和詹姆斯的实用主义的新的综合与发展，具体说来，也就是将皮尔士的逻辑学和对康德的非先验的实验性的说明与詹姆斯的英国经验主义与人文主义传统的一次综合。其中，杜威在赫胥黎和黑格尔的影响下，一方面，吸收了皮尔士实用主义的逻辑与自然科学的方面的思想；另一方面，又吸收了詹姆斯人文主义的传统，形成了带有科学人文主义色彩的实用主义。杜威的哲学思想实现了达尔文与黑格尔观点的结合，也就是说，杜威认为命题既不是正确的也不是错误的观点，利用达尔文的进化论消解了传统哲学追求绝对的目的；利用黑格尔的历史观进一步强调知识和文化的历史性的观点。

从科学人文主义的角度来研究杜威，将进一步丰富实用主义的内涵。过去人们对杜威的理解往往着眼于实用主义，而实用主义是个宽泛的概念，强调"真理和效用的关系"，强调"工具"的概念。实用主义并没有揭示出哪一些或哪一种文化在背后起作用，也就是说，对杜威的理解是宽泛的理解，没有揭示出杜威思想的文化基础，也没有揭示出杜威实用主义思想的根源在哪里，因此，从实用主义是推不出杜威的科学人文主义思想的。杜威的科学人文主义具体化地将集中点和焦点聚焦在科学上，把科学的文化基础挖掘出来了。如果从科学人文主义的角度来研究杜威的思想，就会比从实用主义的角度更具体，因为杜威的思想脉络里有一种观念在起作用，就是对科学观的人文化的理解，由此可以找到杜威实用主义的根源。

杜威的实用主义还不是完全否认真理的实用主义，而是从科学人文主义的角度来更深刻地阐释实用主义。在杜威这里，实用主义并不是赤裸裸地强调"有用即是真理"，而是具有了文化的特征；杜威也并不是否认"实在"，而是强调人类的探究过程，借此希望引导人们关注科学探索过程中的人类文化、实践背景。从科学人文主义的角度来理解杜威要比从实用主义的角度就更加丰富、更加深刻、更加有意义。

## 二、对自然主义的超越

自然主义强调科学、艺术、伦理或别的文化是自然而然形成的，没有永恒不变的本质东西，没有所谓先验的、确定的标准，它是随着历史的变化而变化，一切都在变化中。如果我们从科学人文主义的角度去理解自然主义的话，就会找到自然主义的文化基础即科学，强调了科学形成过程中的探索、实验、实践等人文因素，强调科学没有绝对不变的本质，一切都随着人们的实践、观念的变化而变化。也就是说，人们的实践和文化因素推动着科学的发展，所以，从这个角度来说，科学人文主义和自然主义是相通的，从科学人文主义可以推出自然主义。

但反过来，从自然主义是推不出科学人文主义的，因为自然主义从某种意义上说是抽象的，没有文化基础，而科学人文主义在很大程度上揭示了自然主义的根源。自然主义强调自然而然的观念，科学人文主义强调人性的、文化的、人文的观念，可以说，正是这种人文的和实践的探究导致自然主义，所以，自然主义的背后是有动因的，这种动因就是蕴含在科学人文主义思想中的文化实践因素。因此，可以说，杜威的自然主义是从科学人文主义的角度发展过来的，我们探讨杜威的科学人文主义与自然主义是不矛盾的，从科学人文主义的角度可以找到自然主义思想的根源。因此，在某种程度上，我们可以说，杜威的科学人文主义思想超越了传统的自然主义。正如著名的美国哲学家乔治·盖格在《杜威——科学的人文主义哲学家》中这样评价杜威的科学人文主义思想，是一种"现代人文主义的自然主义——通常称为科学的人文主义"。①

## 三、杜威的科学人文主义思想在科学哲学脉络中的地位

正是由于杜威既具有其实用主义和自然主义的思想，又具有其更深意义上的科学人文主义思想，因而形成一种全新的科学哲学观。传统的科学哲学主要专注于理论的逻辑结果，强调对科学理论进行逻辑分析和证实原则，注重科学理论发展的逻辑模式。但是，这种科学哲学相对来说，最大的缺陷就是缺少了科学人文主义所强调的人类实践的观念、探究的观念和实验的观念。换句话说，过去的科学哲学往往局限在理论辩护、证明和证实的框架范围内，而杜威的科学哲学更倾向于科学理论的发现、探索和创新；过去的科学哲学往往偏向于强调科学的确定性，而杜威的科学哲学强调的是不确定性；过去的科学哲学强调最终的结论，而杜威的科学哲学更强调探究的过程，于是，杜威的科学人文主义角度出发，将形成一种新的科学哲学形态。

过去的科学哲学强调的要么是实证主义、预设主义，要么就是走向相对主义，但杜威的科学人文主义思想从实践、从探索出发，走了一条中间路线。虽然他偏向于相对主义，但他绝对不是过激的相对主义，因为他强调人类的实践和实验特征，这本身就是一种对客观性的强调。因此，如果从杜威的科学人文主义角度出发，在一定程度上可以纠正过去人们从实用主义的角度对杜威的偏见，这对我们今天的科学哲学的研究无疑开辟了一个新的视野。

---

① 乔治·盖格.杜威——科学的人文主义哲学家[M].康德出版社，2005：199.

## 第二节　对传统人文主义、科学主义、科学人文主义的突破

### 一、对传统人文主义的突破

传统的人文主义大部分主张，只有人文文化才具有人文意义和人文价值，而科学不属于人文文化的范畴，因此拒绝科学并且忽视了科学的人文意义和人文价值。可见，人文主义者最明显的特征之一便是对科学的拒绝，往往习惯于"人文"的东西与"科学"的东西二元对立，并且认为"人文"的东西具有更高的价值和地位，而"科学"的东西仅仅是对人类的物质领域有作用，因此，人文主义者反对科学对所谓的人文领域的侵犯，并把人类社会生活中出现的很多问题归结于科学，从而拒斥科学。

而杜威的科学观则强调，人文主义的文化基础是科学，科学本身就具有很强的人文本性，也是一种文化，科学也有它的人文意义和人文价值，要从人文的角度来理解科学，从而形成一种人文主义的科学观。杜威的人文主义的科学观把科学的作用和意义、价值等也进行了人文角度的理解，这种理解是别的人文主义者所不多见的。

杜威的科学人文主义思想所关注的人性则是站在动态的角度去分析人的活动。杜威的思想中始终流露出对人的尊重和对人性的关怀，但杜威认为人的本性只有在创造性的活动过程中才能表现出来，因此，应该在人的动态的实践活动中去发掘人性，从而满足人们对物质和精神的追求，最终达到追求个性和自由的目的。杜威在这一点上，非常重视科学中的理性因素在人文领域中的作用，杜威坚持运用科学的方法协助了解人类和社会的特性，帮助人们控制多变的环境，这种科学的理智作用恰恰有助于更好地践行传统的人文主义者追求个人自由和尊严的目标。在杜威这里，科学从根本上是扎根于人类之中，而非人类之外，因此属于"人的科学"，在某种意义上都是"人文科学"，所以，对科学的使用，其实是更好地实现人

生的利益和权利，可以说这是一种更高境界的人文情怀。人们在解决人文领域的问题时，科学可以成为解决人类问题的更好的工具，从而更好地实现人文价值。

杜威认为，人类生活的方方面面，不管是科学、政治、艺术、教育、宗教还是工业等，最终都有一个目的，那就是"解放并发展个人的能力"。①杜威的科学人文主义思想则立足在对人类和社会命运关切的基础上，对社会实践和生活实践给予足够的重视，关注科学领域和社会文化领域的交融。"我们不得不面对的实践问题，就是建立一种文化环境。"②总之，杜威的科学人文主义思想反对科学和人文之间的人为划分。从杜威的这一立场出发，立足于服务人类的实践，很好地协调了科学和伦理、科学和哲学、科学和教育、科学和艺术等之间的关系。杜威的这种科学人文主义不仅在理论上有突破点，而且在现实意义上也有很强的指导作用。

在杜威的科学人文主义思想里，我们可以看到杜威对"人文主义"的理解的升华。从某种意义上说，杜威的人文主义是一种"全新的人文主义、科学的人文主义"③。杜威强调，科学也有其人文的本性，可以发挥其人文的作用，这样一来，就把科学和人文联系起来了，杜威的科学人文主义思想相当于一座桥梁，把科学和人文连接起来。可见，在杜威这里，科学与人文的东西紧密相连，并非二元对立。与传统的人文主义者相比，杜威的基本出发点和核心目标就是要利用科学的成果来重新定义人类的追求自由和幸福的旨趣，重新理解人与自然和社会的关系。

## 二、对狭隘的科学主义的突破

杜威的立场被很多学者定义为科学主义的立场。因此，在这里，有必要把杜威的思想与传统狭隘的科学主义思想进行对比。

随着启蒙运动中哲学与宗教的日益分离，哲学与科学关系日益密切，

---

① 约翰·杜威. 哲学的改造 [M]. 张颖，译. 西安：陕西人民出版社，2006：106.
② 杜威. 评价理论 [M]. 冯平　余泽娜，译. 上海：上海译文出版社，2007：74.
③ 田光远. 科学与人的问题——论杜威的科学观及其意义 [M]. 复旦大学出版社，2006：120.

理性主义开始抬头，发展成为以科学为依据的科学主义（Scientism）思想。概括说来，科学主义思想认为只有自然科学才是最正确的科学知识，因而只有自然科学方法才是获得有效知识的唯一可靠的途径。科学是唯一重要的文化类型，只有科学具有认识价值，其他的文化类型只是一种体验形式。因此，科学是万能的，可以处理一切人类的事务。这样以来，传统的科学主义者把科学和人文两个领域也彻底分开了。

杜威则认为，科学和人文之间没有截然的界限，应该按照人文的观点理解科学。科学并不是同人类的文化脱节的，而是同人性、文化紧密地联系在一起。在对科学的信任程度上，虽然杜威强调科学对社会领域的改造作用，但杜威坚持，科学并不是万能的，科学也不是达到了绝对正确的真理，科学也是在探索和发展过程中。虽然杜威明智地保留了对科学的信任的态度，很好地协调了科学在人类社会事务方面的作用，然而，在杜威的眼中，科学也只是众多文化类型中的一种，并没有给科学以特权或霸权的地位。正如 R. 罗蒂所言，"杜威……不把自然科学看作对于获得事物本质方面具有优先地位"[①]。事实上，在杜威的心目中，他不仅没有企图把一切文化类型都归于科学的统领之下，反而试图协调和沟通科学与其他文化类型之间的鸿沟，从本文的论述可以看到，杜威特别希望其他的文化类型能够像科学这种文化一样，借助科学领域中的某些探究精神和实验方法而获得改造，继而获得像科学领域一样的成功。

杜威一生都比较关注科学的发展，并对科学的成果持肯定和欢迎的态度。但他并不是一个科学主义者。他的哲学模式，借用了科学领域中的探究方法和态度，尝试建立一种建设性的哲学理论，而并非完全套用科学模式。在杜威看来，一个科学结论或科学观点的意义，在于"促进更多的知识"。[②]科学结论本身并不是一个最终的目的，最终的目的是要把科学结论当作一个认识事物的工具，以便为了更好地探索和推断，解放人类的实际生活并

---

① R. 罗蒂 . 哲学和自然之镜 [M]. 李幼燕，译 . 北京：北京商务印书馆，2003：368.

② 约翰·杜威 . 我们如何思维 [M]. 伍中友，译 . 北京：新华出版社，2010：111.

使之丰富。人类需要寻找一种工具,用以摆脱常规和世俗的束缚,科学结论便成为人们目前最有力的工具之一。"科学的特殊结果总是要回溯到日常生活的自然环境和社会环境并对它加以改变的。"① 因此,杜威不仅不相信"科学万能论",反而意识到科学与人类其他的社会文化领域之间的合作,而且杜威意识到科学这种文化本身的局限性,提出要在其他文化类型的帮助下,成为真正有益于整个人类的文化样式。

杜威的科学人文主义鲜明地体现出,"科学世界本身也是个十分丰富的人文世界;科学在创造物质文明的同时也在创造着精神文明;科学在追求知识和真理的同时也在追求着人类自身的进步和发展;它像人类其他各种创造性活动一样,充满着生机,充满着最高尚、最纯洁的生命力,给人类以崇高的理想和精神……科学精神是整个人类文化精神的不可或缺的组成部分"。② 因此,人类文化在哲学思辨、艺术审美、伦理道德、民主政制和自由教育方面的改造,都需要参照和借鉴科学的理论、方法和精神而进行。值得注意的是,杜威并不是个狭隘的科学主义者,他并不赞同把科学神化为万能的灵药,也不赞同把人类文化变成一个以科学为中心的文化,但是,杜威仍然相信,任何人类文明的实质性进步,都不应该忽视科学带给人类的物质财富和精神财富。科学在现代人类文化中占据着重要的地位,并将为未来社会文化的革新创造带来新的契机和希望。

有一点需要特别指出的是,虽然杜威把科学看作"正确评价人类社会生活的各个方面的最好的手段",③ 但他却认为这个评价手段没有被很好地利用过。杜威明确指出,"我们的科学只是一件多少有些褴褛的外衣,而不是一种心灵的习惯。"④ 在 1944 年时,他依然否认"科学的方法现在已经被严肃地和系统地应用于人类的生活",⑤ 人们还没有养成用科学的态度思

---

① 约翰·杜威.确定性的寻求 [M].傅统先,译.上海:上海人民出版社,2005:153.

② 孟建伟.科学与人文精神 [M].《哲学研究》1996 年第 8 期。

③ John Dewey:The Late Works,Southern Illinois University Press,1979,Volume6:61.

④ John Dewey:The Middle Works,Southern Illinois University Press,1977. Volume 4:172.

⑤ John Dewey:The Late Works,Southern Illinois University Press,1979,Volume15:256.

考的习惯。科学同其他类型的知识相比，"科学也依然是一个新来者"①，"与那段受科学之外的力量支配的漫长的历史相比，科学影响我们的历史是相当短暂的"。②

综上所述，我们可以清楚的看到，杜威并没有因为推崇科学而贬低人类社会的其他文化类型。相反，杜威提倡科学与其他领域文化的融通与交流。因此，在一定程度上，可以说是一位典型的科学主义的反对者、高举"科学与人文融通"旗帜的提倡者。

## 三、对其他科学人文主义者的超越

不可否认，许多科学家身上都自发地闪烁出浓厚的科学人文主义色彩。科学家在做研究的过程中，看到科学中的人性和文化因素，他们对科学本身的理解蕴含着丰富的人文主义思想，既强调科学与求真之间的关系，又强调科学与求美和求善之间的关系，科学人文主义色彩无不闪现在他们的著作中，比如，伟大的科学家爱因斯坦就强调科学对提升人的精神境界的作用。然而，这些科学家的科学人文主义思想在一定程度上是朴素的，没有系统化地呈现出清晰的纲领和体系。

另外，也有其他的一些科学人文主义者系统地阐释过科学人文主义思想。比如萨顿，他也是科学人文主义思想的大家，他强调科学中的人性因素，强调科学史和艺术史的关系，强调人类文化的统一性，但他是从史学的角度来阐述科学人文主义的，而杜威则不同，他从哲学的角度和高度来阐述科学人文主义，阐述科学和人文的紧密联系。杜威对科学人文主义的理解上升到一个哲学的高度，并形成了一个完整的体系，这在其他哲学家中是不多见的。从某种意义上说，杜威可以称得上是真正的科学人文主义的哲学家。除他以外，很难找到其他能够与他相比的科学人文主义的哲学家。

---

① John Dewey: The Middle Works, Southern Illinois University Press, 1982. Volume 12: 258.

② John Dewey: The Late Works, Southern Illinois University Press, 1979, Volume13: 276.

# 结　语


　　我们从杜威毕生试图去完成的重建工作，可以发现一个关键的焦点，即杜威的科学人文主义思想。虽然杜威的作品中没有一个明确的体系去论述这个焦点，但从杜威所关注的伦理、哲学、教育、社会、科学等这些分散的主题，无疑可以看出杜威思想中充满浓厚的科学人文主义色彩，即杜威对科学及其人文意义和人文价值的关注，对人类社会和未来命运的关怀，对人类充分利用科学来创造更好生活的向往。杜威的科学人文主义思想，其文化基础是"科学"。杜威对科学进行人文化的理解，从人的眼光、文化的眼光来看待科学，并且对科学的意义、价值和社会作用也进行了人文化的理解。用美国哲学家宾克莱的评价，"杜威坚持应该把科学应用于人生的各个方面，并认为甚至在有关道德和宗教的终极问题上，使用科学方法也能产生在公共世界里可以证实的具体结果。"①

　　在杜威的心中，人生的最崇高的道德理想便是要实现和平的目标、促进经济的繁荣、增进自由。杜威认为，要想达到以上目标，必须充分了解人性，了解人的欲望，因此，有必要建立一种利用一切优秀成果尤其是科学领域中所取得的科学成果来为人类服务的哲学，这种哲学关注人类的现实需要、关注解决人类的实际问题，杜威的科学人文主义思想即反映了他

---

　　① 宾克莱.理想的冲突：西方社会中的变化着的价值观念 [M]. 马元德译，商务印书馆，1984：27—28.

一生所追求的哲学旨趣。杜威的科学人文主义思想摒弃了传统空洞抽象的问题，以人类所面临的实际问题为根本出发点，把哲学从悬空中拉回了人间的现实生活中，使之成为人类指导实践、获得幸福的工具。杜威的科学人文主义思想强调人的社会性、自然性、文化性等多种特质，让科学这个工具在为人类的服务过程中更好的发挥作用，更加充分地实现科学在人类社会中的价值理想、社会理想等。杜威的科学人文主义思想强调人类对科学的客观性、真理性和合理性的追求，这种追求最终同人的活动和目的是分不开的。人类的最高使命就是建立公正、秩序的社会，实现人类整体的生存价值和精神意义。科学是全人类的共同财富，它本身是没有国界和阶级性的区别。因此，为了更好地实现科学的价值，人们应该抛弃传统的科学和人文的对立、东西方文明的对立等二元思想，站在高度的科学人文境界，让科学为整个人类造福。因此，杜威的科学人文主义思想可以说是对人类的理想信念、终极关怀的写照，这也正是杜威哲学思想的核心和精髓所在。

毫无疑问，杜威的科学人文主义思想为后人对科学的研究，尤其是对科学和文化的研究打开了新的视角和启发之源，但是杜威的科学观的人文化，不可避免地具有某种相对主义的倾向。虽然杜威强调科学不是万能的，但在实际改造过程中，杜威在某种程度上夸大了科学的因素。在很多人眼中，杜威对"把科学领域中的实验活动用于每一个实践问题"期望的过多了。因此，杜威的科学改造社会领域的纲领在实践过程中不可避免地遇到问题，有其内在的缺陷：一是正如任何社会的改良或改制都无法回避上层政治阶层的权威影响，杜威的改革纲领同样可能会触动上层阶级的利益及政治地位，势必会受到巨大的阻力，尤其是在资本主义这种多元政治格局的背景下，这种为大众着想、立足全人类的福祉为目标的人文胸怀更是会激起当权者的恐慌。当改革纲领无法获得当权者的政策倾斜和支持时，很可能会走向一个梦幻破裂的结局，而最终无法在实践中得以实施。二是杜威的改革纲领不是一个小范围团体的配合问题，其纲领的改造成功还需广大民众的配合，尤其是需要广大民众首先从心理上接受这种在当时看来比较新颖、甚至比较前卫的思想纲领，这的确需要投入巨大的人力和物力去宣扬这种思想。即使广大民众接受杜威的改革纲领，在实践中去实施这一纲领也要花费巨大的物力和财力，这并非一个哲学家或一群哲学家团队仅靠个人之力就能实现的。尽管如此，杜威揭示了人类的强大的用科学方法解决问题的能力。面对现实世界中的种种偶然事件和挫折，人们只能靠创造性地去摸索总结、支配这种偶然性的挑战而去寻求问题的答案。因此，杜威给了我们无穷的信心和对美好生活的无限向往。

# 参考文献总目

## （按照作者姓名字母或拼音排序）

1. A.H.Somjee: The political theory of John Dewey/ New York: Teachers College Press, 1968

2. Arnold Isenberg, Theory of the moral life, New York: Irvington Publishers, 1996.

3. Alexander, Thomas. John Dewey's Theory of Art, Experience, and Nature (1987) SUNY Press

4. Antonio, Robert J. "The Normative Foundations of Emancipatory Theory: Evolut ionary versus Pragmatic Perspectives." American Journal of Sociology, 1989.

5. Aschheim, Steven E.The Nietzsche Legacy in Germany 1890–1990. Berkeley: University of California Press. 1992.

6. Boisvert, Raymond. John Dewey: Rethinking Our Time. SUNY Press, 1997.

7. Boisvert, Raymond, Dewey's Metaphysics. New York: Fordham University Press, 1988.

8. Burke, Tom (Thomas): Dewey's new logic: a reply to Russell/ Chicago: University of Chicago Press, 1994.

9. Campbell, James. Understanding John Dewey: Nature and Cooperative Intelligence. Open Court Publishing Company, 1995.

10. Caspary, William R. Dewey on Democracy. Cornell University Press. 2000.

11. Christine McCarthy, DEWEY'S ETHICS: PHILOSOPHY OR SCIENCE? DOI: 10.1111/j.1741–5446.1999.00339.x, Article first published online: 25 JAN 2005.

12. Crick, Nathan. Democracy & Rhetoric: John Dewey on the Arts of Becoming University of South Carolina Press.2010.

13. Devitt, Michael. Realism and Truth, 2nd ed. Oxford: Blackwell. 1991.

14. DEWEY, J. Logic: The Theory of Inquiry. New York: Henry Holt and Company, 1938.

15. Dretske, Fred, Naturalizing the Mind. Cambridge, Mass.: MIT Press, 1995.

16. Donald Morri: Dewey and behavioristic context of ethics/ s International scholars publication San Francisco_London_Bethesda, 1996.

17. Fishman, Stephen M. and Lucille McCarthy. John Dewey and the Philosophy and Practice of Hope. University of Illinois Press.2007.

18. Garrison, Jim. Dewey and Eros: Wisdom and Desire in the Art of Teaching. Charlotte: Information Age Publishing, 2010.

19. Geach, Peter T, Logic Matters. Oxford: Blackwell, 1972.

20. Geiger, George: John Dewey in perspective/ Raymond New York: Oxford University Press, 1958.

21. George Raymond: John Dewey in perspective/Geiger, New York: Oxford University Press, 1958.

22. Gergorge Novack: Pragmatism versus Marxism: an appraisal of John Dewey's philosophy./ New York: Pathfinder Pr., 1975.

23. Glenn E. McGee, Method and Social Reconstruction: Dewey's Logic: The Theory of Inquiry, The Southern Journal of Philosophy, Volume 32, Issue 1, 1994.

24. Godfrey-Smith, Peter, Complexity and the Function of Mind in Nature. Cambridge University Press, 1996.

25. Godfrey-Smith, Peter, Philodophy of Science, The University of Chicago Press, 2002.

26. Good, James. A Search for Unity in Diversity: The "Permanent Hegelian Deposit" in the Philosophy of John Dewey. Lexington Books.2006.

27. Goodman, Nelson, Ways of Worldmaking. Indianapolis: Hackett, 1978.

28. HACKER, P. M. S. Wittgenstein and Quine: Proximity at Great Distance//In ARRINGTON, R. L. and GLOCK, H.( Eds. ), 2003.

29. Hacking, Ian, Representing and Intervening. Cambridge University Press, 1985.

30. HAACK, S. Evidence and Inquiry: Towards Reconstruction in Epistemology, Oxford: Blackwell, 1993.

31. Herf, Jeffrey.Reactionary Modernism.Cambridge: Cambridge University Press. 1984.

32. Hook, Sidney.John Dewey: an intellectual portrait/ New York: The John Day Co., c1939.

33. Hickman, Larry A. John Dewey's Pragmatic Technology. Indiana University Press, 1992.

34. Horowitz, Irving Louis. C.Wright Mills: An American Utopian. New York: the Free Press. 1983.

35. Hughes, H.Stuart. Consciousness and Society: The Reorientation of European Social Thought 1890-1930.New York: Vintage. 1977.

36. James Campbell.Understanding John Dewey: nature and cooperative intelligence/ Chicago, Open Court, c1995.

37. J.J.Chambliss.Lewiston: The influence of Plato and Aristotle on John Dewey's philosophy/ E.Mellen Press, 1990.

38. John R.Shook: Dewey's empirical theory of knowledge and reality, Vanderbilt University Press, 2000.

39. Jennifer Welchman.Ithaca: Dewey's ethical thought/ Cornell University Press, 1995.

40. J.J.Chambliss Boulder, Philosophy&education in their historic relations, Westview Press, 1993.

41. John Dewey, Experience and Nature. London: George Allen & Unwin, LTD, 1929.

42. John Dewey: The Early Works, Southern Illinois University Press, 1969. Volume3.

43. John Dewey: The Early Works, Southern Illinois University Press, 1971. Volume4.

44. John Dewey: The Early Works, Southern Illinois University Press, 1972. Volume5.

45. John Dewey: The Middle Works, Southern Illinois University Press, 1977. Volume 3.

46. John Dewey: The Middle Works, Southern Illinois University Press, 1977. Volume 4.

47. John Dewey: The Middle Works, Southern Illinois University Press, 1978. Volume5.

48. John Dewey: The Middle Works, Southern Illinois University Press, 1978. Volume6.

49. John Dewey: The Middle Works, Southern Illinois University Press,

1979. Volume 7.

50. John Dewey: The Middle Works, Southern Illinois University Press, 1982. Volume 12.

51. John Dewey: The Middle Works, Southern Illinois University Press, 1983. Volume 13.

52. John Dewey: The Middle Works, Southern Illinois University Press, 1988. Volume 14.

53. John Dewey: The Late Works, Southern Illinois University Press, 1979, Volume12.

54. John Dewey, J. Logic: The Theory of Inquiry [M]. New York: Henry Holt AND Company, 1938.

55. John Dewey, Logic: the theory of inquiry, New York: Henry Holt, c1938.

56. John Dewey, Essays in experimental logic, The university of Chicago press, 1916.

57. John Dewey, Theory of valuation, The University of Chicago Press, 1939.

58. John Dewey, The child and the curriculum. Chicago: University of Chicago Press, 1902.

59. Joas, Hans. Pragmatism and Social Theory.Chicago: University of Chicago Press. 1993.

60. Kannegiesser, H. J. "Knowledge and Science" (1977) The Macmillan Company of Australia PTY Ltd.

61. Kloppenberg, James T. Uncertain Victory: Social Democracy and Progressivism in European, 1986.

62. Kornblith, Hilary (ed.), Naturalizing Epistemology. Cambridge, Mass.: MIT Press, 1985.

63. Kory Sorrell, Pragmatism and moral progress: John Dewey's theory of social inquiry, Philosophy & Social Criticism, Published online Philosophy &

Social Criticismeproxy.lib.tsinghua.edu.cn, October 2013.

64. LACHS, J. and TALISSE, R. ( Eds. ) . American Philosophy: An Encyclopedia [ M ] . New York: Routledge, 2008: 554.

65. Llamzon, Benjamin S.Amsterdam: A humane case for moral intuition/ Rodopi, 1993.

66. Martin, Jay. The Education of John Dewey. Columbia University Press, 2003.

67. Mosse, George L.1988.The Culture of Western Europe: The Nineteenth and Twentieth Century ( third edition ) .Boulder: Westview Press.

68. Morgenbesser, Sidney.Dewey and his critics: essays from the Journal of philosophy/ New York: Journal of Philosophy, 1977.

69. Ogburn, William F. Social Change.New York: Huedsch. 1922.

70. Peukert, Detlev J.K. The Weimar Republic.New York: Hill and Wang. 1989.

71. Piccone, Paul. "Postmodern Populism." Telos No.103: 45–86. 1996.

72. PUTNAM, H. Realism with a Human Face, Cambridge: Harvard University Press, 1990.

73. Putnam, Hilary. "Dewey's Logic: Epistemology as Hypothesis" . In Words and Life, ed. James Conant. Cambridge, MA: Harvard University Press, 1994.

74. Pring, Richard, John Dewey: Continuum Library of Educational Thought. Continuum. 2007.

75. QUINE, W. V. FOLLESDAL, D. QUINE, D. B. Quine in Dialogue, Cambridge: Harvard University Press, 2008.

76. RAJCHMAN, J. Philosophy in America//In RAJCHMAN, J. and WEST, C.( Eds. ) . Post–Analytic Philosophy, New York: Columbia University Press, 1985.

77. RORTY, R. Truth and Progress. Cambridge: Cambridge University Press,

1999.

78. RORTY, R. Philosophy and the Mirror of Nature, Princeton: Princeton University Press, 1979.

79. Rorty, Richard.1988. "That Old-Time Philosophy: Straussianism, Democracy and Alan Bloom." The New Republic April 4 1988, pp.28-37.

80. Roth, Robert J. John Dewey and Self-Realization. Prentice Hall, 1962.

81. Ryan,Alan. John Dewey and the High Tide of American Liberalism. W.W. Norton.1995.

82. Rud, A. G., Garrison, Jim, and Stone, Lynda(eds.) John Dewey at 150: Reflections for a New Century. West Lafayette: Purdue University Press, 2009.

83. Rudolf Carnap, The Unity of Science, London: Kegan Paul, Trench, Hubner, 1934.

84. Rorty, Richard. "Dewey's Metaphysics". In The Consequences of Pragmatism: Essays 1972-1980. Minneapolis: University of Minnesota Press, 1982.

85. Rogers, Melvin. The Undiscovered Dewey: Religion, Morality, and the Ethos of Democracy, Columbia University Press.2008.

86. Ryan, Alan. John Dewey and the High Tide of American Liberali-sm. New York: W.W.Norton & Company, 1995.

87. Scheffler, Israel.Four pragmatists: a critical introduction to Peirce, James, Mead, and Dewey, New York: Humanities Press, 1974.

88. Simmel, Georg.Conflict and the Wed of Group-Affiliations. New York: Free Press.1955.

89. Steven C.Rockefeller: John Dewey: religious faith and democratic humanism/ New York: Columbia University Press, 1991.

90. Shook, John. Dewey's Empirical Theory of Knowledge and Reality. The Vanderbilt Library of American Philosophy, 2000.

91. Sleeper, R.W. The Necessity of Pragmatism: John Dewey's Conception

of Philosophy. Introduction by Tom Burke. University of Illinois Press.2001.

92. Seigfried, Charlene Haddock, (ed.). Feminist Interpretations of John Dewey, Pennsylvania State University Press, 2001.

93. Talisse, Robert B. A Pragmatist Philosophy of Democracy, Routledge, 2007.

94. Telos. Special Double Issues on the French New Right: New Rig ht, New Left, New Paradigm, 1994.

95. Thomas Albany: John Dewey's theory of art, experience, and nature: the horizons of feeling/ State University of New York Press, c1987.

96. Tschaepe, MD, John Dewey's Conception of Scientific Explanation: Moving Philosophers of Science Past the Realism−Antirealism Debate, Contemporary Pragmatism, Editions Rodopi BV, 2011.

97. Turnbull, N, Dewey's philosophy of questioning: science, practical reason and democracy, History of the Human Sciences, Sage Publications Ltd, 2008.

98. Waddington, D. I. Scientific Self−Defeense: Transforming Dewey's Idea of Technological Transparency. Educational Theory, 60: 621 – 638. doi: 10.1111/j.1741−5446.2010.

99. Westbrook, Robert B. John Dewey and American Democracy. Cornell University Press. online edition, the standard scholarly biography, 1991.

100. White, Morton. The Origin of Dewey's Instrumentalism. Columbia University Press.1943.

101. Weber, Max. The Methodology of the Social Sciences.Ne w York: Free Press. 1949.

102. Werner, M, Religious Humanism, 1999.

103. 贝恩斯坦选编, 曾纪元译:《杜威论经验、自然与自由》, 商务印书馆, 1981 年版。

104.［美］宾克莱:《理想的冲突——西方社会中变化着的价值观念》,商务印书馆, 1983 年版。

105.陈国民著:《评杜威的道德教育思想》(硕士学位), 首都师范大学, 2001 年版。

106.陈启伟:《现代西方哲学:论著选读》, 北京大学出版社, 1992 年版。

107.陈亚军:《从分析哲学走向实用主义——普特南哲学研究》, 东方出版社, 2002 年版。

108.陈怡:《经验与民主——杜威政治哲学基础研究》, 复旦大学出版社, 2002 年版。

109.程慧:《杜威与实用主义伦理学》(硕士学位), 湖北大学, 2000 年版。

110.笛卡尔:《谈谈方法》, 商务印书馆, 2010 年版。

111.杜威著, 傅统先 丘春译,《人的问题》, 上海人民出版社, 1987 年版。

112.杜威:《自由与文化》, 傅统先译, 商务印书馆, 1964 年版。

113.杜威:《经验与自然》, 傅统先译, 江苏教育出版社, 2005 年版。

114.杜威:《艺术即经验》, 高建平译, 商务印书馆, 2005 年版。

115.杜威:《杜威五大演讲》, 胡适口译, 安徽教育出版社, 1999 年版。

116.杜威:《民治主义与现代社会——杜威在华讲演集》, 袁刚等编, 北京大学出版社, 2004 年版。

117.杜威:《人的问题》, 傅统先、邱椿译, 上海人民出版社, 1965 年版。

118.杜威:《道德学》, 中华书局, 1935 年版。

119.杜威:《道德教育原理》, 王承绪等译, 浙江教育出版社, 2002 年版。

120.杜威:《杜威教育论著选》, 赵祥麟、王承绪编译, 华东师范大学出版社, 1981 年版。

121.杜威:《民主主义与教育》, 王承绪译, 人民教育出版社, 2001 年版。

122.杜威:《学校与社会·明日之学校》, 赵祥麟等译, 人民教育出版社，2005 年版。

123. 杜威：《我们怎样思维·经验与教育》，姜文闵译，人民教育出版社，2005 年版。

124. 杜威：《哲学的改造》，许崇清译，商务印书馆，1933 年版。

125. 杜威：《哲学的改造》，张颖译，陕西人民出版社，2004 年版。

126. 杜威：《确定性的寻求——关于知行关系的研究》，傅统先译，上海人民出版社，2004 年版。

127. 约翰·杜威：《确定性的寻求》，傅统先译，上海人民出版社，2005 年版。

128. 杜威：《教育文集》第 1 卷，人民教育出版社，2007 年版。

129. 杜威：《教育文集》第 2 卷，人民教育出版社，2007 年版。

130. 杜威：《教育文集》第 3 卷，人民教育出版社，2007 年版。

131. 杜威：《教育文集》第 4 卷，人民教育出版社，2007 年版。

132. 杜威：《教育文集》第 5 卷，人民教育出版社，2007 年版。

133. 杜威：《评价理论》，冯平 余泽娜等译，上海译文出版社，2007 年版。

134. 杜祖贻著，陈汉生、洪光磊译：《杜威论教育与民主主义》，人民教育出版社，2003 年版。

135. 哈贝马斯：《在事实与规范之间》，童世骏译，三联书店，2003 年版。

136. 韩东晖. 后分析哲学时代与英美－欧陆的哲学对话. 中国人民大学学报，2006 年第 4 期。

137. 海德格尔：《形而上学导论》，中国商务出版社，熊伟，王庆节译，1996 年版。

138. 郝大维、安乐哲著，何刚强译：《先贤的民主——杜威、孔子与中国民主之希望》，江苏人民出版社，2004 年版。

139. 洪谦：《论逻辑经验主义》，中国商务出版社，2010 年版。

140.《胡适哲学思想资料选》上卷，华东师范大学出版社，1981 年版。

141. H. 赖欣巴哈：《科学哲学的兴起》，商务印书馆，2010 年版。

142. 黄万盛：《杜威道德学说批判》(硕士学位)，中国社会科学院研究生院，1981 年。

143. 顾红亮：《实用主义的误读——杜威哲学对中国现代哲学的影响》，华东师范大学出版，2000 年版。

144. 郭小平：《杜威》，开明出版社，1997 年版。

145. 郝苑：多元世界的构造——论纳尔逊·古德曼的非实在论［J］. 自然辩证法研究，2012 年第 19 期。

146. 胡适：《科学的人生观》，《胡适哲学思想资料选》(上 )，葛懋春、李兴芝编辑，华东师范大学出版社，1981 年版。

147. 凯瑟琳·坎普·梅休等著，王承绪等译：《杜威学校》，华东师范大学出版社，1991 年版。

148. 科马格：《美国精神》，耶鲁大学出版社，1995 年版。

149. 拉里. 希克曼：《阅读杜威——为后现代做的阐释》，徐陶等译，北京大学出版社，2010 年版。

150. 拉里. 希克曼：《杜威的实用主义技术》，韩连庆译，北京大学出版社，2010 年版。

151. 李醒民：《科学的文化意蕴》，高等教育出版社，2007 年版。

152. 李日章：《科学与人文的护法——杜威》，允晨文化实业股份有限公司出版，1982 年版。

153. 美路罗斯·P 波伊曼：《知识论导论》，洪汉鼎译，中国人民大学出版社，2008 年版。

154.【美】郝大维、安乐哲著，何刚强译：《先贤的民主——杜威、孔子与中国民主之希望》，江苏人民出版社，2004 年版。

155. 罗伯特·B·塔利斯著，彭国华译：《杜威》，中华书局，2002 年版。

156.【日】永野芳夫著，林科棠译：《杜威教育学说之研究》，商务印书馆，1924 年版。

157. 罗蒂：后哲学文化 . 黄勇，译 . 上海：上海译文出版社，2004 年版。

158. 罗蒂：实用主义哲学．林南，译．上海：上海译文出版社，2009 年版。

159. 罗蒂：文化政治哲学．张国清，译．北京：北京大学出版社，2011年版。

160. 刘放桐：《杜威哲学及其在中国的影响》，《天津社会科学》2010年第 2 期。

161. 刘放桐：《杜威哲学的现代意义》，复旦学报（社会科学版），2005 年。

162. 刘华初：《论杜威的自然与自然主义》，石河子大学学报，2010 年12 月 第 24 卷 第 6 期。

163. 刘盛平：《约翰·杜威的科学观探析》，广西大学硕士论文，2006年 5 月。

164. 孟建伟：科学与人文的深刻关联．自然辩证法研究，2002（6）。

165. 孟建伟：《从知识教育到文化教育——论教育观的转变》，教育研究，2007 年，第一期。

166. 孟建伟：《科学与人文精神》，《哲学研究》，1996 年第 8 期。

167. 孟建伟，刘红萍：《科学人文主义：杜威哲学思想的另一个原点》，山东社会科学，2012 年第 12 期。

168. 孟建伟 刘红萍：《杜威的科学人文主义对后分析哲学的影响》，北京行政学院学报，2012 年第 6 期。

169. 麦克尔·路克斯：《当代形而上学导论》（第二版），朱新民译，复旦大学出版社，2008 年版。

170. 普特南：重建哲学．杨玉成，译．上海：上海译文出版社，2008 年版。

171. 普特南：无本体的伦理学［M］．应奇，译．上海：上海译文出版社，2008 年版。

172. 普特南：理性、真理与历史［M］．童世骏，李光程，译．上海：上海译文出版社，1997 年版。

173. 乔治·盖格：《杜威——科学的人文主义哲学家》，康德出版社，2005 年版。

174. 沈益洪编:《杜威谈中国》,浙江文艺出版社,2001 年版。

175. 斯蒂文·费什米尔著,徐鹏 马如俊译,《杜威与道德想象力》,北京大学出版社,2010 年版。

176. 苏珊·哈克: 理性地捍卫科学 [M]. 曾国屏等,译. 北京: 中国人民大学出版社,2008 年版。

177. 孙有中等译:《新旧个人主义—杜威文选》,上海社会科学院出版社,1997 年版。

178. 孙伟平:《事实与价值——休谟问题及其解决尝试》,中国社会科学出版社,2000 年版。

179. 田光远:《科学与人的问题——论杜威的科学观及其意义》,复旦大学出版社,2006 年版。

180. 涂纪亮,陈波主编: 蒯因著作集(第 2 卷)[M]. 贾可春,译. 北京: 中国人民大学出版社,2007 年版。

181. 涂纪亮: 分析哲学与后分析哲学 [J]. 北京社会科学,1996 年第四期。

182. 涂纪亮:《杜威文选》(C),北京社会科学文献出版社,2006 年版。

183. 王玉樑: 论杜威对价值哲学的探索与贡献《社会科学研究》2000 年 05 期。

184. 王啸:《从杜威的价值论看: 人. 教育. 社会》,载《南京师范大学学报》1999 年第 3 期。

185. 汪堂家:《科学·科学精神·人文精神》,学术月刊,2009 年 11 月 第 41 卷。

186. W·H·牛顿 – 史密斯:《科学哲学指南》,成素梅 殷杰译,上海科技教育出版社,2006 年版。

187. 希拉里·普特南:《事实与价值两分法的崩溃》,应奇译,东方出版社,2006 年版。

188. 希拉里·普特南:《理性、真理与历史》,童世骏 李光程译,上海译文出版社,1998 年版。

189. 希拉里·普特南:《实在论的多副面孔》,冯艳译,中国人民大学出版社,2005 年版。

190. 向蓓莉著:《自由主义视野中的杜威及其教育思想》(博士学位),北京师范大学研究生院,2001 年。

191. 休谟:《人性论》(下册),关文运译,商务印书馆,1983 年版。

192. 亚历山大·托马斯:《杜威的艺术、经验与自然理论》,谷红岩译,北京大学出版社,2010 年版。

193. 约翰.杜威:《论科学与社会》,转载自《新旧个人主义》,上海社科院出版社,1997 年版。

194. 约翰·波洛克 克拉兹著,陈真译:《当代知识论》,复旦大学出版社,2008 年版。

195. 万俊人 陈亚军编选:《詹姆斯集》,上海远东出版社,2004 年版。

196. 叶新云:1987,《杜威社会思想的现实意义》。《思与言》,24(5):511–528。

197. 元青著:《杜威与中国》,人民出版社,2001 年版。

198. 褚洪启著:《杜威教育思想引论》,湖南教育版社,1997 年版。

199. 张宝贵编著:《杜威与中国》,河北人民出版社,2001 年版。

200. 张云鹏、杨淑琴:《哲学:知与行的向度——杜威对确定性的寻求》,载《学术研究》2005 年第 10 期。

201. 张晓东:实践理性向工具理性的蜕变,学术研究,2009 年第 9 期。

202. 邹铁军著:《实用主义——杜威》, 吉林教育出版社, 1990 年版。

203. 詹姆斯·坎贝尔《理解杜威——自然与协作的智慧》, 杨柳新译, 北京大学出版社, 2010 年版。

204. 赵同森: 科学主义与人本主义的一种结合, 焦作工学院学报（社会科学版, 第 4 卷, 第 1 期, 2003 年 2 月。